探索与创新

福建省广告协会二十载创业之路

黄应寿 主编

厦门大学出版社 | 国家一级出版社
XIAMEN UNIVERSITY PRESS | 全国百佳图书出版单位

图书在版编目(CIP)数据

探索与创新:福建省广告协会二十载创业之路/黄应寿主编.—厦门:厦门大学出版社,2016.7
ISBN 978-7-5615-5993-2

Ⅰ.①探… Ⅱ.①黄… Ⅲ.①广告学-福建省-文集 Ⅳ.①F713.80-53

中国版本图书馆 CIP 数据核字(2016)第 127427 号

出 版 人	蒋东明
责任编辑	王鹭鹏
装帧设计	李夏凌
责任印制	朱 楷

出版发行　厦门大学出版社
社　　址　厦门市软件园二期望海路 39 号
邮政编码　361008
总 编 办　0592-2182177　0592-2181406(传真)
营销中心　0592-2184458　0592-2181365
网　　址　http://www.xmupress.com
邮　　箱　xmupress@126.com
印　　刷　厦门集大印刷厂

开本　720mm×1000mm　1/16
印张　19.75
字数　345 千字
印数　1～1 500 册
版次　2016 年 7 月第 1 版
印次　2016 年 7 月第 1 次印刷
定价　50.00 元

本书如有印装质量问题请直接寄承印厂调换

厦门大学出版社
微信二维码

厦门大学出版社
微博二维码

序

2016年4月28日,是福建广告协会"三十而立"生日,其枝繁叶茂、生机盎然,成为中国社会组织百花园中一支绚丽多彩的花朵,吸人眼球,令人喜爱。三十年风雨兼程、砥砺前行、栉风沐雨走到今天,有过风雨如晦的低沉,更有彩虹跨天的高远,有过路在何方的徘徊,更有激情似火的奋进。我是从事广告工作二十五年的老兵,担任协会会长一职二十二年,在这值得庆贺和纪念的日子里,站在协会快速前行的大路上,回首往事,思绪深深,体会深深,情感深深,有责任,更有必要花精力、费工夫,盘点和梳理协会三十载创业发展过程中精华的二十年(1995—2015年)的工作谋略和路径,也从本人关于工作实践感悟的文章中拾零若干,融于书中,以《探索与创新》为书名出版,与我主编的《福建广告史》一并作为奉献福建省广告协会成立三十周年之礼物,与广告界的同志们一起交流和分享,为后人留下借鉴与参考。

本书虽然浅薄与刻板,没有华丽的语句和精彩的故事,更没有惊人的事件和伟大的传奇,但不乏颇有特色的美好传说,许多政府肯定、社会认可、业界叫好的平凡事件与创举,折射出福建省广告协会创业的闪光点,烙印着福建广告人努力拼搏、成功创业和积极贡献的足迹,呈现协会创业者的智慧和力量,留下协会创业者辛勤劳作的汗水与心血,彰显着协会创业者率领广告界乘风破浪、勇往直前的坚强意志和奉献精神,也诉说着福建广告人的甘苦与快乐,承载着福建广告人浓浓的友谊和友情。无疑,本书是福建广告人二十年的团结奋斗史、创新发展史、创业成功史。

二十年来,福建省广告协会肩负着促进广告业发展重任,满载着全省广告界期望与重托,以改革应变革,依靠强大内力,乘势而为,顺势而上,勇于开拓,敢于创新,躬身实践,主动作为,协会工作取得了重大突破和发展,成功打造了许多富业强会的优势项目,形成鲜活的工作特色、亮点和抓手,积淀了自身的工作思路、套路、门路和财路,践行了"创一流工作,谱百年华章"的梦想,协会连续十四年荣获全国先进称号,摘取了"5A级协会"桂冠,在省内外、业内外"小有名气",验证了"种瓜得瓜,种豆得豆"的内涵与哲理。无疑,我们可以自豪地说:谁言社团组织无秀色;我们是协会工作的探路者、创新者、贡献者。

改革、创新、发展二十载历程中,协会建设真正驶入快车道,是在2010年与行政机关脱钩后,才得已"放飞万里长空",实现工作大进步、大跨越,"工作很多,干得很累,贡献很大,过得很好"是协会工作的真实写照。所以,脱钩五年与前十五年相比,尽管经历时间短,但前进步伐快,发展势头猛,活力常注,越显年轻,两区间工作广度、深度和力度的差别显而易见,阅读和细品此书,不免有前薄后重的感觉。

纵观协会发展三十年历程,大体可以分为起步、成长、发展三个阶段,每阶段都诠释着协会创业不同的格局和风貌:

第一起步阶段。1986年4月—1995年6月,协会从"露脸"到第二次换届,经历了九年时间,工作虽然在"摸着石头过河",许多作用尚未充分发挥,然而有动作,有起色,有创新,为第二阶段工作的展开积累了经验。本书仅纳入1994—1995年工作,作为与第二阶段连接与过渡。

第二成长阶段。1995年7月—2010年6月,跨度十五年,历经三次换届选举。由于协会主客观条件得到明显加强,促进了工作水平大幅提高,作用和地位开始突显,知名度和影响力逐步提高,扭转了起点低、基础差、底子薄的被动局面。因此,1995年召开的福建省广告协会第三次会员代表大会，成为协会发展史上具有承前启后、继往开来的里程碑，为第三阶段协会厚积薄发奠定了基础。

在此阶段，尽管协会执业者们十分努力，也取得可喜业绩，但囿于机制原因，依然摆脱不了"带着脚镣跳舞"的运作模式，协会无法全面发力，可谓美中不足。

第三发展阶段。根据福建省人民政府要求，2010年6月，协会与行政机关脱钩，进入市场化运作轨道，走上自主创业，自谋生路，自我发展的破冰之路。尽管前行路上遇到许多阻力和困难，尽管"离开爹娘，断水断粮""工作难做，日子难过"，而使命与责任，情感与境界，激情与爱心，形成强大内力，创业者坚定信念，轻装上阵，对协会进行重新定位，重新布局，重新整合，重构模式，以"小协会、大社会"和"小行业、大事业"的办会理念，以"手上无权、脚下有路"和"无中生有"的办会方略，以"借船出海"和"借鸡生蛋"的运行办法，以"有求必应、才能一呼百应"和"尽责任，赢信任"的服务思想，强化自主创新，创造性地开展工作。通过几年的努力，协会"旧貌换新颜"，亮点纷呈，特色明显，掌声不断，协会发展进入了新的时代。拥有了坚实的工作基础，拥有了强大的骨干力量，拥有了有力的工作抓手，拥有了广泛的社会资源，拥有了雄厚的固定资产等等，基本上构筑谋略有道，创业有方，工作有为，社会有位和想办事，能办事，办大事，办成事的发展格局，成为业界信得过、靠得住、用得着、离不开的社会组织，并朝着知识化、专业化、职业化方向发展。福建省民政厅乃至中国广告协会给予我会很高的评价，仅2015年国家民政部官方刊物就连续三次报道了我会工作。实践证明：脱钩正本清源，脱钩阳光正道，脱钩为协会发展注入生机与活力；只有脱钩，协会才能发展，才能强大；只有脱钩，协会才能跑得快，走得远。

我们知道，在协会成长、成熟、成功的每个阶段和每个节点上，都是对协会领导和全体工作人员的智力、实力、魄力和意志力的考察和考验，都是对协会领导和全体工作人员的辛勤付出和无私奉献的检验和检阅。为了福建广告业发展，为了协会基业长青，我们无悔地道一声：我们用心了，我们尽力了！

　　雄关漫道真如铁，而今迈步从头越。探索二十年工作路径，二十年工作积淀，二十年工作贡献，为协会今后发展留下了巨大财富，为打造百年协会夯实基础；极具关联性、广泛性和多元性的广告产业，像阳光、如空气、似粮草，无孔不入，无处不在，无所不需，为广告协会发展搭建了大舞台和大平台；形势利好，政策给力，为协会发展提供了良好的外部条件。我坚信，大有可为、大有所为、大有作为的广告协会，明天一定天更蓝、路更宽、前景更美好。

　　我永远不会忘记，为了福建广告业的腾飞，为了全省广告协会建设，与我并肩作战、艰辛创业、默默奉献的全省广告协会和全省广告界的同志们；永远不会忘记，关心、支持福建广告业进步发展的中国广告协会、福建省工商局、民政厅等各级机关领导；我会顾问团队领导和社会各界人士，由于他们的奋斗才有今天的成就，由于他们的努力才有今天的局面，由于他们的支持才有今天的辉煌。借本书出版之际，谨向各位领导和同志们表示深情的问候和衷心的谢意！荣誉属于大家！光荣属于祖国！

　　辉煌二十载，再启新征程。

福建省广告协会会长　黄应寿

2015 年 10 月于福州

目录

关怀与期望

福建省广告协会二十年谋略与实践 / 1
  （一）1994 年工作总结和 1995 年工作安排 / 3
  （二）福建省广告协会第二届理事会工作报告 / 7
  （三）1995 年工作总结和 1996 年工作安排 / 13
  （四）1996 年工作总结和 1997 年工作安排 / 17
  （五）1997 年工作总结和 1998 年工作安排 / 25
  （六）1998 年工作总结和 1999 年工作安排 / 32
  （七）1999 年工作总结和 2000 年工作安排 / 42
  （八）福建省广告协会第三届理事会工作报告 / 49
  （九）2000 年工作总结和 2001 年工作安排 / 61
  （十）2001 年工作总结和 2002 年工作安排 / 70
  （十一）2002 年工作总结和 2003 年工作安排 / 76
  （十二）2003 年工作总结和 2004 年工作安排 / 82
  （十三）2004 年工作总结和 2005 年工作安排 / 91
  （十四）2005 年工作总结和 2006 年工作安排 / 99
  （十五）2006 年工作总结和 2007 年工作安排 / 105
  （十六）福建省广告协会第四届理事会工作报告 / 113
  （十七）2007 年工作总结和 2008 年工作安排 / 128

（十八）2008年工作总结和2009年工作安排 / 134
　　（十九）2009年工作总结和2010年工作安排 / 139
　　（二十）福建省广告协会第五届理事会工作报告 / 146
　　（二十一）2011年工作总结和2012年工作安排 / 161
　　（二十二）2012年工作总结和2013年工作安排 / 173
　　（二十三）2013年工作总结和2014年工作安排 / 185
　　（二十四）2014年工作总结和2015年工作安排 / 198
　　（二十五）新年祝辞 / 212

福建省广告界20年大事记 / 217

福建省广告协会开创全国同行第一项目 / 246

感知和感悟 / 253
　　（一）广告作用篇 / 253
　　（二）协会建设篇 / 254
　　（三）为人处事篇 / 263

拾零文选 / 269
　　（一）脱钩——放飞万里长空 / 271
　　（二）为广告正名 / 284
　　（三）新形势和新任务 / 287
　　（四）广告企业破冰之路 / 295
　　（五）如何做好行业协会秘书长工作 / 299

编后说明 / 303

关怀与期望

◇ 发展广告事业，促进经济发展。
　　　　　　　　　　　　——时任中共福建省委书记贾庆林

◇ 加强协会建设，推动广告行业进步。
　　　　——时任福建省人大常委会副主任、福建省广告协会名誉会长苏昌培

◇ 希望广告协会多出经验、多创业绩、多做贡献。
　　　　——时任福建省人大常委会副主任、福建省广告协会名誉会长方忠炳

◇ 福建省广告协会成功秘诀，在于有思路、有套路、有抓手、有办法。
　　　　　　　　　　　　——时任福建省民政厅厅长黄序和

◇ 福建省广告协会工作之所以有特色、有成绩、有经验，主要有一条清晰的工作思路，有一个很好的领导班子，有一支高素质的工作队伍，有一套管用的运作办法。
　　　　　　　　　　　　——福建省民政厅副厅长周瑛

◇ 福建省广告协会工作业绩突出，亮点纷呈，经验丰富，值得推广。
　　　　　　　　　　——福建省民政厅社团组织管理局局长郭奇

◇ 海纳百川
　　　　　　——时任北京军区副政委蒲荣祥中将为协会题词

◇ 手上无权，脚下有路。
◇ 智耕典范。
　　　　　　——时任海军航空兵副政委马国超少将为协会题词

◇ 海纳百川
　　　　　　——福建省书法家协会主席陈奋武为协会题词

福建省广告协会

二十年谋略与实践

1994年工作总结和1995年工作安排

1994年工作总结

一、贯彻中央两个文件

1992年，中共中央国务院颁发《关于加快发展第三产业的决定》和《关于第三产业的发展规划基本思路》，将广告行业同信息业、咨询业一起列为重点发展的行业，明确提出广告业的发展目标和任务，即"逐步建立结构合理，种类齐全，媒介畅通，专业化水平较高和多层次、全方位的广告信息传播和市场营销服务体系，提高广告制作和经营水平，加强广告的监督管理，积极推进符合广告市场运行规律和国际惯例的广告经营代理体制"。为广告业的发展指明方向。

为了贯彻中央精神，我会把学习贯彻中央精神列入年度工作要点并在今年五月份召开的省广告协会常务理事扩大会上，安排大家学习和讨论。倡议各地、市广告协会、各专业公司、媒体单位在深入学习的基础上，研究和制定落实措施和贯彻方案，取得了较好成果。

二、加强协会基础建设

广告协会，是广告业的行业组织，是连接政府、企业、消费者的桥梁，是促进广告业健康发展的重要组织力量。在新形势下，加强协会职能是我们的关键问题。我们本着广告协会是广告业的群众组织，要同政府机关职能加以区别的原则，提出协会今后主要任务是自我管理、自我约束、自我教育，协会的职能概括为：（1）教育指导作用；（2）自我服务作用；（3）桥梁纽带作用；（4）组织协调作用；（5）自治自主作用。根据以上职能，今年协会着重抓了职业道德教育，经营管理教育，科学技术教育。

根据中广协关于协会机构改革方案，为进一步发挥省级和地方协会的作用，今年我们结合广告实行分级管理方案，加强了对省广告经营单位的会员指导作用，理顺省、市协会的职能，加强对会员单位的登记管理，又吸收一些新会员单位。截至年底，我会会员单位已发展到198家。

三、开展"重信誉，创优质"活动

根据中国广告协会"三代会"决议，我会把广告行业开展"重信誉，创优质"活动作为长期任务来抓，通过这一活动，大多数会员单位建立了各项规章制度，特别是建立了严格的广告内容审查制度，有效地减少了虚假广告，提高了服务质量和队伍素质，这对于深化行业改革，净化广告市场，维护竞争秩序，促进广告业整体服务质量的提高都起到了重要作用。

四、开展人员培训工作

广告业是人才密集、知识密集、技术密集的高新技术产业。广告业的竞争主要表现为人才竞争。因此，广告协会十分重视对广告从业人员的职业道德教育和业务培训工作。今年先后组织两批100余人，参加北京94国际广告博览会暨国际广告研讨会、中广协与央视教育电台合办的CIS知识电视教育讲座。为解决当前广告从业人员知识结构不合理状况，广告协会与厦门大学新闻传播系正联系筹办"广告专业证书班"培训。

除此之外，各地、市协会还根据省广告协会统一部署，结合当地实际情况，开展了各种形式岗位培训和从业人员的法规教育，举办了各种类型的"广告专题讲座"。

五、开展作品展评活动

为了配合广告法的宣传、教育，加强对户外广告的监督管理，提高广告的设计、制作水平，规范城市户外广告设置，进一步美化城市，繁荣经济，我会从今年5月份开始，开展对全省户外广告全面检查、整顿，在此基础上选拔优秀广告作品参加全省"'94福建户外广告作品评选"活动。厦门、莆田、宁德等地市为了迎接省级评比，在本地区开展了"广告作品展"活动，有力地推动活动全面展开。多地选拔62幅作品，参加省"'94户外作品评选"。

为了提高电视广告的创作水平，省广协还组织全省电视广告经营单位参加中国广告协会与中央电视台合办的"花都杯"电视广告大奖赛。福建省有15幅作品参赛，其中3幅作品获佳作奖。

这些活动使广告工作者有机会了解广告创作和设计的发展情况，交流创作经验，互相学习，不断提高广告设计制作水平。

六、开展广告学术研讨

为促进广告理论的发展，进一步沟通工商企业与广告界的联系，我会在今年6月与闽台经济交往促进会、福建省中外企业家联谊会等团体联合举办"咨询广告学"学术讲座。邀请闽籍台湾学者黄天庆教授来榕讲学。获得工商企业、广告从业人员、部分院校学生们的好评。

七、为会员单位办实事

几年来，协会曾就从业人员申请户外广告场地手续难的问题，向有关部门反映和探讨解决办法并反映会员单位的合理要求。

为了让会员单位更快地了解有关广告新政策、新法规以及国内外广告新动态，我会通过内部刊物"广告工作通讯"与会员单位及政府有关部门紧密联系。

为了加强与工商企业、政府部门的联系，更好为会员单位开展信息交流，我会征集出版《福建省广告经营单位简介》一书。全书收集了近500家全省主要广告经兼营单位资料。目前征集工作已基本结束，进入校稿阶段。我会还完成广告公司、媒介单位前20名的排名统计。

1995年工作安排

一、大力开展《广告法》的普法教育工作

明年第一季度积极配合广告处开展以《广告法》为中心的普法教育工作，具体做法：

（一）按国家局的统一宣传口径，编写宣传提纲，向会员单位积极开展宣传。

（二）动员会员单位利用一切媒体向全社会展开宣传工作，做到"家喻

户晓"。

（三）承办不同层次的普法教育学习班，让广告经营单位了解《广告法》发布的重要意义，使会员单位自觉学法、懂法、守法。创造《广告法》实施的外部优良环境。

（四）配合《广告法》的贯彻落实，在广告经营单位中开展"你所知道的违法广告"的调查问卷活动。

二、继续开展"重信誉、创优质"服务活动

拟定明年在广告公司中开展"广告公司综合实力评估活动"，通过这一活动，促进公司健全机制，完善内部管理，增长公司市场竞争实力。

三、创办"广告专业证书班"

明年与厦门大学联合创办广告证书大专班，要争取在短时间内完成此项工作，为会员单位办实事。

四、开展信息交流，学习省外先进经验

根据会员单位的要求，由我会带头组织有关人员到外地考察学习，着手解决"户外广告多头管理"问题。

福建省广告协会第二届理事会工作报告

李升亮

（1995年10月5日）

各位代表，同志们：

现在，我受第二届理事会的委托，向大会作工作报告，请审议。

一、在社会主义市场经济中迅速发展的福建广告业

从1991年5月省广协第二次会员代表大会召开至今，已经四年多时间了。四年多来，在邓小平同志建设有中国特色社会主义理论指导下，我省进一步实施沿海经济发展战略，深化改革，扩大开放，再造新优势，更上一层楼，使我省经济和社会各个领域都发生了深刻的变化。经济的繁荣对我省广告业提出了新的更高要求，同时也为我省广告业的发展创造了良好的机遇，为全省广告企业和广告工作者提供了施展才华的广阔天地。全省广告界自觉服从和服务于改革、发展、稳定的大局，为推动我省经济发展和社会进步做出了积极贡献，取得了很大成绩。

回顾四年多来我省广告事业发展走过的路程，主要有以下特点：

第一，政府扶持，广告业成为我省经济的又一新增长点。根据国家工商总局、国家计委颁布的《关于加快广告业发展的规划纲要》，各级各部门把扶持和发展广告业由行业行为上升为政府行为，广开绿灯，积极引导，大胆探索，齐抓齐管，为广告业的发展创造了一个宽松环境。全省各级工商行政管理机构坚持"抓规范，促发展"的原则，解放思想，以资质标准取代总量控制，坚持国有、集体、个人、私营、外资广告企业一起上的方针，促进我省广告业蓬勃发展，成为我省经济的又一个增长点。据统计，到1994年年底，

全省广告经营单位达到738家，比1991年的159家增长了近五倍；广告从业人员1994年底达到1.1万人，比1992年的1880人增加了近六倍；广告经营额达到5.8亿元，比1991年的1.1亿元增长了近五倍多，平均每年增长80%以上。四年多来，我省广告业的发展速度一直保持在全国前十名之列，在传播信息，开拓市场，指导消费，促进我省的改革开放和经济建设中，发挥了积极作用。

第二，观念更新，全社会广告意识普遍提高。几年来我省广告从业人员的法制观念和现代市场观念有了提高，诚实、信用原则已为越来越多的广告经营单位和从业人员所接受，进而有效地提高了广告在商品生产者、经营者、消费者心中的地位。我省许多企业及时恰当地利用广告宣传企业形象，提高了企业的社会地位，扩大了产品知名度，为建立现代企业制度创造了良好外部环境。广大消费者也逐渐改变了对广告的偏见，开始习惯于通过广告了解市场信息，借助广告选择消费。可以说，广告已成为人们消费活动的参谋和益友。全社会广告意识的提高，又为广告业的发展奠定了社会基础。

第三，质量提高，广告服务水平上新台阶。我省设计摆脱了过去公式化、简单化的模式，追求完美的创意和艺术表现形式，许多广告经营单位引进国外先进技术和设备，一批新技术、新工艺、新材料得到推广和应用。三维电脑动画制作系统、成套先进冲印设备、彩色大屏幕显示系统和电子磁翻转广告媒体的使用，使我省广告业开始成为知识密集、技术密集的高新技术产业，牢固确立自己作为市场经济先导产业的地位。在此期间，涌现出一批构思新颖、制作精良的广告作品和实力雄厚的广告公司。如厦门商业广告公司制作的《银城啤酒》广告作品，凭借独到的创意和先进的制作技术，在1992年全国第三届广告作品评比中，一举夺得霓虹灯广告一等奖。又如，福建省广告公司在1994年国家工商局和全国企业评价协会对11044家广告公司的综合评定中，雄居全国广告公司排行榜第14名。福建广播电视广告总公司和福建省广告公司还分别以年经营额1.1亿元、3600万元，跻身全国广告经营单位排行榜的第15名和31名。

第四，媒体增加，广告发布难的问题得到缓解。四年多来，我省新闻出版业空前繁荣，新开办了一批电视台、广播电台；新增加了一批报刊，原有的《福建日报》《福州晚报》《厦门日报》《福建广播电视报》《警坛风云》《青年博览》等报刊，都相继扩大了版面和发行量，从而使广告发布能力成倍增长，一度存在的广告发布难的问题得到缓解；直销广告、大屏幕、高楼墙壁、灯饰、空飘气球等新兴广告媒体相继出现，大大丰富了广告发布手段；

我省大中城市户外广告呈现一派欣欣向荣的景象，广告一条街、灯箱广告群到处可见；城市灯饰也与广告"接轨"，更显商业繁华气象，福州的五四路、东街口、五一广场，厦门的中山路、轮渡码头，泉州市区主要街道的大型广告群，以现代都市的气派展现在人们的面前，受到广大群众的好评。这是我省广告界长期努力的结果，又为广告业的进一步发展创造了良好的条件。

第五，适应市场需求，广告逐步向现代代理制和总体策划的方向发展。随着市场竞争日益激烈，广告主寻求广告策划代理和导入企业形象的愿望也日益强烈，广告公司为适应市场发展的需要，都把人才选拔、技术引进和总体策划能力的提高，作为公司生存与发展的首要问题紧抓不放。目前，越来越多的广告主寻求能够为其产品进行全面策划、代理的广告公司，而广告公司为了满足广告主的需要，也着力提供全方位服务，开创了我省广告供求双方友好合作，共创美好未来的新局面。

四年多来，我省广告业取得巨大成绩，但也存在一些问题，一是宏观规划指导不力，行业结构不合理，经营体制不顺。二是广告发布把关不严，经营秩序较乱，虚假违法广告时有发生。三是广告专业人才缺乏，且流动过大，影响了广告创作水平的提高。这些问题必须通过深化改革，规范广告市场秩序来解决。

二、"二代会"以来的省广协工作

福建省广告协会作为我省广告界的行业组织，是党和政府密切联系全省广告界的桥梁和纽带。四年多来，我们按照《福建省广告协会章程》的规定，把办实事，促发展作为协会工作的主线，在为会员服务上做文章，取得了一定的成绩。大致做了以下七个方面的工作。

（一）贯彻《纲要》，促进行业发展

1993年年初，政府有关部门《关于加快广告业发展的规划纲要》颁布后，省广协立即把学习、宣传、贯彻《纲要》列入年度工作要点，认真组织省、市两级协会和各专业广告公司、媒体单位深入开展学习，结合我省广告行业实际，制定发展规划。1994年省广协召开常务理事扩大会，对贯彻《纲要》情况进行总结，交流了经验，确定了基本思路，明确了今后我省广告业要逐步建立结构合理、种类齐全、媒体畅通、专业化水平较高的多层次、全方位的广告信息传播网络和市场营销体系，提高广告制作和经营水平，加强广告

行业自律和监督管理，按照广告市场运行规律和国际惯例，推行广告经营代理制，促进广告业的健康发展的奋斗目标。

（二）积极开展《广告法》宣传活动

《中华人民共和国广告法》于今年2月1日开始实施，这是广告界的一件大事。省广告协会适时配合广告管理机关认真进行了研究部署，坚持宣传、培训、自律三管齐下，取得了明显效果。全省广告行业积极行动起来，通过新闻媒介发布公益广告、走上街头开展法律咨询、便民服务、散发宣传品、大张旗鼓开展宣传活动。福州、厦门、三明等协会举办了新闻发布会、座谈会，福州、泉州、宁德、漳州等地还邀请当地党政领导同志发表广播电视讲话。《福建日报》、福建有线电视台、《福建广播电视报》等传播媒介全文刊、播了《广告法》。为了使广告主、广告经营者、广告发布者学法、知法、用法、守法，省广告协会以及福州、厦门、漳州、三明市广协协同广告管理机关，对广告从业人员进行了分期分批教育培训，共办班23期，培训960人次。通过培训使广告从业人员不但熟悉了法律条文，而且掌握了依法审查广告内容的业务知识，为净化我省广告市场秩序打下了基础。

（三）继续开展"重信誉，创优质服务"活动

根据中广协"三代会"和省工商局对省广协工作的要求，几年来协会认真抓了行业"重信创优"活动。制定了"重信创优"评选条件，加强了对活动的检查督促。通过这一活动，进一步完善了行业内部的规章制度，加强了行业管理和行业自律，对减少虚假广告，提高行业服务质量和队伍素质起了一定作用。

（四）开展人才培训

几年来，省广告协会把培养广告人才摆上重要议事日程，先后举办了5期广告业务员培训班，1期广告研习班，参加人数达1000多次。今年，协会又在省工商局的指导下，经省教委、省人事厅批准，与厦门大学新闻传播系举办大专广告专业班，学制一年半，首期招生60名，目前已开课学习。我们还利用全国广告学术委员会在福州召开之机，邀请与会的委员为广告界讲课，组织我省广告界人士与学者研讨我省广告业发展中的突出问题和对策。几年来，我们多次组织厦门大学教授在全省巡回演讲，进行广告文化教育，收到较好的效果。

（五）开展优秀广告作品展评活动

几年来，沿海发达地区的广告水平迅速提高并向山区辐射，山区广告作品质量有了可喜进步。广大广告工作者创作了一大批既能准确传递商品信息，又为广大消费者所喜闻乐见的广告作品。在1992年11月举行的全国第三届广告作品展评活动中，省广协组织送展的65幅作品，有27幅获奖，奖牌总数列全国第6位，其中13幅作品获得等级奖，居全国第4位，受到中国广告协会的表彰。省工商局对广告作品展评活动十分重视，给予热情指导和积极支持，参展人员回省后，省工商局召开大会，邀请省领导到会讲话，为获奖者颁奖，给广告工作者以极大鼓鼓舞。去年第四季度，我们在全省开展了户外广告评选活动，宁德、莆田、龙岩、三明等地市在活动中，还与有关部门密切配合，举办本地区优秀广告作品展，邀请当地党政领导出席开幕式，并就加强户外广告工作提出了具体要求，在当地产生较大影响。

（六）积极拓展对外、对台广告交流

为促进同国际广告界的交流，省广协于1993年组织部分广告工作者和广告管理人员赴德国、意大利、新加坡、泰国、香港进行业务考察活动。同年还与省电视台、中国广告杂志社、台湾动脑杂志社在福州首次联合举办海峡两岸广告媒体研讨会，20多位台湾广告专家、学者到会与大陆广告界人士一起探讨广告发展前景。1995年上半年，厦门市广协配合管理部门先后两次举办海峡两岸广告交流新闻发布会，使两岸广告交流和合作向前迈进了一步。目前，省广协正积极组织广告界赴台考察团，在适当时期赴台同台湾广告界进行交流活动。几年来，经过我省广告工作者的探索和努力，使我省广告在沟通海峡两岸交流中，形成了"三通未始，广告先行"的格局，产生了良好的经济、政治影响。

四年多来，本届理事会遵循协会《章程》，在各级协会、会员单位大力支持与协助下，做了许多工作，也取得了一定的成绩，但离党和政府的要求、离行业对协会工作的期望还有一定距离。特别是在如何指导会员积极开展活动，为会员服务，把协会办成会员之家等方面还存在一些问题，这些问题务必在今后工作中加以改进。

为此，我们向本次会员代表大会即将选举产生的新一届理事会提出工作建议：

第一，要做好省广告协会工作，就要从深化改革、强化协会只能入手，

紧紧围绕"指导、协调、服务、监督"八字方针,把活动开展起来,把会员组织、团结起来,把协会的优势发挥出来,把我省的广告事业不断推向前进。

第二,要做好省广告协会工作,就要从深化改革、强化协会职能入手,紧紧围绕"指导、协调、服务、监督"八字方针,把活动开展起来,把会员组织、团结起来,把协会的优势发挥起来,把我省的广告事业不断推向前进。

第二,要做好省广告协会,就要牢固树立服务意识,做好各项服务工作。为会员提供政策指导、法律咨询、技术信息、岗位培训、资质评定等项服务,既是会员自身业务发展的需要,也是协会的优势所在。我们相信,协会在这方面将会大有可为。

第三,要做好省协会工作,就要进一步搞好行业自律。特别要依据《广告法》《反不正当竞争法》《消费者权益保护法》等市场经济法律,总结我省广告行业的实践经验,逐步建立起一套行规行约,规范广告市场秩序,促进我省广告业沿着法制化轨道健康发展。

各位代表,省广协第三次会员代表大会是一次继往开来的盛会。希望代表们积极献计献策,共商我省广告业发展大计。在新的形势和任务面前,我们要形成共识,团结一致,共同努力,把协会工作做好,将我省广告事业推向前进,为福建的经济腾飞做出新的更大的贡献。

1995年工作总结和1996年工作安排

1995年工作总结

1995年，是我会承前启后，继往开来，协会工作全面提高，协会建设全面加强的一年。一年来，我会以换届选举为起点，以"完善机构，充实队伍，打好基础"为重点，以"讲团结，办实事，求实效"为主题，开始了新的创业和创新，从换届到年底，仅四个月时间，协会建设就有了新起色、新提高、新发展。主要抓了以下六个方面工作。

一、立足改革发展，完成换届工作

今年7月，我会遵照省工商局党组关于年底前完成换届选举工作的要求，在省工商局商标广告处黄应寿副处长的带领下，组建了筹备工作小组，在较短的时间内完成换届选举的各项筹备工作。8月11日上午，省工商局苍震华局长主持召开局务会议，听取换届领导小组工作汇报，原则同意换届工作领导小组《关于召开"福建省广告协会第三次会员代表大会"筹备工作情况的汇报》。经省工商局批准，我会于10月5日在福州召开第三次会员代表大会。来自全省广告经营单位、发布单位、广告主单位和广告管理机关的96名代表出席大会。省人大常委会苏昌培副主任，省高级人民法院方忠炳院长，省工商局苍震华局长、朱东海副局长和有关机关负责人到会指导。大会选举产生第三届协会领导机构，审议通过《福建省广告协会工作报告》，修订《福建省广告协会章程》，通过《福建省广告协会自律规则》《福建省广告协会会员接纳与管理办法》《福建省广告协会会费缴纳与管理办法》等规范性文件，确定了协会今后一个时期的工作任务。会议聘请省人大常委会苏昌培副主任和省高级人民法院院长方忠炳为名誉会长，选举产生黄应寿为会长，赵公霖同志为秘书长的领导班子。可以说，本次会议是一次改革、务实、团结、鼓劲的会议，是福建省广告协会建设迈向新时期，走向新胜利的一次里程碑的会议。

二、加强内部建设，抓好基础建设

一是从实际出发，对协会职能作了相应调整，将原来的"指导、协调、服务、咨询"调整为"指导、协调、服务、监督"，为进一步充实"服务"的内涵，增加"监督"职能，促进自我教育、自我管理、自我服务方针到位。二是根据工作需要，进行内部分工，协会内设立办公室、会员部、咨询部，指定负责人，明确工作职责，促进职能到位，推动工作运转。在省有关部门组织的财税抽查中，我会财务纪律严明，账目清楚，全合格，受到好评。三是改善办公条件，在省工商局的帮助下增加办公用房，购买先进的电脑和文印设备，改善通讯条件，有效地提高工作质量和工作效率。四是建立内部管理制度，制定政治学习制度、文印管理规定、车辆使用管理规定、财务管理规定等，使各项工作逐步规范化、正常化。五是加强思想政治工作，进行爱岗敬业教育。针对协会工作人员都来自工商机关干部，很多同志认为来协会工作，没出息，没干头，不安心工作现状，协会领导主动找全体同志谈心，面对面地做好思想工作，同时发挥全体党员的模范带头作用，使全员精神面貌发生深刻变化，逐渐形成讲敬业、作奉献、讲团结、守纪律的良好氛围，协会风气正了，活力强了，工作上来了。

三、做好法制宣传，指导依法经营

一年来，在积极配合广告管理机关开展宣传、贯彻《广告法》活动中，我会动员会员单位通过新闻媒介发布宣传广告，走上街头发放宣传品，开展法律咨询和便民服务活动，为《广告法》的普及做了大量工作。福州、厦门、三明等地协会举办了实施《广告法》新闻发布会、座谈会，《福建日报》、《福建广播电视报》、福建有线电视台等主流媒体全文刊播了《广告法》。我会和福州、厦门、漳州、三明市广协协同广告管理机关，对广告从业人员分期分批进行培训，共办班23期，培训960人次，提高了广告主、广告经营者、发布者的守法意识和依法经营能力。

四、开展服务工作，提高协会能力

自律是协会自强之路，服务是协会发展之舟，我会在工作中妥善处理两者关系,寓自律于服务之中,取得了新成果。一是提请省广协"三代会"审议通过《福建省广告协会自律规则》,使行业自律有章可循。二是通过《福建广告通讯》宣传和解读广告管理法规、政策,让会员及时了解政策信息,自觉守法经营。三是开展广告咨询服务,减轻会员单位压力,受到会员单位的欢迎。四是为会员单位统一制作"福建省广告协会会员单位"铜牌,以提高会员单位的社会地位和知名度,督促会员单位严格自律。五是在《福建广告通讯》和在有关媒体开辟"八闽广告群英"专栏,向行业内外介绍会员单位经营实力,提高了会员单位附加值。

五、开展培训调研,做好素质培养

一是为培养一批高素质的广告专业人才,在行业内发挥带头示范作用,我会与厦门大学联办广告大专专业证书班,学制为一年半,首期招生60名,于10月5日开课。此举在会员单位中引起很大反响,许多广告企业纷纷要求我会继续办班,为培养广告人才,提高广告策划、创意和经营能力打下基础。

二是为了提高协会工作的指导性,我们大兴调查研究之风。协会先后发出"会员单位情况调查问卷""广告经营单位调查表",前者侧重于了解会员单位的改革与发展情况、对协会工作的要求和建议,后者侧重于收集全省广告经营单位的各种数据。目前,这两项调查已基本结束,正着手进行资料的汇总、分析。

三是我会派员深入莆田、泉州、漳州等地开展调查,基本上摸清了会员单位情况,为制定服务会员措施打下基础。

四是黄应寿会长分别在省级报刊和协会通讯上发表《福建广告业的产生和发展过程》《谈当前广告内容审核中的问题》《户外广告发展与管理等》等文章,协会编辑了1983—1994年全省广告发展资料,对行业分析走势指导,企业创业发展起了积极作用。

六、开展作品评选,组织对外交流

一是我会指定专人做好我省参加全国第四届优秀广告作品评展征集。全省报送比赛作品75件,其中有18件获奖,占送展作品的24%,获奖作品总数居全国第五名,获奖率高于全国平均水平,比1992年在全国第三届优秀广告作品评展时的获奖总数第7名又进了一步。这表明,近年来我省广告作品的策划、创意、制作、发布水平稳中有升,广告作品的档次和文化品位又有新的提高。

二是11月中旬，我会黄应寿会长率领福建广告代表团58人，赴广州参加"中国国际广告新技术暨第四届全国优秀广告作品展"考察学习，与国内外同行的进行了经验交流。

三是为了做好闽台两岸广告界交流工作，我会完成了福建广告考察团的赴台前期准备工作经协调联系和多方努力，目前已转入赴台手续审批阶段，预计年底前可完成启程前的各项工作。

1996年工作安排

1996年，是实施国家"九五"计划和2010年远景目标的第一年，也是我会开好头，起好步，各项工作迈上新台阶的第一步。为了拓展工作，我会确定了"一二三四五"的基本工作思路：

一是围绕一个目标：争创省级先进社团。以此统揽全年工作，调动协会会员积极性和创造性，率领广告界开拓进取，创新工作，为协会进入省级先进社团行列而不懈努力。

二是抓住两个重点：抓住创新重点，开创协会自我完善、自我提高、自我发展新局面；抓住改革，探索市场经济体制下社团改革、发展的新路子，把协会的改革与发展不断推向前进。

三是组织三项活动：一是配合广告管理机关开展纪念《广告法》实施一周年活动。二是组织开展"十佳"会员评选表彰活动；三是组织广告征文宣传活动。通过这些活动，在行业内部进行法律、法规、职业道德的再学习、再教育，同时向社会普及广告法规，宣传行业的先进典型，让社会公众了解，支持和监督广告行业依法经营。

四是办好四件实事：第一，与厦门大学联办第二届广告大专专业证书班。第二，出版福建广告史册。第三，组织会员单位间的参观学习。第四，开展会员单位实力评定和发布工作。通过办实事，把协会的"指导、协调、服务、监督"职能充分运用起来，提高协会工作的吸引力和凝聚力。

五是开好五次会议：第一，省广告协会长办公会议。第二，团体会员单位秘书长会议。第三，省广协三届二次理事会。第四，广告公司、媒体单位新年座谈会。第五，首届户外广告研讨会。通过这些会议落实全年工作计划，推动工作发展。

1996年工作总结和1997年工作安排

1996年工作总结

1996年是我会换届改选后工作的开端年、起步年。在省工商局的领导下，在中国广告协会和省社团办的指导下，我会解放思想，更新观念，大胆探索，勇于实践，以争创省级先进社团为奋斗目标，以推动广告行业自律和发展为检验标准，立足改革出新招，团结协作办实事，全面完成年初提出的"一二三四五"的基本工作思路，各项工作有了很大的起色和拓展。

一、协会工作得到加强

一年来，我会紧紧围绕加强行业建设主旋律，认真探索工作的新路子、新举措，形成了统揽1996年全年工作大局的"一二三四五"工作思路，即：围绕一个目标，抓住两个重点、组织三项活动，办好四件实事，召开五场会议。经过努力，不但年初完成确定的各项任务，而且超额完成组建广告专业技术职务评审委员会、制定1997年闽台户外广告考察活动方案等项工作。我会吸引力、凝聚力大大提高，广大会员单位热心支持协会工作，积极参加我会组织的各项活动，努力完成协会交办的各项任务，使我会工作顺利而有序的进行。部分广告经营单位纷纷向我会靠拢，积极要求申请入会，主动承担工作任务。一年来，协会形成的高起点、快节奏、高效率的崭新工作态势，带动了行业组织的各项建设，营造了"内和外顺""上下协调"的工作环境。行业自律、制度建设等不断得到加强。全省广告界对我会工作有了新的评判，新的说法，新的肯定。

二、法规宣传成效明显

一年来，我会积极发挥行业组织优势，主动配合广告监督管理机关开展广告法规宣传系列活动。一是有一个明确的指导思想，即把纪念《广告法》实施一周年活动作为开展行业自律的基础工程来抓，作为配合工商行政管理机关"两年"活动的重点工程来抓，作为提高广告从业人员的职业道德素质和业务素质的培训工程来抓。我会于1月中旬向全体会员单位发出《关于积极开展纪念〈广告法〉实施一周年活动的通知》，要求各地广协和广大会员单位积极行动，开展社会宣传和自我教育，提高广告界学法、知法、守法的自觉性。二是组织开展一系列有广泛社会影响的宣传活动。2月1日，我会与省工商局、福建日报社、福建工商社、福州电信广告信息公司联合举办大型《广告法》知识有奖征答活动，《福建日报》《福建工商报》分别用一个整版的篇幅全文刊登《广告法》及征答试题，通过电信168台进行征答竞赛。在一个多月之内吸引力全省各界15万人参加竞赛活动，活动范围之广、人数之多、影响面之大都是空前的。福州、厦门、南平、漳州、龙岩等地市广告协会也开展了形式多样的纪念活动，均收到良好的社会效果。三是在《福建广告通讯》上开辟专栏，发表有关广告法规及其解读、行业自律和公益广告与精神文明等文章30多篇，引导会员单位守法经营。四是为了进一步倡导广告文化，树立广告活动的正确形象，传播广告信息，普及广告知识，总结广告经验，维护广告经营者的权益，我会与福建经济报社在《福建经济报》联合开辟"广告天地"栏目，从1997年1月起每周三与广大读者见面，在目前我省尚无广告专业报纸的情况下，作为协会为广告界提供了一块新的服务天地。

三、对外交流顺利拓展

一年来，我会顺利完成三次重大出访任务，实现了我省广告界对台、对外交流三项零的突破。一是1月18—25日，我会顾问、省工商局长苍震华为团长，我会赵公霖秘书长和厦门市广告协会会长、市工商局局长刘励为副团长的福建广告代表团一行二十人，作为隔绝46年后的第一个大陆广告代表团，赴台湾出席了由福建省广告协会、台湾文化大学广告学系、台湾动脑杂志社联合主办，财团法人海峡两岸交流基金会、动脑广告人俱乐部协办的第三次两岸广告研讨会，实现了海峡两岸广告界双向交流零的突破，产生了积极而深刻的影响。二是6月7—15日，我会黄应寿会长率领我省广告界一行十一人，随中国广告代表团赴韩国汉城参加第35届世界广告大会，与国际广告界同行交流广告业如何面向21世纪的重大课题，学习国外同行的先进经验，实现了我省广告界参加世界广告大会零的突破。三是6月下旬至7月初，我会顾问、省工商局长苍震华等我省广告界人士随中国广告代表团赴法国戛纳参加第43届国际广告节，实现了我省广告界参加国际广告节活动零的突破。此外，我会还于10月23日—11月2日，组织我省户外考察团赴成都、重庆、武汉等地进行户外广告考察，学习外地户外广告策划、制作、发布的先进经验，引进外地的先进技术，研究户外广告设置中的难点和自律问题，收到较好效果。

四、各项实事全面落实

一年来，我会以邓小平同志"发展才是硬道理"的思想为方针，紧紧抓住广告业发展中的主要矛盾，努力为会员单位办好事、办实事、解难点、排忧愁，深受广告界的欢迎。一是在广告专业技术职务评定工作上实现了突破。在省工商局、省职改办、省文化厅的大力支持下，"福建省艺术系列（广告专业）中级技术职务评审委员会"于4月正式成立，由我会承担全省广告专业初、中级技术职务评审工作，现已开始受理美术、广告管理初、中级技术职务的审报。此次工作不但为培养我省广告骨干办了一件好事、实事、大事，而且弥补了全国同行的空白，深受全国同行和广告界的关注。二是完成第一届广告专业大专班60名学员的全部授课工作，明年初完成毕业抽考和毕业典礼工作。三是完成第二届广告专业大专班的招生工作，招收学员近百人，于明年1月初进行第一次授课。四是编辑出版了我省第一本广告资料书《发展中的福建广告业》，全书近10万字，为我省广告学术研究提供了有价值的资料。五是完成首届福建广告论文征集、评奖工作，共征集论文50多篇，评出等级奖和优秀奖20篇，已委托厦门大学出版社正式编辑出版。一年来，我们还主动帮助会员单位解决了一些发展中的难点、热点问题，如解决了订阅台湾广告刊物难的问题；协调户外广告发布中涉及当地城管、交通部门的有关事宜，维护了会员的合法权益；解决会员单位在申报商标，申领《营业执照》中的难题等。

五、行业自律初见成效

一是加强会员管理，进行老会员的重新登记和核发会员证工作，同时做好发展新会员工作，先后吸收新会员18家，目前我会已有会员200多家，占全省广告经营单位总数的18%。二是开展了首届十佳会员单位和十佳广告工作者评选表彰工作，经自我推荐，各地、市广协审查推荐，我会于5月派员到各地对"双十佳"候选单位和个人逐一进行考核，6月20日"双十佳"评委会根据评选条件确定了"双十佳"名单，经会长办公会议审议批准，于8月21日在福州隆重召开表彰大会，会议向全省广告同行发出《学习"双十佳"，加强行业自律的倡议书》，对推动全行业的社会主义精神文明建设发挥了积极作用。三是开展会员单位挂牌经营活动，所有单位会员均在经营场所挂出"福建广告协会会员单位"铜牌，这不但增强了会员单位的荣誉感和责任感，而且促进了会员单位自律，又便于社会监督，受到会员单位、广告主和消费者的欢迎。通过一年的运作，会员单位守法经营，维权自律，争先创优的自觉性有了一定的加强，不正当竞争和发布虚假违法广告的现象明显减少。

六、工作制度得到规范

一年来，我会建立了会长办公会议制度，审议批准协会重要工作，初步建立起"协会牵头，民主决策，会员参与，群事群办"的工作机制。一是1月、7月、12月分别召开会长办公室会议，审议1995年工作总结和1996年工作安排，做出表彰"双十佳"的决定，审议批准1996年工作总结和1997年工作要点。二是5月份召开了三届二次理事会，分别审议批准常务理事会工作报告，1995年会费收支情况的报告，吸收新会员等事宜。三是我会与省工商局商广处建立了联席会议制度，开始试运转。四是我会机关的学习制度、请销假制度、文件办理制度、车辆管理制度、财务管理制度、档案管理制度、工作例会制度进一步完善。1996年我会财务工作先后三次接受有关部门的检查，档案也顺利完成立卷工作，均受到有关部门的肯定。五是根据省工商局推荐，依照《章程》规定，先后顺利办理了秘书长、副秘书长人事变更手续。

七、队伍素质不断提高

在省工商局的大力支持下，我会内部建立了职能机构，充实了干部队伍，增加了办公设备，解决了部分长期存在的工作难点，为协会工作顺利全面拓展奠定了基础。一年来，我们始终坚持抓思想教育，抓制度建设，抓工作责任制的落实，有力地调动了干部职工的积极性，保证了各项工作的落实。平时我们注意加强对协会机关人员的思想政治教育，经常开展谈心活动。在政治上，要求大家讲政治、树正气、守纪律、团结协作、努力工作。在工作上，要求大家转变思想观念，出主意、提建议、想办法，积极探索协会工作的新路子。在提高效能上，要求大家发扬认真、细致、勤奋、扎实的工作作风，协同作战，增强工作力度，提高队伍水平。1996年在人员调整变动较大的情况下，保持了人员的思想稳定和各项工作的正常进行，形成了事事有人干，人人有事干，个个都肯干的良好局面，保证了各项工作的落实。

一年艰辛的创业路上，应该说，我们想了好多办法，做了许多工作，取得了很多成绩，但工作中还存在不少的困难和问题，怎样激活工作和"虚功实做"等问题，还待我们进一步拓宽思路，努力攻坚，改革创新，逐步解决。

1997年工作安排

1997年我会工作的指导思想是：在省工商行政管理局的领导下，在中国广告协会和省社团办的指导下，以邓小平建设有中国特色社会主义理论为指导，认真学习、贯彻党的六中全会和中央经济工作会议精神，以加强广告行业的社会主义精神文明建设为动力，以树形象、抓服务、促建设、求实效为基点，大胆探索，勇于开拓，在1996年工作的基础上，乘势而上，继续增创协会工作新优势，努力实现协会工作新跨越，为促进我省广告业沿着法制化轨道健康发展而努力。

一、进一步强化广告行业文明建设

一是组织全行业认真贯彻党的六中全会《决定》和中央经济工作会议文件，按照"以科学的理论武装人，以正确的舆论引导人，以高尚的精神塑造人，以优秀的作品鼓舞人"的总体要求，强化服务意识，提高服务能力，努力提高全行业职业道德水准和广告创意、制作、发布质量，不断促进广告行业的精神文明建设。二是积极配合广告监督管理机关做好运用公益广告宣传社会主义精神文明的工作，努力探索商业广告与公益广告有机结合的途径，促进广告经营单位更加自觉、有效地参与社会主义精神文明建设。三是在全行业继续开展学习十佳会员单位和十佳广告工作者活动，认真总结行业两个文明建设的经验，促进全行业争先创优活动的深入开展。

二、进一步促进广告行业形象建设

一是从我省广告市场的实际情况出发，依据有关法律、法规进一步充实和完善《福建省广告行业自律规则》，使之既能代表行业整体利益和公众利益，又具有较强的可操作性。二是进一步加强行业自律的检查监督工作，拟依托省有线电视台《广告杂谈》、福建省经济报《广告天地》和我会《福建广告通讯》等宣传阵地，向社会发布广告经营单位资信情况、守法经营情况和违法经营案例。三是在自律中注意吸收一批自律表现好、经营规模大、发布水平高、社会影响面广的广告经营单位入会，使会员单位在全行业的比例，由现在的18%提高到22%左右。

三、进一步维护会员合法权益工作

一是积极开展广告法律法规的宣传活动，宣传维护合法权益的有关知识，揭露不法侵权行为。二是主动受理侵害会员合法权益的典型案例，争取行政和司法保护，积极创造条件促进问题的解决，确保我会会员权益不受侵害，为广告业繁荣与发展创造一个有利的环境。三是教育广大会员提高自我保护意识，学会正确运用法律武器保护自己的合法权益。

四、进一步开展对外广告交流活动

一是做好1998年第四次海峡两岸广告研讨会方案的策划工作，积极主动地与台湾广告界共商研讨会有关事宜，为成功举办第四次海峡两岸广告研讨会打好基础。二是拟于9月份组织我省广告考察团赴台进行户外广告考察交流活动，学习台湾户外广告经验，进一步拓宽对台交流渠道，促进两岸户外广告发展。三是充分发挥闽台人缘、地缘、血缘等多方面优势，多渠道、多方式，全方位拓展两岸广告合作与交流，以第四次海峡两岸广告研讨会为契机，积极创造条件，力争把我省建成全国对台广告交流的基地，为推动两岸直接"三通"和经贸往来，为实现祖国和平统一作出应有的贡献。四是大力拓展对外广告交流活动，积极创造条件，组织广告界人士参加第44届戛纳国际广告节、维也纳广告主研讨会、亚广联年会和国际广告协会欧洲分会大会等重大国际广告交流活动。

五、进一步抓好人才队伍建设

一是做好第一届广告大专专业证书班毕业考试和毕业典礼的组织工作。同时做好第二届广告大专专业证书班的开学授课工作。二是与厦门大学新闻传播系共商联办广告专业研究生班事宜，争取年内招生，为我省广告业发展培养高级专业人才。三是精心组织开展广告专业技术初、中级职务评审工作，在总结1996年广告美术、广告管理初、中级职称申报工作经验的基础上，推进此项工作全面展开。四是组织会员单位进行国内广告业务考察和专业技术培训。

六、进一步推动广告精品生产

为迎接全国第五届优秀广告作品评选活动，并为1998年海峡两岸广告研讨会召开做准备，组织开展福建省第四届优秀广告作品评比活动，组织招贴、杂志、报纸、CI、电视、路牌、灯箱、橱窗、霓虹灯、公益、广播等十一大类优秀广告作品评展。整个活动分两个阶段进行，第一阶段以地、市为单位组织广告作品创作，并在当地组织评展。第二阶段，在地市评选的基础上选出优秀作品参加省里的评展。评选出的优秀广告作品将选送1998年海峡两岸广告研讨会展览，推荐参加第五届全国优秀广告作品评比。通过这一活动，推动全行业多出精品，快出精品，提高全行业广告创意、制作、发布的整体水平，力争在1998年全国第五届优秀广告作品评比中重振福建雄风。

七、进一步发挥行业组织职能作用

在省广告监督管理机关的指导下，为维护广告市场秩序作出努力。一是配合广告管理机关开展全省广告发布情况的监测工作，及时掌握广告市场发展动向，为政府监督管理、行政执法和行业组织开展自律提供决策信息，年内实现对省级和福州地区电视、报纸、户外广告的全面监测和对各地市报纸广告内容的跟踪监测任务。二是配合广告管理机关开展广告从业人员岗位培训，提高广告队伍素质。三是配合广告监督管理机关开展广告发布前的咨询、审查工作，并在此基础上协助广告监督管理机关建立健全广告审查员制度。四是配合广告监督管理机关开展广告经营单位资质评定和发布工作。在做好广告经营单位开办前资质审查工作的同时，上半年配合广告监督管理机关做好广告经营单位年检验证的资质审查工作；下半年做好广告经营单位的资质评定工作，确定我省广告经营单位的实力等级，扶持一批守法经营好、发布水平高、服务质量优、具有一定规模效益的广告企业，带动全行业上规模、上档次，提高竞争实力。

此外还要开好几个关系全年工作大局的会议，部署推动工作：2月举行《福建省广告论文选》首发式暨优秀论文颁奖活动；3月份召开地市广告协会秘书长会议；5月份召开第三次理事会议，听取协会工作汇报，审议协会1996年度会费收支情况，批准发展新会员等。

八、进一步加强协会自身建设

　　按照省工商行政管理局关于"内和外顺"的要求，理顺关系，增强团结，塑造我会良好形象，形成整体优势，提高综合实力，争创省级先进社团。一是坚持和完善与省广告监督管理机关的联席会议制度，接受指导，沟通情况，加强协调，形成合力，促进工作开展。二是加强思想政治工作，充分发挥协会全体工作人员的工作积极性、主动性和创造性，营造一个既有民主又有集中，既有统一意志又有个人心情舒畅的工作氛围。三是完善协会内部议事规则、请示报告制度、财产管理制度、文书档案管理制度，进一步健全内部运行机制，确保全年工作目标的顺利完成。

1997年工作总结和1998年工作安排

1997年工作总结

1997年,我会在省工商局的领导下,在中国广告协会和省社团办的指导下,以加强广告行业的社会主义精神文明建设为动力,以促进广告业发展为中心,以树形象、抓服务、促建设、求实效为基点,大胆探索、勇于开拓,运用"指导、协调、服务、监督"职能,一手抓发展,一手抓自律,在全省广告界共同努力下,协会的各项工作实现新的跨越,取得较大的成绩。

一、工作重点进一步突出

运用广告策略,推动我省实施名牌战略,促进经济建设发展,是我会的一项重要工作。一年来,我会坚持以邓小平关于"发展才是硬道理"的思想为指针,紧紧围绕我省新一轮创业这一主线,开展了一系列活动。1997年5月,我会向省工商局报送了《关于促进我省广告业持续快速健康发展的10条建议》。省委省政府经济形势分析会后,我会立即印发了省工商局苍震华局长关于《争创福建的名牌》的文章,组织召开了专业广告公司专题座谈会,研究在新一轮创业中如何运用广告策略促进闽货出省,实施名牌战略,抢占市场,为我省新一轮创业提供优质服务等有关对策和措施,对指导我省广告行业投身新一轮创业起到了良好的导向作用。10月,我会与福建奥恩传播有限公司在福州联合举办"国际品牌战略研讨会",美国传播界专家、美国国际商业传播公司总裁柯仁昌先生到会主讲,50多个广告主、广告经营单位领导和政府有关部门领导参加了研讨会。与会人员就实施福建品牌战略问题进行了探讨,并建议今后广告协会要多组织这样的活动,为广告界提供增加知识、开拓眼界、施展才华的舞台和空间,更好地为我省经济发展献计献策。福建电视台、福建日报社对此作了专题报道。10月，我会围绕学习贯彻党的十五大精神，服务新一轮创业这一中心任务，召开第三届三次理事会，通过了《关于开展学习十五大精神，加强行业自律，为新一轮创业服务系列活动的决议》，动员和组织全省广告界认真学习十五大精神，紧密联系我省新一轮创业和广告工作实际，以"三个有利于"为检验标准，坚持一手抓发展，一手抓自律，进一步解放思想，转变观念，开拓进取，在促进广告业持续快速健康发展上下工夫。在全省广告界的共同努力下，1997年我省广告业有了长足的发展，截至12月，我省广告经营单位1 427户，与去年相比增长10.6%，广告经营额12亿元，同比增长33.8%，广告从业人员13 969人，同比增长11.1%。下半年开始我会协同省工商局抓好制定《福建省"九五"计划和2010年广告业发展规划》工作，在广泛征得有关专家学者和各地市广告界意见的基础上，12月组织了各地市广告管理工作人员、广告经营者、专家学者就我省广告业发展趋向和应采取的扶持政策措施进行了探讨。经多次修改，目前已完成《规划》送审稿，报有关部门审定。

二、行业自律工作进一步加强

促进广告行业健康发展，既是我会工作的出发点，也是检验我们工作成效大小的主要指标。一年来，我会在促进广告业发展的同时，把行业自律作为一项重要的工作抓紧不放。向省工商局报送了《关于加强广告业自律工作汇报提纲》，三届三次理事会通过了《福建省广告行业社会主义精神文明建设规则》《关于授权会长办公室会议审批广告行业自律性规定的决定》等行规行约，要求各会员单位把加强社会主义精神文明建设，提高从业人员的职业道德素质，树立良好行业形象当作一件大事来抓，以自己的模范行动带动本地区同行搞好自律工作。为了及时掌握行业自律情况，我会抽出4位同志配合广告监督管理机关开展工作，对我省部分电视、报纸杂志发布的广告内容进行全方位监测，提高了自律工作的针对性和及时性，增强了行业自律力度。一年来，我会在加强对从业人员广告法规和职业道德教育培训的同时，把会刊《福建广告通讯》、我会与《福建工商报》联办的《广告世界》专版作为加强广告业精神文明、职业道德建设的宣传阵地和窗口，通过宣扬先进典型，反映行业状况，解剖广告案例，推动了自律工作开展。一年来，我省守法经营单位不断涌现，我省会员单位和广告主在参与全国广告行业精神文明先进单位评比中，福建省广告公司、福建日报广告总公司、福建铁路广告公司、厦门市广告公司被中广协授予"全国广告行业文明单位"的称号。厦门日报社广告科、福州金狮广告有限公司、漳州天马广告公司、福建广播电视总公司闽南分公司、福建东百集团、厦门奋发企业集团受到中广协的表彰。

三、协会职能进一步发挥

一年来，我会充分发挥行业组织的"指导、协调、服务、监督"职能，努力为会员单位办实事、办好事、排忧愁、解难题。一是加大人才培养力度。我会与厦门大学联办的第一届广告大专班60名学员已于今年年初毕业；第二届广告大专班90多名学员已经完成授课任务；第三届大专班的招生筹备工作也正在有序地进行。二是与厦门大学联合开办的首届广告研究生班，招收35名学员，完成第二学期面授工作。三是开展广告专业技术职务评定工作。我会于1997年11月组织开展我省广告美术、广告管理初、中级职称首批评审工作，开创全国广告协会开展广告人员职称评审工作的先例，受到全省广告工作者的充分肯定和全国广告工作者的关注。四是加强广告学术研究工作，我会开展首届福建省广告论文征集评比活动，并出版发行《福建广告论文选》，为广告学术研究提供具有一定价值的资料。四是为了反映我省户外广告实力，为历史留下当今福建户外广告轨迹，在省委组织部电教中心等单位密切协助下，我会完成《福建户外广告》专题电视片的拍摄和制作任务。五是积极为会员单位提供广告发布前的咨询服务工作，把好广告发布质量关，减少和避免违法虚假广告现象的发生。六是采取多种形式组织会员单位开展有益活动。一年来，我们先后召开会员单位新春团拜会、广告业务工作专题座谈会、广告主和广告经营单位联谊会、广告公司季谈会等。通过这些活动不断探讨和解决广告发展中的有关问题，交流了工作经验，增进了广告界、企业界之间的友谊，增强了我会的凝聚力和吸引力，在广告界中引起很大反响，许多广告经营单位纷纷向我会靠拢，积极要求申请入会。我们坚持积极而又慎重的发展原则，认真做好新会员发展工作，全年共批准发展了28家单位会员。

四、广告交流进一步拓展

一是6月组织我省广告界一行十三人赴法国参加第44届戛纳国际广告节。7月组织3人赴美国参加广告专业培训。同时，为筹备我省广告界赴瑞士日内瓦参加世界广告主大会和赴台进行户外考察活动做了大量的前期工作。二是我们先后派员到黑龙江和江西参与中国广告协会组织的精神文明先进单位分片检查工作，组织广告界赴内蒙古等地进行考察活动，接待了北京、江西、湖北、浙江等省市广告协会到我省进行考察活动。三是为了迎接第五届全国优秀广告作品评比活动，共征集了平面广告、霓虹灯广告、户外立体广告、电视广告、广播广告等五大类147件作品，邀请国内外著名广告专家进行了评审，评出金奖、银奖、铜奖和佳作奖作品共39件。又选出60件作品参加8月份在广州举行的第五届全国优秀广告作品展，17件作品获奖，获奖率为28.3%。广告节上举行了我会的"福建省广告业绩展"，较全面，系统地介绍了近年来我省广告业坚持改革开放、行业建设、行业发展、对台交流等方面的情况，受到广泛好评，获得了大会组织奖。

五、基础建设进一步加强

一年来，我会逐步健全和完善"协会牵头，民主决策，会员参与，群事群办"的工作机制。在第三届三次理事会上审议通过《关于授权会长办公室会议行使常务理事部分职责的决定》，进一步提高了我会的决策效率，更加主动有效地行使协会的职能。

我们始终坚持把思想教育，抓制度建设，抓工作落实作为工作重点。在政治上，要求大家讲政治、树正气、守纪律、讲奉献，促进了协会的正气不断上升，保证协会各项工作顺利开展。在工作上，要求大家勤奋扎实、积极探索，开创性地开展工作，努力把协会办成广告人之家。在制度上，注重健全协会会议制度、内部议事制度、请示报告制度、财产管理制度、文书档案管理制度，增强和理顺了内部运行机制，为工作顺利拓展创造了前提条件。10月，经上级党委批准，协会成立党支部。下半年按照社团组织清理整顿工作的要求，协会按时完成自查和财务审计工作，省社团办对协会工作给予充分肯定。

一年来，我们虽然取得了一定成绩，但是工作中还存在不少困难和问题。一是运用法律手段有效保护会员合法权益难度较大。二是一手抓发展，一手抓自律的运行机制还待进一步认真探索。

1998年工作安排

1998年是全面贯彻党的十五大精神的起始年，是我会工作拓展前进的关键一年。我会工作的指导思想是：在省工商局行政管理局的领导下，在中国广告协会和省社团办的指导下，以邓小平理论为指导，以促进广告业发展为基点，在改革上找出路，工作上求突破，发展上求提高，管理上求完善，抓住机遇，开拓进取，再创新业，为促进我省广告业持续快速健康发展而努力。

第一，抓好行业理论学习。组织广告界认真学习贯彻党的十五精神，进一步解放思想，更新观念，把学习同争创福建的名牌结合起来；同加强行业自律，促进发展结合起来；同解决本单位发展中的主要矛盾，开拓创新结合起来，促进我省广告业持续快速健康发展，为我省新一轮创业提供优质服务。

第二，抓好行业自律工作。一是组织广告界学习国家工商局1997年12月16日印发的《广告活动道德规范》的通知，增强社会公德意识和职业道德观念。二是加强广告行业自律研讨活动，努力探索广告行业自律中的难点热点问题。三是总结推广福建省广告公司和福建日报广告总公司等单位建立内部自律机制的经验，帮助会员单位建立健全内部自律机制。四是组织会员单位出省考察学习自律方面好做法、好经验；组织各地开展行业自律工作交叉检查活动。五是下半年组织开展第二届十佳会员单位和十佳广告工作者评选表彰活动，树立先进典型，以点带面，逐步在会员单位中形成良好的自律氛围，推动全广告行业的自律工作。六是加强调研工作，深入各地市协会和会员单位进行调查研究，及时发现和解决工作存在的主要困难和问题。七是拟邀请部分人大代表、政协委员、社会知名人士与我会部分会员单位座谈，倾听会员单位意见和建议，以此为桥梁，达到宣传广告，沟通情况，增强广告行业与社会的联系，提高全社会对广告地位和作用的认识的目的，争取各界对广告工作的支持。八是组织实施我会第三届三次理事会通过的《关于开展学习十五大精神，加强行业自律，为新一轮创业服务系列活动的决议》，各地市广告协会和工商局理事单位要结合本地的实际，对活动内容作出细化安排，我会将通过《福建广告通讯》及时通报各地活动情况，及时反馈活动中的经验和遇到的问题，加强指导，总结经验，表彰先进事迹，推动工作全面展开，确保活动取得圆满成功。

第三，抓好宣传工作。一是继续与福建工商报联合办好《广告世界》专版，认真办好我会的《福建广告通讯》，使之成为宣传广告法律法规，提供广告发展信息，普及广告科学知识，传递广告工作动态，通报会员单位工作的有力阵地。二是在1998年2月举办纪念《广告法》实施三周年全省广告工作者书法、摄影、绘画评展活动，以反映全省广告界在两个文明建设中的精神风貌，宣扬广告行业的工作业绩，加深社会各界对广告业的理解和支持。三是运用行业组织的职能，加强法律法规的宣传，提高广大会员自我保护意识，正确运用法律手段保护自己的合法权益。四是为总结福建省广告发展经验，宣传福建省广告业发展进程和展示广告界的精神风貌，我会将与有关部门联合拍摄《发展中的福建广告业》电视专题片。

第四，抓好人才培养工作。一是做好第二届广告大专班毕业考试和毕业典礼的组织工作，同时做好第三届广告大专班招生开学授课工作。二是配合厦门大学做好广告研究生面授工作，继续开办第二届广告研究生班。三是在认真总结首次广告专业技术初、中级职务评审工作基础上，组织第二次全省广告专业技术职务评审工作。四是采取多种形式举办广告专业讲座，开展高层次广告学术理论研讨。五是开展广告业务培训工作，不断提高管广告技术水平和业务工作能力。

第五，抓好广告交流工作。一是做好1998年在厦门召开的第四次海峡两岸广告文化研讨会的策划工作，积极主动与台湾广告界共商有关事宜，尽早做好研讨会的筹备工作，保证第四次海峡两岸广告文化研讨会举办成功。二是积极争取，努力创造条件，力争多组织安排广告界出国出境进行广告学习考察活动和广告业务培训。三是有计划有目的地分批组织部分地市广告协会专职人员和会员单位到省外进行广告业务学习考察活动。四是认真组织开好每季度举行一次广告公司恳谈会。五是积极创造条件，争取国家工商局和中国广告协会支持，设立国际广告协会福建分会。六是积极做好专业委员会的摸底筹备工作，周密筹划，认真组织，创造条件，逐个成立广告主、广告公司、广告媒体专业委员会。

第六，抓好各项协调工作。一是进一步加强与各单位之间团结协作。接受广告监督管理机关的工作指导。二是进一步配合广告监督管理机关做好对本省主要电视、报纸、杂志广告发布情况的监测工作。三是配合广告监督管理机关做好广告发布内容咨询服务工作。四是积极配合广告监督配合广告监督管理机关，推进广告代理工作进程，鼓励和支持广告代理公司与省内名牌产品企业建立长期广告代理业务关系。五是根据协会章程规定，逐步建立健全协调机制，努力做好广告行业在经营活动中与行业内外部发生纠纷时的调解工作，维护会员合法权益和广告市场正常秩序。

省广告协会要求，在跨世纪征程中，全省广告界必须抓住机遇而不可丧失机遇，开拓进取而不可因循守旧，进一步解放思想，努力创新，扎实推进广告业新一轮发展，为我省经济腾飞和社会事业进步做出应有贡献。

1998年工作总结和1999年工作安排

1998年工作总结

1998年，我会在省工商行政管理局的领导下，在中国广告协会和省社团办及省经社联的指导下，在全省广告界的积极参与和共同努力下，完成和超额完成1998年工作计划，各项工作取得新的成就，实现新的跨越。

一、强化自律，促进全省广告业健康发展

搞好行业自律，促进广告业发展，是我会的一项重要工作，也是检验我会工作成效的主要标准之一。一年来，我们坚持一手抓发展，一手抓自律的工作思路，从调查研究入手，找准问题，确定目标，理清思路，取得新的成效。

一是我会从教育入手，指导广大会员单位正确认识和处理发展与自律的关系。进一步明确：自律工作的好坏直接关系经营者的信誉和形象，进而影响经营者的经济效益和竞争能力，影响全行业的健康发展。同时，我们还指导各团体会员单位，把贯彻落实第三届三次理事会的《关于开展学习十五大精神，加强行业自律，为新一轮创业服务系列活动的决议》作为重要工作来抓，把自律作为会员单位和广告从业人员争先创优的硬指标，紧抓不放。通过精心运作，广大会员单位在行业中带头自律，起模范表率作用，对推动广告业持续、快速、健康发展起到了积极的作用。

二是不断发现自律工作的新情况，总结新经验，推进自律工作向纵深发展。四五月间，我会组织协会机关人员会同各地市广告协会、工商局理事单位100多人，深入全省各地对广告经营单位自律情况进行交叉检查和评议。从抽查的29家中单会员单位的情况看，成效是明显的。第一，我会制定的自律措施针对性、可操作性较强，力度较大。第二，全省广告经营单位自律工作情

况总体比较好，普遍做到"六个相结合"，即行业自律与员工的政治思想工作相结合；行业自律与提高经营单位的业务素质相结合；行业自律与提高经济效益相结合；行业自律与建立健全内部规章制度相结合；行业自律与增强服务意识、提高服务质量相结合。我们及时总结推广了这些自律工作的新经验，使行业自律工作有榜样，有方向，有力地推动了全省广告行业自律工作的开展。

三是树立行业自律标兵，加强全省广告行业两个文明建设，落实第三届三次理事会的工作部署。我们在全省广告行业中组织开展了第二届十佳会员单位和十佳广告工作者评选表彰活动。在各地市初评推荐的基础上，我会于7月召开第二届"双十佳"评审工作会议，评出"双十佳"和表彰单位、表彰个人候选名单，经会长办公会议审议批准，8月初在福州召开表彰大会，省工商局局长赵觉荣、副局长朱东海等出席了表彰大会并发表重要讲话，对我会开展行业自律和行风建设给予了充分肯定，并为"双十佳"代表颁发了奖牌、奖状。

四是运用协会职能，努力为我省广告业持续快速健康发展服务。一年来，我会协同政府部门开展了对福建省广告跨世纪发展的规划制定工作，提出福建省广告业跨世纪发展的目标和实施方略，受到政府有关部门的肯定，福建省计委和福建省工商局以此下发《福建省广告业1998—2000年发展意见》。10月份，由协会领导带队组织全体干部和各地市广协秘书长、工商局理事单位，分三个调研组深入全省九地市，着重围绕在新的经济形势下，如何拓展协会职能，为促进我省广告业发展服务这一主题开展调研活动。通过调研活动和对有关情况进行综合分析、研究。进一步认识了我省广告业发展的新态势，理清了拓展协会职能、为促进我省广告业发展服务的思路，向省工商局提交了专题报告，对解决新形势下广告行业和广协工作中的有关问题提出了对策建议。

1998年，在全省广告界的辛勤耕耘、共同努力下，我省广告业发展取得了很大的成绩，至1998年年底，我省广告经营额达到13.6亿元，比上年增长13.9%；广告经营单位1 506家，同比增长5.3%；广告从业人数15 086人，同比增长7.9%。

二、走出省门，扩大广告交流与合作

为拓宽我省广告界人士的视野，学习借鉴国内外广告创作、管理等先进经验，提高我省广告业整体实力，我会把开展广告交流活动作为一项重要工作来抓。组织全省广告界人士分三批赴国外参加广告学习、交流活动。

一是3月组织12人赴泰国清迈参加首届"亚太广告节"。

二是5月组织18人赴埃及出席第36届世界广告大会。

三是6月组织11人参加在法国举办的第45届戛纳国际广告节。

通过参加国际广告交流活动，使大家开阔了眼界，增长了知识，找出差距，获益匪浅，对帮助我省广告提高创作、管理水平起到积极的作用，受到会员单位和主管机关的好评。

在搞好国际广告交流的同时，我们还积极组织我省广告界开展与国内广告界的交流活动。

一是6月派员赴上海参加"'98上海国际广告'四新'展"，为我省举办首届广告"四新"展示会打下来基础。

二是10月派员赴新疆参加广告行业自律交叉检查活动，了解新疆广告业的发展情况，学习他们在广告行业自律、管理以及协会工作等方面的经验。

三是10月组织部分地市广告协会专职工作人员赴沈阳、大连、济南等地学习考察户外广告。

四是11月接待新疆、青海、陕西、甘肃、西安省、市、自治区广告协会检查组到我省检查工作，开展交流。

五是12月组织广告界赴黑龙江进行考察活动。

三、兴办实事，增强凝聚力

努力为会员单位办实事，办好事，排忧愁解难题，是我会的一项基本职能，也是我会影响力和凝聚力所在。一年来，我会千方百计创造条件，采取措施，选择全行业迫切需要，行业组织有能力提供相应服务的事项为突破口，努力为会员单位办实事，办好事。

一是继续做好广告人才培养工作，提高广告行业队伍的思想业务素质。我会与厦门大学新闻传播系完成第二届广告大专班和第一届广告研究生班的授课工作以及第二届广告大专班毕业考试工作，毕业学员95名。完成第三届广告大专班和第二届广告研究生班招生、考试工作，录取80多名学员。

二是于12月开展第二届广告美术、广告管理初、中级专业技术职务评审工作，共评审通过30人的广告中级专业技术职务和17人的广告初级专业技术职务，为发展广告人才，培养广告骨干，推动广告队伍建设向高层次发展做了实质性工作,受到全国同行的普遍关注。

三是开展广告新技术、新材料、新媒体、新设备推广应用工作。11月,我会与福建电视台联合举办"广告饕餮之夜"电视片鉴赏活动,全省广告界人士近3 000人参加了观摩。11月我会与福建省工商局、福建经贸委等单位联合举办了首届"98'福州国际广告新技术、新材料、新媒体、新设备展示交易会",美国、日本、加拿大、荷兰、台湾、香港等8个国家和地区以及国内16个省市参展商来参展,参展摊位达到148个,数万名国内外广告界人士前来参观、洽谈业务,为我省广告界学习、引进和应用国内外广告新技术、新材料、新媒体、新设备提供了良好条件。

四是我会运用工作职能,为特困企业和国有企业下岗职工办实事,送温暖。4月下发了《关于组织发布国有企业下岗职工再就业公益广告的通知》,要求会员单位利用广告媒体为国有企业下岗职工再就业发布公益广告。广大会员单位积极响应,省地两级电视台、广播电视台和报纸所属广告公司、福建省广告公司、福州东百广告信息公司、福州金狮广告有限公司、福建省铁路广告公司、漳州市广告协会等会员单位为此做出很大贡献。同时,我会还组织协会机关党员深入福州市鼓楼区,开展对困难企业的调查研究工作,组织会员单位为困难企业发展做了有益工作,得到了当地政府和企业的好评。

五是为纪念《中华人民共和国广告法》实施三周年。由我会主办,福州市广告协会、福建省广告公司协办,开展了我省首届广告行业书法、绘画、摄影评展活动,共征集作品318件,其中70件作品获等级奖。本届作品质量高,数量多,内容丰富,充分展示了我省广告界的整体实力,体现了我省广告人的聪明才智和良好素质。作品于3月在福州科技馆展出,吸引了2万多名社会各界人士前来参观。省人大常委会宋竣副主任、方忠炳副主任,省工商局赵觉荣局长、朱东海副局长等领导和书画、摄影界知名人士丁仃、陈奋武、林文森等出席了首展式,给予很高的评价。

六是积极做好成立我省广告主委员会的各项筹备工作。我会于9月发出《关于做好发展广告主会员的通知》,印发了《福建省广告主委员会工作条例》(草案),发动团体会员单位开展吸收广告主入会工作。目前已有15家我省重点企业申请加入广告主委员会。这项工作的启动,标志着我会组织建设进入新阶段,也为加强广告经营者与广告主之间密切协作,促进我省广告业发展打下了良好基础,我会将在适当时候成立广告主委员会,开展各项工作。

此外,我会还大力指导协助泉州、莆田、宁德等地市做好成立广告协会的各项筹备工作。莆田、泉州两市于六七月间先后成立广告协会,使当地广告经营单位有了自己的"娘家",对促进当地广告业的健康发展起到积极的作用。我们还注重做好会员单位的相互交流、互相学习工作,一年来分别在福州、三明、漳州、龙岩等市召开了会员单位座谈会,通报协作会工作,听取会员单位意见,进行工作交流。通过座谈会融洽了感情、增进了友谊、密切了协作,探索和解决广告业发展中的热点、难题。

通过积极兴办实事、好事,极大地增强了我会在全省广告界和广告行业组织的社会影响和社会地位。许多广告经营单位迫切要求加入行业组织,全年就有36家被我会发展为会员。

四、夯实基础,加强机关建设

提高我会机关人员的素质,加强协会机关建设,是做好广告行业工作的重要保证。一年来,我们始终坚持把抓思想教育,抓制度建设,抓工作效率作为协会机关建设的重要内容。

一是抓思想政治工作。一年来,我们组织全体人员认真学习党的十五大和十五届三中全会精神,学习邓小平理论,做到领导干部带头,理论联系实际,把学习同改造个人主观世界,树立正确的人生观、世界观、价值观结合起来,同进一步解放思想,更新观念,提高政治思想素质,提高工作绩效结合起来,取得了实效。

二是发挥党支部的战斗堡垒作用。一年来,我会党支部严格要求8名党员在各项工作中起好模范带头作用,使全体党员做到讲政治、树正气、守纪律、多奉献,在各项工作中起到了骨干作用,为协会工作开展做出贡献。

三是抓全体人员业务素质的提高。一年来,我会积极组织业务培训,有计划地安排工作人员参加学习考察和工作调研活动。如:安排5位同志分别赴泰国、法国、埃及等国参加国际广告交流活动和学习考察;多次组织安排全体同志深入基层进行调研活动等等。同时,对新到协会的人员采取岗位练兵,以老带新,多压担子等办法,创造条件使他们尽快熟悉业务,在实践中得到锻炼,提高工作能力和业务素质。

四是抓制度建设。一年来,我会不断完善协会内部工作制度、学习制度、请销假制度、文件办理制度、财务管理制度、文书档案管理制度、工作例会制度等,抓好现行规章制度的落实,有效地保证了协会各项工作的正常运行,在工作实践中对其不断修改、充实和完善,使工作逐步走向正规化、制度化、规范化。在抓好制度建设的同时,我会在改善办公条件,美化办公环境方面也做了许多工作。

一年来,协会机关全体同志思想稳定,勤奋工作,开拓进取,团结协作,扎实高效,充分发挥积极性、主动性和创造性,努力完成各项工作任务,使我会工作能力、整体实力不断加强,许多工作走在全国广告行业组织的前列。如:开展广告职称评审全国首创;开展广告学历教育全国首家;开展对台广告交流全国首先等等,闯出一条"手中无权。脚下有路"的路子。1998年被省经社联推荐申评国家级、省级先进单位。

一年来,协会各项工作虽然有了新的开拓,取得一定成绩,但是与社会主义市场经济发展的要求相比还存在差距;工作中还存在着不少困难和问题,亟待进一步研究和解决。一是由于法制、体制和机制的原因,协会的职能尚难以完全到位,行业协会作用难以充分发挥。二是在采取有效措施,全面抓好行业自律工作,促进全省广告业持续、快速、健康发展,优化行业内部结构方面,还需要在实践中努力探索。三是协会在指导各地广告协会拓展工作上,还需要进一步加强。

1999年工作安排

1999年我们将欢庆建国50周年,喜迎澳门回归祖国,迎接21世纪;我会将召开第四次会员代表大会,选举产生跨世纪的领导班子,修改《章程》,制定跨世纪的发展蓝图。我会工作的指导思想是:以邓小平理论和党的十五大精神为指导,突出"改革、转变、开拓、建设"八字方针,围绕一个中心,抓住两个重点,实现三个目标,努力开创我省广告协会和广告业发展的新局面,为我省经济健康发展和社会进步做出新的贡献,以优异的成绩向建国五十周年献礼,把一个充满活力 广告业带入21世纪。

一、以筹备和召开第四次会员代表大会为中心,
    建设跨世纪的广告行业领导班子

1999年我会工作的重中之重就是根据《社会团体登记管理条例》和《福建省广告协会章程》,慎重决策,精心筹备,于9月底前召开福建省广告协会第四次会员代表大会。这次大会的主要任务是:选举产生具有较高权威性和广泛代表性,有带领全行业实现跨世纪发展能力的行业领导班子;依照国家民政部《社会团体章程示范文本》,修改《福建省广告协会章程》;研究

21世纪初期行业组织建设和行业发展面临的挑战，制定对策并作出相应的决议。

一是成立换届工作领导小组，主持换届的各项筹备工作。重点是起草第三届理事会工作报告；修改《福建省广告协会章程》；筹备新一届理事会、常务理事会和会长、副会长、秘书长人选；准备与换届工作有关的其他文件。

二是召开第三届四次理事会，听取换届工作领导小组关于第四次会员代表大会筹备工作情况的报告；审议第三届理事会工作报告、《福建省广告协会章程》（草案）；酝酿理事名额分配方案；布置换届工作的其他事宜。

三是依照有关规定，履行换届前的有关报批手续。做好召开第四次会员代表大会的会务准备和宣传工作。

二、以加强行业自律为重点，
　为逐步建立良好的广告市场和经营秩序做出贡献

一是认真开展广告法律法规和职业道德宣传教育活动。第一，为了纪念《广告法》实施四周年，1月中旬至2月中旬，我会与福建省邮电管理局联合举办《广告法》知识有奖征答活动。第二，组织会员单位以宣传国家工商局颁发的《广告活动道德规范》和我会第三届三次理事会通过的《福建省广告行业社会主义精神文明建设规则》为主要内容，开展守法敬业教育活动，提高会员单位的职业道德水准。第三，运用我会会刊《福建广告通讯》，加强广告法律法规宣传，及时介绍自律工作经验，指导、推动全行业自律工作开展。

二是开展全省会员单位自律工作互查互学活动，树立自律工作先进典型。制定出台《福建省广告行业自律工作考评标准》，组织各地开展对广告经营单位自律工作的考评活动，对自律工作进行全面检查，不断解决自律工作中的新情况、新问题，培养先进典型，推广先进经验，推动广告行业自律工作逐步到位。

三是做好现有会员单位的年度审核工作，加强行业监督。对现有会员单位进行一次全面审核，对已被广告监管机关注销《营业执照》《广告经营许可证》或长期不履行会员义务的会员单位予以除名，将清理后的会员单位名单向社会公布，邀请社会有关人士参与对我会会员单位的社会监督。对严重违反广告法规发布广告又屡教不改的会员单位，要依照行规行约予以严肃处理。

四是为自律创造良好的政策环境。首先，从实际出发，研究制定切实可行的行业自律实施方案。第二，加强与广告监督管理机关的沟通与协调，在省工商局的指导下，进一步理清二者存在维护广告市场竞争秩序方面的工作职能，建立有效的工作协调机制。第三，积极帮助守法经营者提高社会知名度和美誉度，在人员培训、对外交流、跨区域经营等方面给予扶持，主动向政府主管机关反映他们在经营中遇到的困难，争取政策支持。

三、以提高行业服务能力和服务质量为重点，不断提高协会服务水平

一是努力维护会员合法权益。在解剖典型案例，对会员单位进行依法维权教育的同时，拟筹备设立"福建省广告协会法律顾问小组"，聘请专业律师协助我会依法受理、切实维护会员的合法权益，维护市场的正常秩序。

二是完善培训体系，加强人才培训工作，提高从业人员的整体素质。首先，继续与厦门大学新闻传播系做好第三届广告大专班和第二届广告研究生班的开学授课工作，进行第三届广告研究生班和第四届广告大专班的招生工作，筹办首届广告专业大学本科班，争取上半年招生开课，使我省广告学历教育向系统性、高层次方向发展，增强培养高素质的跨世纪广告人才的能力。其次，认真做好全省广告协会专职工作人员的业务培训工作，提高业务水平和工作能力。努力争取分期分批组织地市广告协会专职秘书长赴国外、境外参加广告专业知识培训。最后，积极创造条件，开展广告学术专题讲座和理论研究，编辑出版反映最新学术研究成果的《福建广告论文选》。拟召开广告与品牌研讨会，举办第46届戛纳国际广告节优秀作品巡回展活动，以拓宽视野，提高我省广告创作水平。

三是继续开展广告从业人员的专业技术职务评审工作，拟上半年和下半年各开评一次。努力争取政府职能部门的支持，在时机成熟时扩大评审专业技术职务门类，委托有关部门开评广告高级专业技术职务。

四是为长期从事广告工作的老前辈、老同志颁发荣誉证书，提高广告人的责任感和荣誉感。

五是举办我省第五届优秀广告作品暨第二届广告人书法、绘画、摄影评展活动，选送优秀广告作品参加全国第六届优秀广告作品评展；组织选送我省广告作品进入亚太广告节和第46届戛纳国际广告节评展，以展示我省广告业整体水平和实力。六是及时总结和推广会员单位与广告主联合开拓市场，提高广告服务能力和广告效果的新经验，通过个案分析、座谈研讨等形式加以推广，提高全行业经营管理水平。

四、广辟渠道，实现扩大对外、对台广告交流与合作的目标

一是积极创造条件，多安排我省广告界人士出国出境进行广告考察和广告业务培训活动。主要有：9月份，组织广告主赴美国、加拿大参加"99年度销售点广告大会"；6月中旬，组织广告经营单位赴法国参加第46届戛纳国际广告节；7月和10月，组织广告界分别赴美国、澳大利亚参加广告专业知识培训和考察活动。在条件许可的情况下，拟于年底前组织广告界赴台湾进行户外广告考察。向政府主管机关提出开发、利用台湾广告智力资源，提高闽台广告交流与合作层次的工作方案。

二是有计划、有目的的分批组织地市广告协会专职人员和部分会员单位人员到兄弟省市进行广告业务学习交流，拓展广告业务。

三是组织开展广告学术研讨与交流活动，积极与有关部门协商，搞好筹备工作，在适当时机举办闽港、闽台广告学术交流活动；邀请著名的广告专家学者来闽作广告学术专题讲座。

四是开展引进和推广广告新技术、新材料、新媒体、新设备工作，推动我省广告业向高、精、尖方向发展。拟在9月份，继续与有关单位联合举办第二届广告"四新"展示交流会。关注知识经济对广告业的巨大影响，组织知识经济与广告发展专业调研，协同有关部门拟定应对方案，扶持高技术广告公司的发展。

五、拓宽工作领域，加强行业组织建设

一是成立福建省广告协会广告主委员会，把我会工作职能延伸到全省重点企业。依据《广告法》要求，把广告主纳入行业管理规范，达到广告行业组织对行业工作指导的目的，为广告主与广告主之间、广告主与广告经营单位之间密切合作，开辟渠道，为共创福建名牌，维护广告市场竞争秩序提供组织保证。

二是强化对地市广告协会工作的指导，建立工作指导制度，从1999年开始，要求地市广协每季度向省广协通报一次工作，我会每半年召开一次地市广协秘书长会议，每年度开展对地市协会的工作评比，表彰先进单位和先进个人。

三是积极开展形式多样、内容丰富的有益活动，活跃会务工作。如组织新春团拜会，广告主与广告经营单位联谊会，相互走访参观活动，编辑出版《福建省广告经营单位名录》等，为广告界相互配合、拓展业务渠道提供方便。

六、内强素质，外树形象，实现协会机关建设的工作目标

一是提高机关人员素质，增强服务意识。首先，抓好邓小平理论和党中央、省委有关文件的学习，运用理论指导工作，提高工作能力。要求协会领导干部要带头讲学习、讲政治、讲正气，以身作则，带好队伍。其次，加强业务培训，搞好岗位练兵，安排协会工作人员参加业务学习和出国出境培训，使得大家开阔眼界，增长才干，提高工作能力。第三，进一步明确协会工作人员的岗位职责，做到责任到人，分工到位，各司其职，各自负责，团结协作，发挥每位同志的积极性、主动性和创造性。

二是进一步健全规章制度。对协会多年来已建立的各种规章制度，进行一次全面补充修改，重新颁布。同时要认真抓好贯彻执行，严格按规章制度办事，增强为会员单位服务的意识，提高办事效率。

三是进一步做好与有关单位的协调工作，接受有关机关的工作指导，加强团结协作、密切配合，推动各项工作的开展。

1999年我们将面临工商行政机构重大改革，社团组织重新登记和协会换届选举，任务繁重，时不我待。省广告协会要求全省广告界务必抓住机遇迎接挑战；务必进一步解放思想，勇于改革；务必振奋精神，扎实工作，为我省广告业腾飞，为福建省经济发展和社会事业进步做出新的贡献。

1999年工作总结和2000年工作安排

1999年工作总结

1999年,在福建省工商行政管理局领导下,在中国广告协会、福建省社团办和经社联的指导下,在全省广告界和各地广告协会的大力支持下,我会以"抓自律,促发展"为工作主线,紧紧围绕"突出一个中心,抓住两个重点,实现三个目标"的工作思路,积极履行职能,增强服务意识,勇于开拓,努力拼搏,创造性地展开了工作,全面和超额完成全年各项工作任务,取得一定的成绩,拓展了协会的职能,促进行业整体素质的提高,推动我省广告业的发展。

一、做好《广告法》的宣传工作

为宣传和普及广告法律、法规知识,1月1日—2月5日,我会与省邮电部门联合举办纪念《广告法》实施四周年有奖征答活动,全省各界13万名群众参加此项活动。

二、做好自律考评指标制定实施工作

为推动行业自律工作开展,我会在总结工作实践,广泛征求意见的基础上,制定并颁布《福建省广告行业自律工作考评标准》,使行业自律工作更具有操作性、可行性和针对性。对推动行业自律工作的开展起到积极作用。南平市、漳州市广告协会采取相应措施,出台了有关行规行约,推动了本地区自律工作的开展。许多会员单位,如省广告公司、福州市金狮广告公司,建立了严格的内部自律制度,从严经商,表现较为突出。

三、努力为会员单位排忧解难

一年来，我会先后在福州、南平、三明、龙岩、莆田、宁德召开有关会议，听取意见，研究对策，在着力解决行业工作热点、难点问题上做了许多有益的工作，深受会员单位的欢迎。比如在会员单位经营遇到困难的时候，我会积极引导会员单位走势互补、强强联合的路子。一年来，福州地区两家广告公司结对子、福建白莲花化工有限公司与福建鸿翔装修装饰工程有限公司两家广告主单位结伴同行，携手共进，为企业发展创出新路。

四、做好"双先"评比工作

为树立行业先进典型，总结和推广先进经验，使行业学有榜样，赶有方向，我会在认真总结前两届"双十佳"评选表彰活动的基础上，开展了争创广告行业精神文明先进集体、先进个人活动。使此项活动与中国广告协会开展的"争创广告行业精神文明先进单位"活动相衔接。共评出32家先进单位和33名先进个人，从中确定9家单位报中国广告协会表彰。

五、积极引导会员单位做好我省名优产品和公益广告的宣传工作

一年来，我会要求会员单位以广告为阵地，宣传闽货，推进名牌战略，开展公益广告宣传，为经济发展做贡献，为精神文明建设服务。福州、厦门、泉州、漳州、莆田等地做了大量有益的工作，走在全行业的前头。福建日报广告总公司、福建福视广告有限公司、福建广播电视公司、泉州电视台广告部、闽西日报广告部、闽南日报广告部、福州金狮广告等单位成绩明显；福建铁路广告公司为扶持南靖县旅游事业，免费在福州火车站、厦门火车站发布两面大型喷绘广告；省广告公司免费为寿宁县有关政府部门策划制作形象广告；福建新恒基广告公司出资40万元为连江县山堂村小学建教学楼和老人乐园，均受到了赞誉。

六、做好教育培训工作

为提高我省广告培训工作层次，我会在与厦门大学新闻传播系办好第三届广告大专证书班和第二届广告研究生班的同时，积极与厦门大学和有关院校商洽联办广告本科和专科的自学考试学历班，为明年上半年开班授课打下基础。

七、为了加强我省广告行业理论研究工作，总结广告工作经验，提高广告理论水平

我会组织广告论文征集活动，得到全省广告业内外人士的积极响应，共征集论文52篇，经过专家学者的审定，将42篇质量好、理论水平高的论文编入《福建广告论文选》，日前已交付出版。

八、继续开展广告从业人员专业技术职务评审工作

全年我们召开了两次专业技术职务评审会。对申报中级职称人员和初级职称人员，依据规定条件进行了认真负责的审核评定。共评审出中级职称21名，初级职称17名。

九、组织作品评展，提高全行业的业务素质

为展示我省广告业整体水平和精神风貌，促进广告创作水平的提高，迎接全国第六届优秀广告作品评展活动，我会于5月21—23日举办我省第五届广告作品暨第二届"广告人"摄影书画评展活动，共征集广告作品185件、摄影作品53件、书法作品31件、绘画作品21件。共有45件广告作品获奖，29件摄影书画作品获奖。本届作品的整体实力较往届有明显提高，充分显示出我省广告创意、制作、发布水平不断向高、精、尖方向发展的态势。展出期间，有上万名社会各界人士前来参观，新闻媒介给予关注，有关领导给予了充分肯定。在省第五届广告作品评展基础上，我省选送118件优秀广告作品，参加全国第六届优秀广告作品评展活动并取得好成绩。

十、开展对长期从事广告工作的老同志的表彰活动

为表彰在广告事业发展中做出贡献的广告界老同志，提高从事广告工作人员的责任感和光荣感，激励广告从业人员爱岗敬业，我会决定为长期从事广告工作老同志颁发荣誉证书，全省在广告工作岗位30年以上11名，20年以上38名，15年以上61名人员获此殊荣。

十一、办好广告"四新"展

为了提高我省广告界运用国内外广告新技术、新材料、新设备、新媒体水平，我会与福建省工商局等单位联合举办" '99福州（第二届）广告'四新'

展示交易会"。来自美国、德国、日本、韩国、以色列等国的代理商和香港、台湾地区以及部分省市的 100 多家著名厂商参加了本届展示会，展示了当今广告"四新"成果。两万多名国内外、业内外人士前往参观考察、洽谈业务。省人大常委会方忠炳副主任，省工商局朱东海副局长等领导参加了开幕式并为展览会剪了彩，省工商局赵觉荣局长专程前来考察和指导。

十二、努力做好维权工作

一年来，我会积极探索维权工作路子，当会员的合法权益受到侵害，要求我会帮助时，我会态度坚决，行动迅速，对策有力，在有关部门的支持下，促使多项案件得到的公正解决。如三明市城建部门下文将该市城区所有户外广告经营权批给一家广告公司，这种垄断行为严重侵害其他广告公司合法权益，会员单位向我会反映后，我会迅速作出反应，函告当地政府要求纠正做法，得到当地政府的响应和支持，立即撤销城建部门的文件，会员合法权益得到保护。又如福建省体育广告公司、宁德市五洲广告公司等单位受到政府部门不法侵害，我会积极介入协调并给予有力支持。

十三、增强广告交流与合作力度

一年来，我会组织开展了以下学习考察交流活动。组织我省广告人员参加在法国举办的第 46 届戛纳国际广告节活动；组织广告从业人员 35 人，于 9 月 11 日赴香港参加"99 亚洲广告展活动"，对澳门、泰国户外广告进行学习考察；组织业界分别赴黑龙江、西安、重庆、武汉等地进行参观考察活动；组织本省广告界内部交流联谊活动，如会员单位座谈会，新春团拜会，迎祖国成立 50 周年座谈会，广告主与广告经营单位联谊会等，为我会提供了相互交流，沟通信息，增进感情，加强合作机会。

十四、在加强行业组织建设，提高工作效能上下工夫

一是根据我会《章程》规定，第三届理事会到 1999 年 10 月任期满届。为筹备第四次会员代表大会召开，我会做了好以下工作。向省工商局呈送了《关于召开福建省广告协会第四届会员代表大会的请示》；起草了《福建省广告协会第四届会员代表大会筹备工作情况汇报提纲》；完成了"四代会"有关各种文件材料草拟工作；办好向民政厅社团办审批手续；按照省民政厅关于社会团体重新登记工作的要求，按时完成了协会重新登记工作。二是为了加

强广告主队伍建设,经过精心策划,周密筹备,福建省广告协会广告主委员会成立于5月21日,18家实力强、声誉高、广告费投放量大的工商企业成为第一批会员单位。会上选举产生了首届广告主委员会主任委员、副主任委员、秘书长、副秘书长。审议通过《福建省广告协会主委员会工作条例》以及活动安排方案。广告主委员会的成立标志着福建省广告业进一步成熟,协会工作职能进一步完善,对加强广告主与广告经营者之间的密切协作,推动我省广告业发展都起到了积极作用。三是加强协会机关建设。在制度建设、作风建设提高人员素质、提高工作效率上下工夫。一年来,我会机关全体同志团结协作、开拓进取、勤奋工作、扎实高效,充分发挥积极性、主动性和创造性,使协会的工作职能进一步提高,圆满完成年初下达的各项工作任务,协会的战斗力和凝聚力大大增强。许多广告经营单位积极要求加入我会,全年吸收会员单位30多家。四是加强对全省市级广告协会工作的指导。除继续加大日常工作指导外,制定了《全省市级广告协会秘书处工作规范》等文件。从行业协会的思想建设、组织建设、业务建设上予以规范,建立了考核考绩制度,对提高各级协会工作水平和加强行业协会组织协调能力都起到积极作用。

2000年工作安排

2000年是世纪交替的重要一年。我会工作的指导思想和总体要求是:以邓小平理论和党的基本路线为指导,继续坚持以抓自律促发展为工作主旋律,突出"巩固、拓展、探索、实效"八个字的工作方针(即巩固工作成果,拓展工作领域,探索发展之路,突出工作实效)。努力增创协会工作新局面。主要抓好以下工作:

第一,抓好行业自律检查考评工作。各会员单位要按照我会制定的《福建省广告行业自律工作考评标准》,定期自查自律工作情况。各级广告协会工作要把行业自律工作作为一项重要任务,经常组织检查考评工作。我会将于下半年开展会员单位自律工作互查互学活动。

第二,积极争取有关部门的支持,开展广告经营单位资质评定试点工作。依据广告行业有关资质评定文件的精神,结合我省实际情况制定出我省广告经营单位资质评定的标准,力争下半年开展试点工作。在总结试点工作经验的基础上再全面推开。

第三,继续加强对各地广告协会工作的指导,提高全省行业组织整体管理水平。根据我会制定的《全省市级广告协会秘书处工作规范》要求,各地广告协会每季度应向我会书面通报一次工作情况。我会每半年召开一次地市广协秘书长会议，交流情况，听取意见，通报工作。每年度实行对地市协会工作的评比，表彰先进单位和先进个人。拟于3月份表彰1999年度先进协会和先进协会工作者。

第四，努力探索广告主委员会工作的路子。深入调查研究，了解情况征求意见，制定活动方案，积极创造条件，促进广告主委员会工作的开展。组织好广告主与广告经营单位间的联姻活动，增强他们之间联系与合作，携手并进，共图发展。

第五，做好广告人才培养工作，进一步提高广告从业人员素质。第一，在办好第三届广告大专证书班和第二届广告研究生班的同时，与厦门大学等院校开办广告专业大学、本科学历自考班，争取第一季度招生开课。第二，组织部分广告人员赴国外、境外参加广告专业知识的培训。第三，组织开展广告学术交流和理论研讨。如组织广告主进行"广告与品牌"的研讨；举办"第47届戛纳国际广告节作品"巡回活动；广告创意研讨会等。

第六，开展广告从业人员的广告专业技术职务评审工作。在总结历届评审工作经验，提高评审工作的质量，拟于上半年和下半年分别进行一次评审工作，请各地协会做好组织申报工作。

第七，努力做好维护会员合法权益工作。拟设立"福建省广告协会法律顾问小组"，聘请省直有关部门领导和专业律师担任法律顾问，受理会员受侵害案件，通过法制途径，努力维护会员的合法权益，维护广告市场的正常秩序。

第八，组织广告界出国出境交流、学习、考察活动：2000年3月在泰国举办的"亚太广告节"；2000年6月份在法国举办的"第47届戛纳国际广告节"；2000年6月份在英国伦敦召开的"IAA世界广告大会"；2000年11月组织部分广告人员赴台湾省进行户外广告考察活动；赴香港参加"亚太广告展"等多项互动；组织广告人员分别赴美国、澳大利亚、南非参加广告专业知识培训和广告考察活动。

第九，组织开展省际和省内广告界之间互相学习交流活动。组织广告协会专职人员和部分会员单位的人员到兄弟省市进行广告学习与交流活动。组织省内广告界互访互学活动，每季度分别在各地召开会员单位座谈会。

第十，做好广告新技术、新材料、新设备、新媒体展，引进和推广运用工作，推动我省广告业向高、精、尖方向发展。初定下半年在厦门举办第三届广告"四新"展示交易会。

第十一，努力完成《发展中的福建广告业》电视专题片摄制工作，做好第三辑《福建广告论文选》和《福建省广告经营单位名录》出版工作，做好与电信部门开办广告网络工作等。

第十二，认真做好协会第四届会员代表大会各项筹备工作，切实保证"四代会"顺利召开，选举产生具有较高权威性、广泛代表性和具有战斗力的行业领导班子。制定新的工作目标，确定新的工作任务。

第十三，努力创造条件拓展协会工作领域。增加协会"造血"功能，增强工作活力，拟成立我会下属"福建省广告协会服务交流中心"，提高为会员单位服务的水平。

2000年是世纪之交重要的一年，我们工作将更加繁重，任务更加艰巨。省广告协会要求全省广告界认清形势，抓住机遇，迎接挑战，开拓创新，扎实工作，携手共进，为开创我省广告事业的新局面而努力奋斗。

福建省广告协会第三届理事会工作报告

黄应寿

（2000年11月16日）

各位代表：

现在，我代表福建省广告协会第三届理事会，向大会作工作报告，请审议。

一、主要工作回顾

福建省广告协会第三次会员代表大会于1995年10月在福州召开，至今已经五年时间。五年来，在省工商局的领导下，在中国广告协会和省社团办、省经社联的指导下，在广大会员单位和社会各界的支持下，我会解放思想、大胆探索、努力开拓，取得显著成绩，"三代会"提出的争创先进社团的奋斗目标已经实现，"三代会"制定的各项工作进入新的发展时期，走出一条"手上无权，脚下有路"的发展新路子，初步形成具有独立性、计划性、预见性、开拓性的工作局面和工作优势，许多工作走到全国广告行业组织的前列，如，开展广告行业技术职称评定工作全国首创，开展多层次广告学历教育工作全国首家，开展对台广告工作指导和实绩考评机制全国首例，得到政府主管机关、中国广告协会和全省乃至全国广告界的充分肯定。我会先后五次在全国广告行业工作会议上介绍经验，1998年被推荐申评全国先进社团，1999年被评为省级先进社团。今年5月25日召开的全省工商局专题会议，充分肯定我会的工作，指出"从1995年到2000年五年间，是广告协会努力探索、大胆创新、开拓进取、卓有成效、取得明显成绩的五年"。

五年来我们主要抓住了以下工作：

(一) 集中精力促进行业发展

五年来，我会始终坚持以邓小平关于"关于发展是硬道理"的理论为指导，把促进广告业的持续、快速、健康发展，作为我会工作的出发点、归宿点，作为检验工作成效大小的主要标准，采取切实有效的措施，取得显著成绩。

1997年，为贯彻省委省政府开展新一轮创业的决策，我会向省工商局提出《关于促进我省广告业持续快速健康发展，为我省新一轮创业服务的10条建议》和有关工作意见，得到政府主管机关的重视，主要内容被省工商局作为在省委省政府经济分析会上发言的组成部分。我会会同省工商局广告监督管理部门起草《福建省广告业"九五"计划和2010年发展纲要》，由福建省计委和省工商局联合印发各地实施；组织全省广告界开展在新一轮创业中如何运用广告策略促进闽货出省，实施名牌战略，抢占市场，为福建省经济发展提供优质服务的大讨论；积极引导会员单位做好我省名优产品的宣传工作；指导会员单位响应党委和政府的号召，开展形式多样的公益广告活动、社会公益活动和精神文明创建活动。我会根据党和政府的中心工作，组织会员单位为下岗职工再就业办实事，办好事，许多地方建立公益广告一条街，许多媒体腾出版面和时段为下岗职工走上新岗位"穿针引线"。部分会员单位还积极吸收国企下岗职工再就业，受到省委省政府有关部门的表扬。

广大会员单位积极响应我会的号召，运用广告策略宣传闽货，推广名牌，扶贫帮困，为"两个文明"建设作了大量的富有成效的工作。涌现出福建铁路广告公司为南靖县免费发布扶贫系列公益广告，福建省广告公司无偿为寿宁县政府部门策划制作形象广告，福建新恒基广告公司出巨资扶贫助学，福州市场报广告部为福州保育院献爱心等一批先进典型。还涌现出一批为我省企业腾飞、为我省"万利达"、"片仔癀"、"富贵鸟"等成为驰名商标和著名商标立下汗马功劳的会员单位，受到社会的广泛赞誉。

党的十五大召开后，我会就如何抓住机遇，促进广告业发展，提高广告公司综合实力等问题进行调查研究，在第三届三次理事会上通过《关于开展学习十五大精神，加强行业自律，为新一轮创业服务系列活动的决议》，提出积极的对策和措施，对指导全省广告界投身新一轮创业起到良好的导向作用。如为贯彻全省经济工作会议精神，1998年我会成立广告主委员会，开展了一些有益的活动，积极做好广告主与广告经营单位的"联姻"工作，帮助他们开展形式多样的联合闯市场活动，使许多广告经营单位与广告主成功地走上强强联合的双赢路子。

五年来,通过全省广告界努力奋斗,我省广告业以年均23%的速度向前发展,广告整体实力跃居全国第8位,保持良好的发展态势,截至1999年,全省广告经营单位达1 706户,比上年同期增长11.7%,广告从业人员17 403人,比增13%,广告经营额15.48亿元,比增13.8%。今年以来我省广告界进一步加大行业结构调整力度,努力克服困难启动市场,上半年广告经营单位达到1 803户,广告从业人员18 365人,广告经营额8.059亿元,在激烈的市场竞争中稳步前进。与此同时,行业结构进一步优化,除一般广告策划、代理型广告企业外,出现信息型、专业制作型、技术服务型以及营销策划广告企业。广告业的服务质量和竞争能力明显提高,全面综合服务能力明显提高,仅1999年就有6家会员单位进入全国同行百强行列。

(二)积极探索推进行业自律

一是1996年我会在全国率先推行会员单位挂牌经营活动,要求会员单位必须在经营场所统一悬挂"福建省广告协会会员单位"牌匾,既便于社会监督,也增强了会员单位的荣誉感和责任感,有力地促进了会员单位的自律。

二是在原有的行规行约基础上,三届三次理事会通过《福建省广告业社会主义精神文明建设规则》和《关于授权会长办公会议审批广告行业自律规定的决定》等行规行约,把行业自律纳入精神文明建设之中,使行业自律工作上一个新台阶,同时提高制定行规行约的及时性和可操作性。

三是点面结合总结推广先进单位建立内部自律机制的经验,推动会员单位自律工作的开展。在点上,我们总结福建省广告公司等单位建立健全内部自律制度的典型经验,使行业自律工作学有榜样,赶有方向,为促进行业自律工作打下了基础。在面上,我们坚持每年进行一次全省性行业自律工作交叉大检查,及时发现问题,制定对策,总结经验,指导工作,促进会员单位自律工作的落实。此外,我会还经常组织会员单位出省考察学习自律工作的好做法、好经验,进一步完善自律工作制度,促进自律工作向深层次发展。

四是组织开展广告行业评先创优系列活动。五年来,我会分别于1996年、1998年、1999年组织三届先进会员单位和先进广告工作者53名。在活动中,我会坚持高标准、严要求,根据新的形势和任务适时提高评审标准,引导行业精神文明建设不断向纵深发展。1999年6月,我会根据新的形势和任务,把"双十佳"活动的范围扩大到省、市两级协会的会员单位和广告工作者,评审条件与中国广告协会的"争创广告行业文明单位"活动相衔接,评出先进会员单位和先进广告工作者,评选表彰活动上了一个新台阶。

五是认真开展广告法律、法规宣传教育活动。我会在贯彻国家工商局、省工商局和中国广告协会下达的有关广告活动的法律法规、道德规范和自律规则时,都结合我省广告行业的实际情况提出具体贯彻意见,保证上级指示精神的贯彻落实。我会还积极开展丰富多彩的《广告法》宣传活动,1997年我会举办有全省各界15万人参加的,纪念《广告法》实施两周年大型有奖知识征答活动,提高广大广告从业人员和社会各界人士学法、知法、守法的自觉性,树立广告界自觉守法经营的良好形象,产生良好的社会效果;1998年2月又举办纪念《广告法》实施三周年暨首届福建省广告界摄影、书法评展活动,展出作品318件,充分展示广告界在"两个文明"建设中的精神风貌。福建省和福州市有关领导、知名人士及社会各界两万余人前往参观;1999年2月,我会举办纪念《广告法》实施四周年有奖征答活动,全省十万余人通过电信"168"台踊跃参与,产生积极的社会影响。今年2月我会根据广告市场运行的新情况,组织会员单位把工作重点从宣传《广告法》为主,转到依照广告法律、法规建立内部自律机制、提高员工业务素质和职业道德素质、创造公平竞争的市场环境上来,取得新的成效。我会积极开辟宣传阵地,在办好会刊《福建广告通讯》的同时,还与福建经济快报联办《广告天地》,与福建工商报联办《商广世界》,及时宣传广告法律法规、广告业自律工作情况,解剖广告案例,宣扬先进典型,反映行业状况,指导和推动自律工作全面开展。几年来,我会在为会员单位提供广告法律法规咨询和广告内容审查方面,也做了大量有益的工作。

六是努力维护会员单位合法权益。五年来,我会一方面积极开展广告法律法规的宣传活动,提高全社会对广告行业地位和作用的认识,提高广大会员的自我保护意识,正确运用法律手段保护自己的合法权益。另一方面,主动受理侵害会员合法权益的典型案例,组织力量开展重点调查,揭露不法侵权行为,积极维护会员合法权益。当会员单位合法权益受到侵害,要求我会出面协调解决时,我会作出积极反应,采取与当地党委、政府及有关部门沟通协调,在新闻媒体中阐明观点等等办法,使多起案件得到妥善解决,深受会员单位欢迎。

五年来,我省广告行业自律工作得到了进一步加强,会员单位的社会公德意识和职业道德观念明显提高,内部自律制度已基本建立,广告违法违规行为明显减少,守法经营单位不断涌现。在1997年全国广告行业精神文明先进单位评比中,我会四家会员单位被中国广告协会命名为全国"争创广告行业社会主义精神文明先进单位",六家会员单位受到了中国广告协会的表彰;1999年度又有五家会员单位被中国广告协会命名为"全国广告行业文明单位",四家会员单位受到中国广告协会表彰。

(三)创造条件搞好行业服务

一是努力创造条件开展对台、对外交流活动。五年来我会经常组织广告界开展考察交流活动,实现我省广告界对台、对外交流七项零的突破。

1996年1月,在台湾广告界多次赴福建进行广告交流、考察的基础上,福建广告代表团一行二十人,作为隔绝近半个世纪后的第一个大陆广告代表团,在台湾出席由我会与台湾文化大学广告学系、台湾《动脑》杂志社联合主办的第三次两岸广告研讨会,实现海峡两岸广告界双向交流零的突破,产生积极而又深远的影响。

1996年6月,我省广告界一行十一人,随中国广告代表团赴韩国汉城参加第36届世界广告大会,与国际广告界同行共同探讨广告业如何面向21世纪的重大课题,学习国外同行的先进经验,实现我省广告界参加世界广告大会零的突破。

1996年6月,我会组织福建广告界随中国代表团赴法国参加第43届戛纳国际广告节。

1996年,组织福建广告界赴美国参加广告专业学习培训,实现了我省广告界赴外培训零的突破。

1998年3月,我会组织福建广告界十一人随中国广告代表团赴泰国参加首届"亚太广告节",实现我省广告界参加亚太地区广告交流零的突破。

今年5月,组织我省广告界三人赴美国参加"克里奥广告节",实现赴美国参加广告节零的突破。

今年10月,我会组织我省广告界八人赴俄罗斯开展为期十一天的考察活动,实现我省广告界俄罗斯考察零的突破。此外,我会还分别于1998年组织我省广告界18人参加在埃及开罗召开的第36届世界广告大会,1999年9月组织我省广告界人士20多人赴香港参加亚洲广告展,今年又先后组织我省广告界赴泰国参加第三届亚太广告节,赴英国出席第37届世界广告大会,赴法国参加第47届戛纳广告节。为了扩大对外交流,我会正在与有关部门协调,开辟新的对外交流渠道。

二是积极开展省际间的广告交流活动,五年来,我会先后组织我省广告考察团赴辽宁、吉林、上海、江西、成都、重庆、武汉、山东等地进行考察学习；接待了北京、浙江、湖北、江西、青岛等兄弟省市广协到我省传经送宝。1998年11月，我会与新疆等西北五省区开展了"争创广告行业社会主义精神文明先进单位"互查活动。

三是开展形式多样的社团活动。如召开会员单位新春团拜会、广告业务工作专题座谈会、广告经营单位与广告主联谊会、广告季谈会和走访会员单位等活动。通过这些活动探索和解决广告业发展中的热点、难点问题，交流工作经验，增进协会与广告界、企业界之间的友谊，促进业务工作的开展。

四是努力培养广告专业人才。我会把提高广告行业队伍素质作为重要工作来抓，第一，多次举办广告公司经理培训班，广告理论研讨班，广告工作人员岗位培训班，不断提高在职人员的业务水平和工作能力。第二，我会充分利用老牌广告院校——厦门大学位居我省的优势，积极做好多层次的广告教育工作，成为全国率先开展多层次广告学历教育的广告行业组织。从1995年开始我会与厦门大学新闻传播系联办广告大专班、广告研究生课程班，筹办广告本科学历班，共毕业学员400多名，不但使我省广告从业人员知识结构得到一定程度的提高和优化，而且为广告从业人员参加广告职称评审，解决了必备的硬件条件，得到广告界的赞誉。近期，我会还积极与福建师范大学、解放军南京政治学院等院校联系办学事宜，为培养跨世纪广告人才，提升我省广告整体水平多做工作。第三，在省职改部门支持下，我会成立广告专业初、中级技术职务的评审工作，于1997年11月组织开展首次评审工作，受到全省广告工作者的欢迎和全国广告同行的关注。到今年10月，共评定初级专业技术职务83名，中级专业技术职务115名，初步解决我省广告从业人员职称评审难的问题，为培养广告从业人才做出贡献。

五是加强广告学术研究、交流工作。五年来，我会编辑并正式出版第二本《福建广告论文选》，第三本《福建广告论文选》也已交出版社。编辑出版了我省第一部广告资料书《发展中的福建广告业》。为了反映我省户外广告的现状与实力，我会在有关部门的密切协助下，于1997年年底完成《福建户外广告》专题电视片的拍摄和制作任务，为历史留下当今福建省户外广告发展的轨迹。为会员单位适时编辑提供《福建广告经营单位简介》和《福建媒介价目表》。还举办多领域多层次多类型的广告理论研究会，比如，与福建奥恩传播有限公司联合举办"国际品牌战略研讨会"，邀请美国传播界专家、美国国际商业传播公司总裁柯仁昌先生和省内外广告专家主讲，我省100多家广告主和广告经营单位老总、政府有关部门的领导参加研讨会。1998年11月初，我会与有关单位联合举办"广告饕餮之夜"鉴赏活动，吸引全省广告界近3000人参加观摩学习。

六是组织优秀广告作品评展活动，提高广告服务质量。五年来，为了促进我省精品生产，我会先后组织三届福建省优秀广告作品评展活动，评出100多件金、银、铜和一批优秀广告作品。在此基础上，我会本着好中选优的原则，推荐优秀广告作品参加全国第四至第七届优秀广告作品评比活动，不但取得好成绩，而且有10件作品被中国广告协会推荐参加戛纳国际广告节评展。我会举办的"福建省广告业绩展"，参加1997年首届中国广告节开幕式，获得组织奖。今年我省选送90幅广告作品参加全国角逐，有40幅作品获奖，获奖率高于全国平均水平24个百分点。我会被广告节组委会授予组织奖。

七是开展广告新技术推广工作。1998年11月20—23日，我会与有关单位联合举办首届福建省广告"四新"展，来自美国、日本、加拿大、比利时、荷兰等十几个国家和港台地区，国内16个省市参展商前来参加，参展摊位达到148家。1999年9月我会又举办第二届广告"四新"展为会员单位学习、引进国内外新技术、新材料、新媒体、新设备提供服务。

八是加强对团体会员单位的工作指导，健全覆盖全行业的工作网络。我会采取分类指导的办法，帮助有关地市成立广告行业组织，仅1998年一年就帮助两个市建立广告协会。同时，通过建章立制，规范团体会员单位的工作，我会建立每年一次的全省广告协会秘书长工作会议制度等、地市广告协会每季度向省广告协会报告工作制度等。从1999年开始，我会又制定市级广告协会秘书处工作规范一级相应的考核、表彰办法，提高指导工作的力度。今年我会经过考核，授予福州、漳州两市广告协会秘书处"广告协会先进秘书处"荣誉称号，授予厦门市广告协会田峰、南平市广告协会陈清、泉州市广告协会蔡加鹄等三位同志"广告协会先进工作者"荣誉称号。

工作局面的拓展，为会员单位办实事的落实，极大增强了我会在广告行业内的影响力和凝聚力，广告会员单位视我会为"娘家"，平时有话主动同"娘家"说，有事主动同"娘家"商量。许多广告经营单位积极向我会靠拢，要求加入我会。近年来，我会在严格把关的基础上，年均批准发展会员单位30多家，基本上把全省广告行业的骨干力量团结在我会周围。

（四）努力加强协会机关建设

目前，我会机关设立办公室、会员部、咨询部"两部一室"，正在筹建"福建省广告交流服务中心"经济实体，以增加协会"造血"功能，筹备建立广告监测网络为广告主和会员单位提供各项服务。五年来，我会机关始终坚持在内强素质，外树形象上下工夫，极大地调动了全体人员的积极性，确保各项工作的完成。

第一，抓思想政治工作。在政治上，我会要求大家讲政治、树正气、守纪律、多奉献。在工作上，要求大家扎实高效，开拓进取，勤奋积极，团结协作，充分调动全体人员工作的积极性、主动性和创造性，实现了协会工作"手上无权，脚下有路"的目标。

第二，抓骨干队伍建设。我会党支部共有10名党员，我会紧紧依靠这支骨干力量，出点子、谋发展、挑重担、攻难关，处处以身作则，事事模范带头，成为协会的中坚力量，极大地推动了协会各项工作的开展。

第三，抓人员素质培养。近年来，我会针对工作任务重，事务多和人员水平参次不齐的情况，积极开展岗位练兵活动，给每部室下任务，给每个同志压担子，做到每个人岗位清楚，职责明确，独当一面工作。经过实践锻炼，工作人员的整体素质和工作能力有了不同程度的提高。在抓好岗位培养的基础上，我会每年均安排部分工作人员出国出境学习培训和参观考察，安排80%同志参加了厦门大学广告大专班、广告研究生班学习和其他院校深造，使他们开阔眼界，增长知识，提高工作本领。

第四，抓规章制度建设。为了使协会机关工作走向正常化、规范化，我会先后建立和始终执行了会长办公会议制度，协会月度工作理会制度，协会内部工作运作制度和协会重要工作审批制度，协会秘书处的学习、请销假、文件办理、车辆管理、财务管理、文书档案管理制度等等，有力地推动了协会工作正常开展。五年来，我会经历了16次财务审计检查和5次文书档案的立卷管理评比，均受到有关部门的表扬。

第五，抓办公条件改善。近年来在职能逐步到位、工作压力不断增大，工作人员不断增多的情况下，我会在省工商局的支持下投入部分资金，扩大了办公场所，更新了办公条件，配备了车辆、通讯工具和现代办公设备，为工作提供了必要条件，连续多年被评为卫生先进单位。

回顾"三代会"以来的历程，我们也要清醒地看到我会工作还存在不少困难和问题。主要是：广告市场尚处于发育阶段，主体资格、市场环境、竞争规则、调控手段等还不够健全或完善；行业组织的思想建设、作风建设、队伍建设与行业发展的要求还有一定差距；全行业整体实力不强、像样的广告企业不多，山区和沿海地区相比悬殊较大；开拓市场特别是开拓省外、国外、农村三大市场的能力较弱；广告主、广告经营者、广告发布者联手运用名牌策略，开拓市场的组织化程度偏低；组织广告界对外、对台交流的渠道还不够通畅；会员单位合法权益受到侵害的案件还时有发生；违法违规广告还没有完全杜绝。这些问题应当引起我们的高度重视，采取措施，逐步加以解决。

二、主要工作任务

本届会员代表大会任期的三年，是我省经济和社会发展的重要时期，是完善社会主义市场经济提和扩大开放的重要时期，也是广告业进行结构战略性调整的重要时期。我们担负着带领全行业在激烈的市场竞争中跨入新世纪，抢抓新机遇，再创新佳绩的历史重任。根据党的十五届五中全会精神和中共福建省委《关于制定国民经济和社会发展第十个五年计划的建议》要求，结合我省广告业和行业组织的实际，本届会员代表大会及其理事会工作的指导思想是：坚持邓小平理论，以党的十五届五中全会精神为指导，以行业创新与发展为中心，以行业自律为重点，以再创先进社团为目标，进一步解放思想，转变观念，大胆创新，奋力拼搏，创造性地开展工作，为争创一流工作水平、一流工作业绩、一流行业组织而不懈努力，以崭新的姿态，带领全省广告界走向新世纪，为实现我省国民经济和社会发展第十个五年计划做出新贡献。上述目标，事关全行业发展的大局，事关广告行业组织在改革中的地位，事关全行业在新的市场环境中的竞争实力，必须引起我们的高度重视。我们要按照《章程》规定的业务范围，充分运营行业组织职能和业已形成的工作优势，背靠政府，面向市场，凝聚全行业的积极性和创造性，大胆开拓创新，扎实勤奋工作，抓住三大重点，开拓十大领域，确保本届代表大会制定的各项任务圆满完成。

第一，组织广告界迅速行动起来，在各级党委的领导下，深入学习贯彻党的十五届五中全会精神和省委《关于制定国民经济和社会发展第十个五年计划的建议》，把广告界的思想、行动统一到中央和省委的要求上来。首先，下工夫认真学习、吃透文件精神，按照我省国民经济和社会发展"十五"计划《建议》的指导思想和总体要求，发展"十五"计划的具体思路和工作对策。以强烈的创新意识和实实在在的工作，克服困难，适应经济结构调整、完善社会主义市场经济体制、扩大对外开放、提高人民生活水平对广告业的新需求。其次，要发挥行业优势，自觉服从各级党委的要求，利用自有媒体广泛宣传党的十五届五中全会、省委六届十二次全会精神。

第二，以提高行业组织的工作水平为重点，建设与社会主义市场经济体制要求相适应的行业协会。我会作为福建省广告界的行业组织，担负着带领行业跨入新世纪，再创新业绩的历史重任。我国即将加入WTO和进行广告行业结构调整，不但给行业协会"指导、协调、监督、服务"的职能注入新的内容，给协会活动提供新的舞台，而且对我们工作提出新的需求。我们要在巩固已有成绩的基础上，努力开拓强会强业之路，通过全省广告界的共同努力，力争在本届理事会任期内甚至更短的时间，使我会进入全国先进社团行列。因此，我们在工作理念上只有一个选择：抓住机遇，迎接挑战，加快发展，不辱使命。在工作思路上，要充分发挥我会已有的工作基础和自身优势，使协会主要工作继续保持在全国同行中的领先地位，有所创新，有所发展，有所前进，尽快改善我会的三个功能，全面推进协会建设，把我会建设成政治合格、管理有力、服务优良、工作开拓、业绩显著、遵章守法，具有协调统筹各方面力量、驾驭全局能力的战斗集体。在工作定位上，要以旅行服务职能为依托，强化服务意识，拓展服务领域，建立服务载体，提高服务水平，以服务为纽带，增强我会的吸引力和凝聚力，把协会建成广告界信得过、靠得住、离不开的"娘家"和行业改革与发展的"火车头"。在工作指导上，除加强行业发展指导外，本届理事会还有一项很重要的工作，就是按照《市级广告协会秘书处工作规范》的要求，指导市级广告协会加强政治思想建设、工作作风建设、业务素质建设，改善工作、生活条件。同时，指导市级广告协会在广告经营单位比较集中、广告实力比较强的地方，开展成立县级广告协会的调研和试点工作，逐步建立广告行业组织工作网络。

第三，以提高广告业的竞争实力为重点，加快行业结构调整、优化、升级和与国际惯例接轨的步伐。经济体制改革和即将加入WTO，必将推动我省广告业融入国际广告市场，参与激烈的市场竞争。在这种形势下，如何带领全省广告界迎接挑战，加快行业结构调整和优化，增强行业竞争实力，提高行业服务质量，加大行业发展步伐，是本届会员代表大会及其理事会在任期内必须下大力气解决的重要课题。我们要组织全省广告界团结奋斗，共同努力，使我省广告业尽快建立起与我省国民经济和社会发展"十五"计划要求相适应，以具备全面、综合服务能力的大型广告公司为主干，以高效、畅通的媒体网络为支撑，以品牌商品为服务重点，能够全方位、多层次、高质量、高档次、高效益服务的广告促销体系和信息体系；建立起以广告单位自主经营、严格自律，政府主管机关依法监管、政策扶持，行业组织照章管理、行业服务和行业自律并重三位一体的广告市场运行体制；依托政府机关的支持和指导，从改革入手，在体制创新上寻找新的增长点，在扩大开放上开辟新的增长点，在优化行业结构上构建新的增长点，在开拓市场上形成新的增长点，在依靠科技进步上壮大新的增长点，努力提高行业发展的质量和总量水平，力争广告经营额以年均15%左右的速度向前发展，总量继续保持在全国的前八位。积极扶持有综合实力的广告企业组建跨行业、跨地区、跨部门的广告企业集团，力争我省有更多实力雄厚、经营能力强和技术水平高的综合性广告公司在全国百强行列中榜上有名。积极引导我省广告界在发展中搞好精神文明建设，促使更多的会员单位进入全国文明单位行列。积极营造有利于广告精品生产的良好环境，使我省更多优秀广告作品走上全国领奖台，力争在国际赛事中有所作为。

要完成这些任务，本届会员代表大会以及其理事会必须在十个方面创造性地开展工作：

一是要积极培育广告市场体系。重点培育合格的广告经营主体，形成统一开放、竞争有序的广告市场体系，建立和完善广告市场急需的行业管理规则，介入广告要素市场的培育。

二是全面提高广告综合服务水平。运用行业组织的工作优势，开展广告资质等级评定工作，逐步建立广告经营单位创新激励机制，扶持几个综合性广告代理公司，大力发展专户代理业务，规范和引导广告工程代理公司发展。

三是积极推动行业内部的横向经济联合。在自愿、等价、互利的前提下，促进全省广告资源的优化配置。

四是实施科技兴业战略。多渠道培育高素质的广告专业人才，继续开展广告技术职业职称评审工作，继续与厦门大学、解放军南京政治学院等大专院校举办广告专业大专、本科、研究生学历班，创造良好的人才培养途径。开展广告理论研究和学术交流，举办各类人才培养途径。开展广告理论研究和学术交流，举办各类广告会展等活动，努力提高广告活动的层次和科技含量。

五是促进广告界与工商企业联姻合作。积极探索联手开拓农村、外省、国际市场的途径和经营机制，为工商企业和广告企业走双赢道路做出贡献。

六是加强全行业的社会主义精神文明建设，继续开展评先创优等精神文明创建活动，努力提高从业人员的思想文化素质和职业道德素质。指导会员单位依照法律、法规和市场变化，修订、充实、完善规章制度，建立、健全内部约束机制，增强经营活动的市场透明度，为净化广告市场打下基础。拟建立行业广告监测网络，开展广告内容监测和服务，摸索运营经济手段扶优罚劣的路子，推动会员单位自律工作逐步到位。

七是加大对外广告交流力度，拓宽对外广告合作的渠道，积极争取境外、国外的技术、资金、人才和智力资源为我所用。利用特定的历史、文化和地理优势，积极开展闽台广告界互访活动，发挥我会在全国广告行业对台交流与合作中的桥头堡作用，推动两岸广告界的交流及广告业的发展。不断拓宽我省广告界与国内外、省内外交流的路子，从明年起有计划、有步骤地组织广告界参与国内和国际广告市场交流，促进我省广告界与外界的联系与合作。

八是运用法律、社会宣传、舆论监督、政府支持和社团工作等手段，切实保护会员的合法权益。配合工商行政管理部门促成《福建省户外广告管理条例》等规章尽快出台。配合政府机关开展广告合同规范文本试点活动，切实保护广告界的合法权益。成立有关维权联络小组，积极指导会员单位做好维权工作。

九是争取政府有关部门的理解和支持，从信贷、财政、税收、价格、城市规划等方面扶持广告业发展，营造行业发展的宽松环境。

十是加强对广告国际惯例和WTO运行规则的研究，指导我省广告业与国际市场接轨。加强对知识经济特别是网络技术的研究，积极跟踪国际广告新的经营理念、组织形式、市场运作手段及WTO相适应的运作惯例、网络广告等，向政府主管机关提出广告行业创新的对策建议，指导行业与国际惯例和国际市场对接。

各位代表，本届代表大会是全行业迎接新世纪的动员大会。在新世纪来临之际，全省广告界同仁要树雄心，鼓斗志，继往开来，开拓进取，为谱写我省广告业持续、快速、健康发展更加恢宏壮丽的新篇章而努力奋斗！

2000年工作总结和2001年工作安排

2000年工作总结

在福建省工商行政管理局的领导下，在中国广告协会、福建省广告社团办和经社联的指导下，在全省广告界和各地广告协会的大力支持下，2000年，我会以行业发展为中心，以行业自律为重点，为力争扩大工作战果，不断拓展工作领域，积极探索发展之路，努力增创协会工作新局面，取得新的工作成绩，受到有关部门和全省广告界的充分肯定。2月，我会被评为省级社团先进单位。5月，民政部社团管理局在我会召开现场会，推广我会工作方法。我们在两次全国广告会议上分别介绍经验，得到全国同行的好评。5月24日省工商局召开广协专题工作会议和10月召开的省广协换届会上，省领导和工商局党组对协会工作给予充分肯定。

一、贯彻工商会议精神，协会工作融入大局

一是组织学习会议精神，制定贯彻意见。全省工商行政管理工作会议结束后，我会立即召开协会机关干部会议进行传达学习，研究在全行业的贯彻意见，出台《关于贯彻全省工商行政管理工作会议精神的意见》，要求全省广告界运用广告策略服务国企改革和"两个文明"建设；积极筹备广告经营单位资质认定工作，塑造合格的广告市场主体，引导行业结构调整和升级；加强行业自律，维护公平竞争的广告市场经营秩序；主动配合省局体制改革，积极探索广告行业组织自我发展的新模式。省局开展"两整顿"工作的重大决策出台后，我会又及时调整工作部署，一方面指导市级广告协会进一步贯彻我会制定的《市级广告协会秘书长工作规范》，从思想、组织、业务建设上，对市级广告协会建设加以指导，促进了各协会的建设，各项工作比上年有了

明显起色。

二是召开了全省广告协会秘书长工作会议。3月中旬全省广告协会秘书长工作会议在邵武召开，会上组织学习了全省工商行政管理工作会议管理工作精神，要求在工作上要建立一手抓发展，一手抓自律，"两手抓、两手都要硬"的工作机制。在作风上要树立求真务实，不断创新的良好形象。要发挥广告行业组织背靠工商，面向市场的优势，主动协助广告监督管理机关整顿、规范广告市场竞争秩序。会后，各市广告协会积极组织会员单位服务当地"两个文明"建设，协助广告监督管理机关维护广告市场秩序，做了许多有益的工作，特别在整顿医药广告市场中起到了积极作用，受到地方党政领导的好评。

三是把全省工商行政管理工作会议精神落实到我会各项具体工作中去，把实事办好，把好事办实。如遵照赵局长在全省工商行政管理工作会议上讲话中关于"各级广告协会做好全行业的广告企业资质评审工作"的指示，我会组织力量，抓好我省广告经营单位资质认定标准和工作方案制定，起草《福建省广告经营单位资质认定工作方案》《福建省广告经营单位资质认定工作领导机构及办事机构设置方案》和《福建省广告经营单位资质认定暂行办法》（征求意见稿），广泛征求广告经营单位的意见，组织专家和论证修改，促进了广告企业资质等级认定工作开展，成为全国省级同行第一家。再如，为更好地运用广告策略服务企业发展、开拓市场，我会策划设计了面向广告主委员会和拥有驰名商标企业以及省经贸委重点扶持的100家重点企业等单位的调查问卷，了解企业在争创名牌，开拓市场中对广告业的新需求，指导广告经营单位更好地服务企业。

二、发挥行业组织优势，提升服务行业效能

一是运用行业职能，促进广告业发展。一年来，我会组织广告界开展促进广告业升级，为经济发展服务活动，引导全省广告界运用广告策略促进闽货出省，实施名牌战略。抢占国内外市场，在促进我省经济发展的同时，提高广告业整体实力。通过全省广告界的努力奋斗，2000年，我省广告业保持良好的发展态势，全省广告经营单位达2 000家，广告从业人员达两万人，广告经营额达20亿元，比上年均有明显增长，居全国第7位；从业人员居全国第14位；人均广告费居全国第4位。2000年，我省6家广告经营单位进入全国百强行列，5家会员单位被命名位"全国广告行业文明单位"，4家受到表彰。许多广告经营单位与广告主成功地走出强强联合的双赢路子。如福建省广告

公司与南平烟草公司开展融于市场的广告专户经营活动，广告经营单位与广告主共担风险、共闯市场，形成真正的合作伙伴。

二是加大国际广告交流工作力度。年初我会制定了全年广告交流计划，积极组织实施，取得明显成效。其中 3 月份组织广告界赴泰国参加第三届"亚太广告节"；5 月组织广告界赴美国参加第 41 届"克里奥广告节"，实现我省赴美参加广告节零的突破；6 月初组织广告界赴英国参加第 37 届世界广告大会；6 月初组织广告界赴法国参加第 47 届戛纳广告节；组织广告界赴香港参加广告展；10 月和 12 月先后组织两批广告界赴俄罗斯进行广告考察活动；年底前组织广告界赴德国汉堡大学培训。在搞好国际广告交流活动的同时，我会还组织我省广告界赴西北片区和赴黑龙江省进行广告考察，赴吉林省参加全国性广告研讨会，赴无锡参加第七届中国广告节活动等等。组团数量、出访人数、出访国家和地区等都比往年有较大增长。

三是立足行业跨世纪发展，大力开发智力资源。首先，圆满完成第三届广告证书班的全部授课工作，并于 5 月份组织全体学员到厦门大学参加由省教委组织的毕业考试。同时，为适应广告市场需要，培养高素质优秀广告人才，我会积极与厦大、师大等有关院校探索联合开展广告大专、本科学历教育。其次，完成第三届广告专业技术职务初、中级评审委员会的换届报批手续，组织了第五次广告专业初、中级技术职务报名工作，评出广告初级职称 8 人，中级职称 17 人。第三，为展现我省广告界学术理论研究成果，正在编辑出版《福建广告论文选》第三辑。

四是精心组织省第六届优秀广告作品暨第三届"广告人"书画摄影作品评选活动。共征集影视、平面、广播广告作品近 300 件，摄影书画作品 28 件。经过有关专家学者严格评审，评出广告金奖 1 名，银奖 9 名。铜奖 9 名，优秀奖 23 名；广播广告优秀奖 1 名。评出摄影作品一、二、三等各一名，优秀奖七名；书法作品二等奖 1 名，三等奖 1 名，优秀奖 2 名。从作品质量上看，整体实力稳中有升，创意制作水平平均超过历届。但各地发展不平衡，山区与沿海的距离继续拉大，广播水准提升缓慢，好作品太少。从组织情况看，福州、厦门、漳州工作突出，获得组织奖。在全省评选基础上，按照"好中选优"的原则，从中选出 90 件广告作品参加全国第七届广告节评比活动，有 40 件作品获奖，其中银奖 3 名，铜奖 4 名，获奖率高于全国平均 24 个百分点。我会被广告节组委会授予组织奖。

五是积极策划举办第三届福建广告"四新"（新技术、新材料、新媒体、新设备）展活动，计划于 2000 年 4 月 18 日在福州向世人展示，目前招商已达到 120 个展位。

六是为促进广告经营单位合同管理工作，提高其诚信度和知名度，增强其市场竞争力，我会在省工商局合同处的支持下，在福州地区广告经营单位中开展"重合同、守信用"申报认定工作，近 10 家广告经营单位参加，有望获其殊荣。

此外，为了维护广告经营单位利益，规范广告经营合同管理，我会在省工商局合同处的支持下，拟在全国率先推行"广告合同示范文本"工作，目前此项工作已取得实质性的进展。"广告合同示范文件"在全省实施，对规范广告市场，反对不公平竞争将起到重要作用，必将受到广告界的欢迎。

七是积极开展委会会员合法权益工作，把它作为得民心工程常抓不懈，促进了诸如福建省体育广告公司因户外广告受到不法分子侵害等案件的公正解决，受到了会员单位的赞誉。

八是努力创造条件增加协会造血功能，增强工作活动，根据协会工作性质和优势，经过详尽论证，拟设立"福建省广告人才服务中心"，进一步拓展延伸协会工作职能，为培养行业骨干力量创造条件。此项工作经多方协调，已取得一定的进展。

三、探索行业自律路子，促进自律工作开展

一是树立行业自律标兵，让全行业学有榜样，赶有方向。1 月份，我会利用举办大型广告界新春团拜之机，分别对广告先进单位、先进广告工作者及老广告人进行表彰和颁发荣誉证书活动。我会名誉会长、省人大常委会副主任方忠炳，省工商局局长赵觉荣，省直有关部门的负责同志到会，为 32 家广告行业文明单位和 33 名先进广告工作者颁奖，向 108 位从事广告工作 15 年以上的老广告人颁发荣誉证书。大会向全省同行发出《关于加强广告业"两个文明建设"的倡议书》。在广告界产生良好的反响。

二是开展《广告法》实施五周年纪念活动，在广告界开展学法、用法、守法教育。我会下发《关于开展纪念广告法实施五周年活动的通知》，组织市级广告协会和会员单位把工作重点，从以宣传《广告法》为主转到建立内部自律机制、提高员工业务素质和职业道德素质、创造公平竞争的市场环境上来。许多会员单位对内部规章制度进行一次清理，更新补充新的规章制度，加大对医疗保健品、出国留学、致富信息类广告的自律性监控。

三是完善会员管理制度，加强会员监管。我会在原有工作基础上，组织

开展会员重新登记和换发会员证工作，以此为契机，摸清会员单位基本情况，更新会员档案、提高会员单位的组织观念和行业意识，为加强会员管理工作打好基础。

四是积极参与中国广告协会自律性规范的修订工作，我会于7月间派员参加中国广告协会组织的《关于加强广告行业自律的办法》（试行稿）的研讨论证工作，8月间又结合我会开展自律工作的实践经验，对中国广告协会下发的修改稿进行认真研究，提出具体的修改意见，受到中国广告协会的高度评价。

五是积极配合广告管理机关开展集中整治虚假违法医疗、药品、保健食品广告专项斗争。我会专门发出文件，要求会员单位主动配合广告监管机关自查自纠，建立内部管理制度，加强广告发布前的审查制度，杜绝虚假违法广告。各会员单位积极响应，效果明显。

四、加强行业组织建设，提高协会工作水平

一是加强协会机关自身建设。首先是加强领导干部和党支部的思想、组织、作风建设。协会领导干部带头认真学习江总书记关于"三个代表"重要思想，联系个人的思想和工作实际，找准差距、制定整改措施，以成克杰、胡长清等人为反面教材，从讲政治的高度认识拒腐防变的极端重要性，树立正确世界观、人生观、价值观。其次抓好骨干队伍和人员素质建设。我会要求大家讲政治、树正气、多奉献，紧紧依靠党员同志模范作用，充分调动全体人员积极性，给他们定职责、下任务、压担子，发挥每个人工作主动性、创造性，使大家在实践中不断增长才干，提高工作能力。特别在省广协换届后人员变动较大的情况下，保持了队伍不散，工作不乱，各项任务完成较好。

二是提高工作效率。结合协会的工作特点，制定了《协会工作职责》《协会内设机构工作职责》《工作人员岗位职责》和《福建省广告协会效能建设工作措施》《绩效考评办法》等文件，做到职责明朗、奖惩分明、激励与约束相结合，思想教育与行政管理相统一，促进了工作效率和工作质量的提高。

三是逐步完善省市两级广告协会工作联系网络。我会根据1999年制定的文件《全省市级广告协会秘书处工作规范》的要求，加强了对市级协会工作的指导力度，建立了通报联络工作制度，促进了省市两级协会工作的开展和工作合力，市级广告协会工作水平有了普遍提高。各地广告在运用职能，创造性地开展工作，都有自己的特色和经验，成绩是显著的。比如厦门在争办

第八届广告节方面做了许多工作，获得成功；漳州广协全面开展活动取得很好的成绩；泉州、漳州、厦门三地的《广协通讯》办得有特色；南平、三明、厦门、漳州、福州广协在广告界中享有较高威信，赢得广告界的信任。经过考核，去年我会授予福州、漳州两市广告协会秘书处"广告协会先进秘书处"荣誉称号，授予厦门市广告协会田峰、南平市广告协会陈清、泉州市广告协会蔡加鹄、福州市广告协会龚向宇同志"广告协会先进工作者"称号。

五、精心做好"四代会"各项筹备工作，圆满完成换届工作

一是省工商局于5月24日召开专题会议，听取我会换届工作筹备情况的汇报，确定了换届工作有关问题。会后，我会加快换届筹备工作步伐。

二是在8月10日召开协会第三届四次理事会，审议并原则批准拟提交第四次会员代表大会的协会工作报告，章程修改草案和修改章程的说明、会费收费情况报告，"四代会"代表名额及理事、常务理事候选人名额分配方案，我会名誉会长、省人大常委会方忠炳副主任，省工商局黄耀梅副局长到会指导。对我会换届工作提出要求。

三是根据四次理事会决议，我会完成对"四代会"主要文件的修改工作，完成"四代会"代表、理事和常务理事候选人的资格审查工作，完成"四代会"的各项会务筹备工作。

四是11月16日在福州隆重召开由会员代表130人参加的省广告协会第四次会员代表大会，省人大常委会副主任方忠炳，省工商局局长赵觉荣、副局长黄耀梅，省民政厅社团办，省经社联，省台办，省文化厅等有关部门领导亲临会议指导，方忠炳副主任、赵觉荣局长在大会上作重要讲话，充分肯定了省广告协会"三代会"以来的工作，对新一届广告协会工作提出更高的要求。会议收到全国省、市、自治区、单列市广告协会和福建省其他兄弟协会发来的贺电，贺信。会议审议通过黄应寿同志代表第三届理事会的工作报告；审议通过孙焕成同志关于协会章程修正案及章程修改说明的报告。会议选举产生省广告协会第四届理事、常务理事、会长、副会长、秘书长，决定副秘书长及协会机关各机构负责人，聘请名誉会长、顾问。会议顺利并圆满完成各项议程。

一年来，我会虽然取得一定成绩，但也面临许多困难和问题。尤其由于法制、机制和体制的原因，行业组织工作职能作用还未能得到充分发挥，有些工作没有完全到位，影响了协会工作的全面展开。全行业整体实力不强，

开拓市场能力偏低，广告总量不大，广告作品含金量不高，山区与沿海地区广告企业发展水平差距继续拉大，会员单位合法权益受到侵害的案件时有发生，违法违规广告还没有完全杜绝。这些问题必须引起我们的高度重视，采取措施，逐步加以解决。

2001年工作安排

2001年是新世纪的起始年，是我国实施国民经济和社会发展的第十五年计划的开局年，也是新一届广告协会领导班子带领全省广告界实现新的奋斗目标的起步年。我会工作的指导思想是：坚持以邓小平理论和党的基本路线为指导，认真贯彻党的十五届五中全会精神，以行业创新与广告业发展为中心，以行业自律为重点，以再创先进社团为目标，为争创一流工作水平、一流工作业绩、一流行业组织而不懈努力。2001年工作主要是抓住三个重点，拓展七项工作，实现协会工作再上新台阶。

一、抓住三个重点

第一，以贯彻党的十五届五中全会精神为重点，按照我省国民经济和社会发展"十五"计划《建议》的指导思想和总体要求，力争在第一季度完成我省广告业在新形势下的定位和服务"十五"计划的思路和对策，引导广告界服从和服务于党和政府的中心工作，做好广告业发展文章，为福建经济发展和社会事业进步做出新贡献。近期省广协协同省有关部门编制我省广告发展规划，将下发各地。

第二，以提高行业组织工作水平为重点。我国即将加入WTO和经济改革，不但给行业协会"指导、协调、监督、服务"的职能注入新的内容，为协会活动提供新的舞台，向工作提出新的课题，我会要在巩固已有成绩的基础上，努力走出一条强会之路，尽快实现我会管理能力的提高，服务水平的提高，"造血"功能的提高。

第三，以提高广告业竞争实力为重点。引导行业结构调整、优化、升级和国际惯例接轨步伐，是2001年协会重要课题。我会把加强培训交流，加强有关理论研讨工作等方面作为切入点，引导全省广告界尽快把握国际游戏规则，应用国际游戏规则制定应对策略，促进企业向国际惯例接轨，同时，积极推动行业内部在自愿、等价、互利的前提下，加强企业强强联合，促进广告资源优化配置，增强竞争实力。努力提高行业质量和总量水平，力争全省广告经营额有大幅度增长继续保持在全国前七名，使我省有更多实力雄厚、经营能力强和技术水平高的综合性广告公司在全国百强行列中榜上有名。积极引导我省广告界积极参与精神文明建设，使我省更多的会员单位进入全国文明单位行列。积极营造有利广告精品生产的良好环境，使我省更多优秀广告作品走上全国领奖台。

二、拓展七项工作

2001年，我会在继续搞好广告法律宣传、广告作品巡展、广告理论研讨、广告行业自律、广告双先评选、广告"四新展"、广告职称评定、维护广告合法权益等方面工作的同时要在以下领域拓展工作：

第一，拓展广告行业组织工作网络。指导市级广告协会在广告经营单位比较多，广告经营业务比较强县（市），开展成立县（市）级广告协会的调研和试点工作，逐步扩大广告行业组织工作网络。

第二，拓展广告经营单位资质评定工作。配合省工商局商广处在已有工作的基础上，争取上半年开展试点工作。在总结试点工作经营的基础上，年底前在全省广告经营单位中全面推开。

第三，拓展广告人才培养工作。在开展好多渠道的广告人才培养的基础上，抓紧与福建师大等院校联合举办大专、本科学历教育有关事宜商洽，争取一季度开展招生工作。

第四，拓展对外广告合作的渠道。积极做好广告界出国考察活动计划，开辟新的出国出境考察活动渠道。拟组织广告界出国出境考察交流活动有：2001年2月赴德国汉堡广告专业培训；2001年3月赴泰国参加"亚太广告节"；2001年6月赴法国参加"第48届戛纳国际广告节"；赴俄罗斯学习考察；赴澳大利亚、南非等参加广告专业培训和考察活动；赴香港参加"亚洲广告展"；赴台湾进行广告交流考察活动；赴越南广告考察。

第五，拓展广告经营活动合同工作。为规范广告经营活动，维护广告市场秩序，使之纳入法制化合同管理轨道。我会将配合全省工商局职能处室，在广告行业开展认定"重合同、守信用"单位的同事。力争上半年在全省实行"广告合同示范文本"。

第六，拓展协会的活动空间。一是积极支持厦门市政府和厦门市广告协会办好第八届中国广告节。而是与中国广告协会联合举办广告精品巡回展。

三是与厦门大学联合举办第二届广告"学院奖"。四是与江苏省无锡广博广告公司联合举办福州第三届广告新技术、新设备、新工艺、新媒介展览会。

第七，拓展协会"造血"功能。一是加快筹建"福建省广告人才服务中心"速度，力争上半年挂牌经营，开辟广告人才市场，促进广告人才交流工作。二是努力开拓各项工作，促进广协职能到位。

2001年工作总结和2002年工作安排

2001年工作总结

一年来，我会在上级领导下，在全省广告界的大力支持下，带领全省广告界认真实践江总书记"三个代表"的重要思想，紧紧把握我省广告业发展方向，以行业发展和行业自律为中心，在扩大工作成果，拓展工作领域，探索发展之路，增创工作新局面上下工夫，取得良好的成绩，得到政府有关部门以及全省广告界的充分肯定，得到中国广告协会和民政部社团管理司的表扬，我会于三月份被评为省级先进社团。

一、贯彻上级会议精神，抓好各项工作落实

一是认真贯彻全省经济工作会议和全省工商局长会议精神，积极做好2001年度协会工作安排，拟定我省广告业服务"十五"计划的工作目标，提出抓住"三个重点"，拓展"七项工作"的思路，于年初下文向业界传达，在300多名广告界参加的新春联欢会上，对工作再次进行安排，省人大常委会方忠炳副主任，省工商局黄耀梅副局长出席联欢会并对协会工作提出希望和要求。二是2月份在龙岩召开全省广告协会秘书长工作会议，对全行业工作进行部署，从工作运转态势看，效果比较明显，大部分部门均已完成年初下达的任务，其他工作也已接近尾声，还有许多工作有了很大的突破和创新。三是我会根据省工商局提出关于运用职能，服务经济、促进消费的精神，在广告界中展开"广告为闽货增光辉"活动，产生明显的社会效益，我省广告界为经济发展，为社会公益事业做了大量工作，深受社会各界的好评，出现了《福州晚报》广告部、福州市鹏宏广告有限公司、福建铁路广告公司等单位为扶持企业发展免费做广告的事例。同时，我会为宣传闽货，组织了福州

部分企业货源下乡，开展城乡商品交流，受到欢迎。四是根据规范市场经济秩序要求，我会组织了有关活动，第一，在广告业中开展"清除广告杂草，让广告百花园更加绚丽多彩"活动，旨在推动行业增强职业道德意识，逐步完善企业内部广告审查程序和规章制度建立。第二，为规范广告活动，我会配合省工商局合同监管部门在全省广告行业范围内推行"户外广告合同示范文本"工作。先后组织有关专家和业界人士进行了10多次论证修改工作，经省工商局批准，形成正式文件下发各地执行。第三，针对当前反映突出的药品药械违法广告问题，我会于医药行政管理部门联合举办了医药广告人员培训班，以提高医药审查广告人员业务水平，第一期共培训50多人。第二期培训工作正在筹办中。第四，为了巩固和扩大广告市场整顿成功，促进广告业健康发展，我会决定开展评选省级广告文明单位和先进广告工作者活动，共评出2000—2001年度省级广告文明先进单位38家，先进广告工作者28人。

一年来，在全省广告界的共同努力下，我省广告业在"生意难做"的环境中，整体实力稳中有升，广告经营理念明显提高，广告数量明显上升，广告科技含量和广告服务水平明显增强，部分广告企业异军突起，成为我省广告行业骨干力量，有10个单位获得全国广告行业文明单位殊荣。

二、运用行业组织优势，提高行业服务效能

我会充分利用行业组织优势，适时组织会员单位开展各项活动，以提高广告协会的服务效能，增强了协会的凝聚力。

一是做好全国广告协会秘书长会议的会务工作。今年1月初，全国广告协会秘书长会议在泉州召开，国家工商局惠鲁生副局长、省工商局黄耀梅副局长、中国广告协会领导出席会议。为确保大会会务工作全面到位，在泉州市工商局、泉州市广告协会和泉州市广告界的支持下，我会全力以赴做好各项筹备工作。由于准备充分、安排在周密，保证了大会圆满完成。

二是加大国、内外广告交流工作力度。我会制定了全年广告交流计划并逐步组织实施，于今年3月份组织广告界近20名人士赴泰国参加第四届亚太广告节活动，4月份组织6人赴德国汉堡参加广告业务培训，6月份组织7人赴法国参加第48届戛纳广告节活动，7月份组织30人赴广西、越南，8月份组织两批赴俄罗斯广告考察交流活动，目前正在组织广告界赴澳大利亚考察工作和积极策划明年赴外考察计划。

三是举办第三届福州国际广告"四新展"活动。4月18日由我会主办，

无锡广博广告公司承办的福州第三届国际广告"四新展"活动拉开序幕，来自国内外129多家广告、印刷厂商参加了这届展示活动，省内外广告界及有关人士参加了为期三天的活动，展览会呈现出隆重热烈，交易火热的场面，各界反映很好，达到预期效果。

四是积极配合合同监管部门在行业内开张"重合同守信用"活动，4月份7家省级广告企业荣获此殊荣，还有一批广告企业有望近期被市级政府或有关部门认定。

五是抓好广告队伍的文化素质建设。我会在继续与厦门大学开办广告研究生课程班的同时，与6月与福建师范大学网络教育学院举办高升本和专升本的学历教育，春季招生70多人，秋季招生36人。目前，我会受福建师范大学委托正在开展美国林肯大学博士生招生工作。

六是继续抓好职称审批工作，我会于7月份在广告界开展了第6次广告专业初、中级职称评审工作，从申报55名人员中评选出中级职称23人，初级职称21人。

七是为迎接今年10月在我省厦门举办全国第八届广告节，我会积极在指导厦门广告协会搞好广告节会务工作，组织全省广告界支持广告节工作，同时，开展了福建省第七届广告作品的评选工作，评选工作于9月上旬展开，从290件作品中（其中广告作品266件、书画摄影24件），评出广告作品金奖3个，银奖13个，铜奖26个，优秀奖29个；摄影、书画二等奖2个、三等奖4个、优秀奖3个。在参加中国第八届广告节优秀广告角逐中，我省获得入围51件，获得金奖1件、银奖3件、铜奖6件好成绩。

八是从去年下半年开始，我会投入人力物力积极做好广告企业的资质评定的调研、论证和文本起草工作，先后派员赴外省、市和本省有关协会进行取经学习，深入全省各地进行行情调研，召开了会长办公会议和全省广告协会秘书长会议以及召集部分广告公司对文稿进行多次修改审核，并于2月份将文稿送省工商局审核。

九是为了构筑我省广告人才高地解决我省广告业人才匮缺矛盾，确保广告人才资源合理流动，开展广告人才交流，人才管理，人才储备，人才培训等工作，促进我省广告行业可持续性发展，我会在充分调研的基础上，向全省人事厅提出了申办"福建省广告人才服务中心"的请求，得到了省人事厅的支持，现正在办理审批手续。

十是为响应中央关于开发大西北的号召，我会与重庆万州天城移民开发区挂钩，现在正在组织我会广告主委会成员单位审查项目，商讨联姻置业事宜，筹备考察工作。

十一是努力开展维护会员合法权益工作，使会员单位正当利益得到保护，受到广大会员单位的赞誉，如，今年八月根据福州市公交公司反映，我会向市政府反映和通报了有关情况，得到市府有关领导的支持，保住了该公司车身媒体广告使用权，公交公司对协会给予的支持十分满意。

十二是积极指导各市广告协会工作。今年各地广告协会工作起色快，成效好，对促进当地广告业发展发挥了重要作用，我会认真做好各市协会组织和工作人员的考评工作，授予厦门、漳州市广告协会为先进单位，分别授予福州、泉州、南平市广告协会3位同志为先进广告工作者称号。

十三是加强行业组织网络建设的指导工作，11月宁德市广告协会成立，标志着全省设区市广告协会网络已建全。为了增大广告行业工作覆盖面，我会还在广告业发达，广告经营单位多，广告工作量大的县级成立广告协会试点工作，今年一个县成立了广告协会。

十四是开展调研活动，我会于8月下旬至9月上旬分三个组，由会长和秘书长带队，分别到九个地市进行广告业情况调研，分别走访40多个广告经营单位，先后召开18场座谈会，认真听取各地及会员单位意见，取得第一手材料。

十五是开展优秀广告语推荐及评选工作。一年来，我省广告作品创意设计水平提高很快，一大批意简言赅、脍炙人口的广告语脱颖而出，在人们生产，生活中产生广泛影响，为总结和提高我省广告用语的水平。进一步推动广告语精品生产，我会与福建日报、省委宣传部宣传半月刊杂志社联合开展首届优秀广告语评选活动。

十六是为了使广告界进一步加入WTO广告业带来的新情况，新变化，我会与有关单位举办了"WTO门前——中国企业营销突围"新视角论坛，邀请国内外广告策划精英，营销理论专家和知名企业总裁进行专场演示在业界反响很好。

十七是为了宣传福建，展示福建媒体实力，我会与有关单位联合开展福建媒体广告调研活动，可望五月出版专辑与世人见面。

一年来，我会虽然取得可喜成绩，但是工作中也还讯在许多薄弱环节，一是开展维权活动、搞好理论研讨、促进业界交流等方面有待加强。二是下基层调研和对地市广告有些会工作指导督促和关心扶持做的不够。三是市级协会工作发展不平衡，个别协会存在人员偏少，年龄偏大，业务偏弱，跟不上广告业发展的需要等现象。这些问题影响了业界工作开展。

2002年工作安排

以党的十六大召开为标志，2002年将是我们党和国家历史上具有重大意义的一年。如何更有效地指导广告界掌握发展机遇，趋利避害，抵御和克服前进道路上的风险和困难，推动广告业持续、快速、健康发展势头至关重要。我会以再创省级先进社团为目标，以福建广告业改革与发展重点，凝聚全省广告界力量，用新的姿态、新的战绩，推动协会工作再上新台阶。2002年主要工作思路是：围绕一个目标，搞好五项工作。

一、围绕一个目标

紧紧围绕再创先进社团这一目标，促进广告业发展，带动协会各项工作开展，在巩固工作成果，开创工作领域上下工夫，努力提高为业界工作水平和工作质量，把协会办成广告界的火车头和"娘家"、力争再次登上省级先进社团的领奖台。

二、搞好五项工作

第一，组织全行业认真学习贯彻省第七届党代表和党的十六大精神，按照我省国民经济和社会发展"十五"计划的建议的指导思想和总体要点，完成我省广告业在新形势下的定位和服务"十五"计划的思路和对策，引导广告界服从和服务于党和政府的中心工作，做大做好广告业发展文章，促进行业升级，为经济发展好社会事业进步做出新贡献。

第二，入世以后，我省广告业将面临许多新情况新问题，我们要审时度势，积极应对，坚定信心，奋发有力，针对新的竞争格局，我会明年侧重点放在指导会员单位吸收国外广告业的先进管理经验和广告新材料、新设备、新技术、新媒体运用，加强外资企业入闽置业有关问题的探讨和研究。要对外资、合资广告业新伙伴入会、咨询、沟通、服务、交流等方面，依据党和国家有关政策，制定行业内部有关规划，营造公平竞争环境。同时，促成广告资质等级评审工作开展。

三、继续加强广告业自律，强化维权手段

在自律方面，指导会员单位增强自律理念，完善自律机制。定期对会员

单位进行自律检查，聘请社会人士担任监督员，及时反映指导行业自律情况，促进我省广告业的自律水平提高，净化我省广告市场秩序。在维权方面，建立广告行业律师事务所，形成行业法律保障体系，确保会员单位合法权益不受侵犯。

四、市场竞争，就是人才竞争

为适应入世后广告业对人才的需求，不断提高我省广告业从业人员的素质，我会在培养人才方向，做好以下工作：

第一，继续和厦门大学、福建师大、美国林肯大学等中外高等学府联办广告专业大专、本科、研究生学历班，提高广告界的知识水平。

第二，继续做好广告业从业人员职称评审工作，培养一批业界骨干力量；

第三，构筑福建人才高地，推动广告界人才交流，做好引进人才工作，争取上半年成立"福建省广告人才服务中心"并挂牌运营。

第四，举办各种类型的广告理论研讨会，提高广告界战略思维，拓宽广告界眼光，提升广告界市场竞争能力。

第五，组织广告界赴国内外开展考察活动，加强同台、港、澳广告界的交流合作，加强本省广告界间、广告主与广告经营单位交流合作。于5月间在福州举办广告新技术、新工艺、新设备、新媒体和优秀广告作品展，推进广告业整体水平的提高。

五、加强行业组织自身建设

第一，继续抓好基层行业组织建设，指导各级广告协会进一步完善工作制度，增强工作运作能力，提高工作水平，开展行业组织和先进广告工作者的评选活动，指导广告相对活跃的市、县建立行业协会组织，逐步形成广告工作网络；

第二，做好调查研究工作，了解和掌握全省广告发展动态，掌握第一手资料；针对存在的问题，及时提出解决办法和对策，提交有关部门和上级领导作为决策依据。

第三，建立省广告协会宣传平台，拟与市有关单位联办广告刊物，使我省广告界有对外宣传的正式媒介，也为会员单位和广告主提供属于自我的平台。

第四，加强对协会工作人员的培养与锻炼，提高其敬业精神，增强其工作能力和为广告界服务水平。

2002年工作总结和2003年工作安排

2002年工作总结

一年来,在上级领导下,我会带领全省广告界认真实践江书记"三个代表"的重要思想,以广告业发展为主线,以创造先进社团为目标,努力工作,积极开拓,大胆创新,圆满和超额完成年初制定的各项工作任务,取得明显成绩,实现协会工作新跨越。今年6月,我会在去年被省经贸委、省经社联评上先进单位的基础上再攀新高,被省民政厅评为先进社团,在表彰大会上做典型经验介绍。我们主要完成以下工作任务:

一是认真贯彻江泽民同志"三个代表"的重要思想,提出以福建广告业改革与发展为重点,凝聚全省广告界力量,用新的姿态、新的战绩,推动协会工作再上新台阶的年度工作方略,制订"围绕一个目标,搞好五项工作"实施方案,使全年工作具有前瞻性、计划性和可操作性,保证了各项工作落实,推动了我省广告业发展。在全省广告界共同努力下,预计2002年我省广告业在广告经营单位和广告从业人员数量与上年持平的情况下,广告经营额突破26亿元人民币,比上年增加5个亿,同比增长24%。同时,广告整体实力明显增强,广告质量明显提高,广告服务社会、服务经济的能力明显提高。

二是根据上级会议精神,我会于年初召开"福建省广告界新春团拜会",对年度工作进行布置,省人大原副主任、我会名誉会长方忠炳,省工商局黄耀梅副局长出席会议并对行业工作提出要求,省经贸委、人事厅、文化厅、对台办、社团办、经社联、外事办等有关部门领导到会指导工作。随之我会于3月份,在福清召开全省广告协会秘书长工作会议,交流各地广告工作经验,部署了2002年工作,对广告专业技术岗位资格培训;对外广告考察;建立福建广告网;设立福建广告人才服务中心;设立广告维权中心和配合广告监督管理机关进行广告资质评定等项工作进行专属布置。会议要求各地各单位紧紧围绕着省委省政府关于实施名牌战略，促进名牌生产，扩大闽货国内外市场，加快经济建设步伐的要求，积极运用广告策略为经济发展服务，为社会精神文明服务。一年来，全省广告界在扬名牌、创效益、促发展上取得了明显成绩，为福建经济发展做出突出贡献。比如，上半年，由我会牵线，省广泉州分公司承办的中央电视台广告代理会在泉州召开，大大促进了泉州地区鞋类、服饰品牌广告在全国的覆盖率，经济效率明显增长。我省惠泉、安踏、七匹狼、东南得利卡、安尔乐等名牌在全国享有稳固的地位，茶叶、水果等农副产品在国内市场占有一席之地，广告界功不可没。

三是为提高我省广告界运用广告新技术、新工艺、新材料、新设备能力，四月我会举办第四届福州国际广告"四新"展销会。120家国内外广告厂商和2万名广告社会各界人士参加这次展会。展会期间我会还举办我省第七届优秀广告作品展，向社会展示了我会与福州晚报社、福州市广告协会等单位主办的福州地区房地产优秀广告作品。

四是先后组织我省广告界参加亚太广告节、法国戛纳国际广告节，赴美国、德国业务培训，赴俄罗斯考察交流等活动。指导福州市广告协会做好赴台湾进行广告考察工作。

五是组织广告界参加中国第九届广告节各项活动，我省选送近百幅广告作品参加广告节角逐，获奖25幅，其中银奖1个，铜奖3个，入围奖21个。

六是配合广告监督管理机关开展广告资质认定实施细则的调研、论证、筹划工作，为整体推进资质认定工作打下了基础。

七是继续与厦门大学、福建师大、美国林肯大学等中外高等院校联办广告专业大专、本科、研究生学历班。

八是开展广告专业技术岗位培训工作，首批全省1 500名广告从业人员获得上岗资格证书。此次培训规模大、任务重、人员多、时间长、效果好。目前，岗位工作正分期分批在全省陆续展开。

九是继续做好广告从业人员的广告专业技术职称评定工作，评审工作分别于6月与12月进行，又有一批广告从业人员获取初、中级广告职称，成为我省广告行业骨干力量。

十是为解决广告人才匮乏矛盾，构筑福建省广告人才高地，推动广告人才交流和引进工作，我会经历一年的努力，经省工商局、省人事厅批准和省编委登记，创办"福建广告人才服务中心"，现已正式挂牌运行。

十一是为规范房地产广告市场，提高房地产广告创意、制作水准，我会与福州晚报社、福州市广告协会等单位联合举办"福州地区房地产广告创意、制作大赛",取得圆满成功。

十二是为搞好广告业自律工作,完善行业自律机制,我会做了以下工作:第一,做好省人大省政协关于治理广告市场的提案议案的回复和抓好落实工作,使问题得到满意解决。第二,聘请社会人士担任广告自律监督员,及时反映指导行业自律情况,提高我省广告业自律水平。第三,针对有关部门打击盗用电脑软件行动,我会一方面积极做好多方面的协调工作,保护行业利益,减少了部分会员单位经济损失。另一方面,要求会员单位搞好自查自纠,防患于未然。第四,着手筹备成立福建广告维权中心工作,目前各项工作进展顺利。第五,组织广告界积极参加"重合同、守信用"单位评选活动,促进自律工作向更高层面发展,近期将有一批广告企业被省市政府机关授予"重合同、守信用"单位。

十三是抓好基层行业组织建设。针对各地广告协会机关工作人员变动情况,我会重点抓好两项工作:第一,指导各级广告协会进一步完善工作制度,增强工作运作能力,提高工作水平。第二,开展先进行业组织和先进广告工作者评选表彰活动,授予厦门市、南平市广告协会为先进单位,福州市林雪白、漳州市王胜利、三明市叶兆儿三位广告协会秘书长为先进工作者,借以推动行业协会建设。

十四是与有关部门联合将原来《福建省广告通讯》改为《福建广告》,提高了宣传水平和装潢印刷档次,从8月份起先行双月刊,2003年改为月刊,使我省广告界有一个较高档次的对外宣传媒介和服务自我的平台。

十五是与有关部门联合创建"福建广告网"(网址:www.Fjad.com),福建广告网站,以动态形式,全方位展示全省广告界实力,宣传福建品牌和优势企业,发布动态信息,宣传广告政策法规,交流商务资讯,建立网上沟通桥梁,将逐步成为福建广告资源网上"大超市",网站于8月1日试行开通。

十六是与有关单位联合编辑大型工具书《福建广告媒体》,经一年艰辛工作,该书于12月出版与世人见面。

十七是在协会工作不断拓展,上级下拨经费明显减少的情况下,一年来,我会努力增收节支,增加"造血"功能,确保了各项工作的顺利开展。经省审计、物价等部门财务专项检查,认为我会财务制度健全,审批手续规范,收支合理,符合规定。

2003年工作安排

新的一年,在上级领导下,我会以党的十六大精神为指针,积极整合业界力量，以广告业发展为主旋律，以"发展要有新思路，改革要有新突破，开放要有新格局，工作要有新举措"衡量协会全面工作，从巩固、提高、发展协会工作角度，不断夯实协会工作基础，探索发展之路，拓展工作领域，扩大工作成果，实现协会工作新跨越。

第一，组织全行业学习贯彻十六大精神，把十六大提出的重大理论观点和战略决策与推动广告业发展紧密结合起来，与增强我省广告业整体实力结合起来，引导广告界服从和服务于党和政府的中心工作，保持广告业开拓创新，与时俱进的态势，提高广告服务经济、服务社会的能力，为福建经济发展和社会进步做出新贡献。我会将推出"学习十六大，开拓新局面"系列活动，把十六大精神贯彻到行业各项工作中去，推进广告业健康发展。我会将带领广告界积极与有关生产企业联合开展"创名牌，闯市场"活动，提高我省企业在国外市场的占有率，为我省企业发展办实事。省广告主委员会拟在上半年召开广告主与广告公司座谈会，以"促进、双赢"为主题，开展广告主与广告企业、广告公司间联营合作、携手共进活动。下半年组织部分广告主和广告公司赴西北、西南等地区进行考察学习、洽谈投资置业项目。

第二，加强行业工作调研，我会将组织力量深入基层进行广告工作调研，获取第一手资料，制定相关对策，指导各地工作。针对新时期出现的新情况、新变化以及广告业热点难点问题，特别是2004年广告市场对外开放后，给我省本土广告企业带来的影响，提出解决办法，帮助会员单位解决具体困难。对外资、合资广告企业入会、服务、监督、交流等方面，依据有关法规，制定有关规则，营造广告公平竞争环境，确保广告业健康发展。

第三，整合行业力量，提高实力，壮大力量，引导广告企业走改革发展、联合经营的路子，在更大范围、更广领域和更高层次上参与国内外合作竞争，扶植骨干公司提高跨省、跨国经营和抢占市场能力，促进规模小、效益差、水平低的中小公司联合兼并，结构重组，从原有零散运作向集约运作转型。坚持以质取胜，用高质服务赢得市场，提升整体实力。

第四，努力提高广告业水平，促进行业升级。

一是在提高广告界理论水平和业务素质上下工夫。（1）我会与厦门大学、香港龙吟榜杂志社联合举办高级广告理论研讨培训班，旨在培养一支了解国际市场，通晓国际广告运作能力、管理能力和实战能力的广告高层管理人才，提高广告战略思维、世纪眼光和竞争本领。（2）与厦门大学联合举办广告人员业务知识提高班，更新广告知识，提高广告实践运作能力和营销策划水平。（3）在配合厦门大学办好研究生班的同时，拟与福建师大网络教育学院举办专升本广告本科学历班，与厦门大学、福建经济学校举办广告大专自考学历班，与国内外有关高等院校联合举办高层次广告专业研究生、博士生班。进一步改善行业学历结构，提高整体水平。

二是组织广告人才交流服务工作，充分发挥福建广告人才服务中心作用，在做好广告人才吸收、推荐、储存的同时，于4月和8月举行广告人才供需见面会，为了解决人才，培养人才，留住人才工作为实事。

三是配合广告监督机关做好行业资质认定工作，促进广告业向高层面发展。（1）3月前完成资质认定实施细则制定工作，成立相应认定机构，做好各项筹备工作。（2）搞好试点工作，以点带面，稳妥推进此项工作开展，确保年底前完成阶段性任务。

四是继续开展广告专业技术职称评审工作，拟定分别在6月和12月完成两批评审任务。力争省人事厅和省文化厅支持，扩大职称职位评审范围。

五是加大广告界对外交流力度，组织广告界积极参加中国第十届广告节和省际间业界交流活动，在开展国内广告交流的同时，组织广告界参加亚太广告节、法国戛纳国际广告节、美国克里奥国际广告节、艾菲奖广告大会、南非广告节及制作技术交流以及赴澳大利亚、美国、德国、日本业务培训，组织广告界赴台湾进行户外广告和影视广告制作考察，同台湾广告界签订长期交流合作项目和双向交流意向。组织广告界两批次赴俄罗斯进行广告考察交流等活动，学习国内外先进经验，扩大广告界视野，提高工作本领。

六是定于四月在福州举办第五届福建国际广告"新技术、新设备、新媒体、新材料"展览会。在"会展"期间，将展示我省第八届优秀广告作品和首届福建省优秀广告语并举行颁奖活动；举办表彰行业文明单位和先进广告工作者表彰活动；开展广告模特大赛；开展广告人才交流；开展广告理论研讨；广告媒介展示等活动。

七是为总结、推广、编辑我省二十多年来经典广告语，促进广告语精品产生，防止广告语资源流失，为历史留下我省各界人士智慧结晶，我会与海峡都市报社联合举办福州首届优秀广告语评选工作，此项工作从2002年12月开始，至2003年4月结束，届时获得优秀奖以上广告语，将分别在《海峡都市报》和第五届福建国际广告"四新"展会上向社会各界推广展示。

八是开展全省广告行业文明单位和先进广告工作者评比表彰活动，此项工作也将于2002年12月开始，至2003年4月结束，在我省评选表彰基础上，向中国广告协会推荐全国广告行业文明单位和优势广告企业参选单位。通过表彰先进、树立典型，推动工作，向社会展示一批信誉好、实力强、能战斗、有影响的广告企业，打造其品牌，促进其发展。

第五，搞好广告自律工作，净化广告市场。一是根据中国广告协会开展广告信誉年活动的整体部署和省工商局关于整顿和规范市场的要求，进一步完善《福建省广告行业自律规则》，开展"净化广告市场从我做起"活动，要求会员单位提高自律、诚实信用自觉性、健全内部自律制度、规范广告行为。同时，我会将启动广告咨询机制，为会员单位服务，进行广告内容的修改、审查、把关，避免会员单位由于广告内容审查不严造成不良后果。对屡禁不改，经常发布虚假违法广告单位，除予以公开通报曝光外，配合广告监督机关采取时限性强制广告内容审查措施，为减少和杜绝虚假违法广告产生，净化广告市场做出努力。二是开展全省性广告自律工作的检查活动，拟于2至3月间，结合评比先进工作，组织检查深入各地进行自律工作检查。三是于年底前成立福建省广告维权中心，指导业界提高学法、用法、守法意识，形成行业法律保障体系，保护行业自身利益，维护会员正当利益。

第六，加强行业组织自身建设。一是开展省、地、县三级协会机关人员业务培训工作，促使其熟悉广告业发展状况，掌握工作基本功，知晓工作运行模式，提高增强、业务水平和行业管理能力，保持工作前瞻性、预见性和计划性，使协会工作上新层面、新台阶。二是加强对地级协会工作的指导，逐步完善协会工作运行机制，建立工作规范，提高工作能力，帮助其解决工作困难和实际问题。三是组织协会工作人员赴兄弟省市考察学习，取"他山之石"，打牢工作基础。四是搞好《福建广告》刊物的发行和编辑工作，努力扩大信息量和服务内容，提高刊物质量和档次。五是办好福建广告网，在2002年建网的基础上，2003年1月广告网将全面升级，其信息和容量将大量增加，陆续推出新栏目，增加新内容，展示新风貌，我们将不断提高网站质量，提高网站知名度，把网站越办越好。六是做好会员的管理和发展工作，把一批实力强、热心协会工作的骨干企业吸纳到协会中来；把为广告业做出积极贡献的广告工作人员、专家教授吸收为个人会员；指导广告主委员会做好广告主会员单位的发展工作。同时，开展会员队伍的清理整顿工作，对长期不参加行业组织活动，不履行会员义务，不缴纳会费的单位予以通报除名和登报告示。七是与相关行业组织定期开展工作交流，联手合作，促进共同发展。比如同登山协会合作，承接全国登山比赛活动，参与省经社联举办的协会间工作交流等项活动。

2003年工作总结和2004年工作安排

2003年工作总结

2003年,是我会工作创新,艰苦创业的一年,也是取得丰硕成果的一年。一年来,在上级的领导下,在有关部门的指导下,在全省广告界的支持下,我会在促进广告业发展和自律进程中,积极履行协会职能,发挥协会优势,开拓创新工作,取得一定成绩,超额完成全年工作任务,多项工作实现新的突破,协会事业不断发展,协会建设不断加强,协会的凝聚力不断提高,协会工作得到业界和社会的支持和肯定。我会被评为升级先进社团,成为省级"十佳"协会。同时,进入全国首批先进广告协会的行列。

一、围绕中心任务,推动工作开展

一是组织全行业学习贯彻十六大精神,把十六大提出的重大理论观点和战略决策与推进广告业发展紧密结合起来,引导广告界服从、服务于党和政府的中心工作,保持广告业开拓创新、与时俱进的态势,不断增强广告服务经济、服务社会的能力,为福建经济发展和社会进步做出新贡献。在全省广告界的共同努力下,广告在传播信息、指导消费、繁荣市场、树立形象、塑造品牌、提高我省农副产品知名度方面;在推进体育、旅游、餐饮、汽车、房地产等行业发展方面;在美化城市,丰富人民生活等方面都发挥积极作用。

一年来,我省广告业呈现出实力增强、质量升级、作用突出、地位提高、效益良好的发展态势,表现在:

第一,年广告总量突破28亿元,比上年增加3.7亿,同比增长15.2%,成为改革开放以来,增幅较大的一年。

第二,一批强劲实力的广告公司脱颖而出,企业规模循序壮大,经营能力迅速增强，服务水平迅速提高。10多家广告公司经营额突破1亿元。东南电视、新恒基、奥华、厦门日报、福建服视等7家公司进入全国百强广告企业行列，成为我省广告行业的骨干力量。

第三，涌现出一批广告先进单位和先进个人。福建铁路、厦门博美、泉州指南针等11家广告公司被评为全国先进单位。福州邮政、龙岩联华、南安新世纪、南平红太阳等40多家广告公司成为省级先进单位；福建金融周冰、福州三通郑建国、漳州金天潘建华、南平光辉林光辉等40多名同志成为省级广告先进工作者。

第四，广告市场调查、策划制作、代理发布、效果测定水平明显提高，仅在广告作品创意方面，泉州蓝道、福建日报、长乐机场、福州鼎力、厦门华盟、太戊、路桥等广告公司，在全国赛场上取得累累硕果，不仅显露出这批公司的强劲实力，而且为我省广告界争了光。

第五，广告业发展进程趋向成熟，专业化分工趋向合理，公司定位趋向明确，经营方式趋向多样化，综合性公司、形象策划公司、媒体代理公司、平面设计公司、喷绘公司、制作公司、器材公司等都各具特色，发展势头良好。目前，我省广告业已经具备为我省经济建设和社会进步提供全方位优质服务的能力和水平。

第六，经营理念更新，广告公司在贴近企业，为客户提供优质服务，追求规模经营，跨区域经营，重视人才使用，提高广告科技含量，加强理论研究等方面都取得重大的突破和发展。

第七，广告界为实施名牌战略，扩大闽货在国内外市场占有率取得骄人的业绩。比如：雪津啤酒销量直线增长与莆田新思维广告公司成功策划分不开；金德啤酒开打市场，漳州辉达广告公司功不可没；福建奥华公司承办的央视5套、8套、12套2004奥运会福建品牌推介会，为扩大我省商品在全国的影响力做了有益的工作；我省厦新、南孚、安尔乐、富贵鸟、福耀等一批品牌商品在省内外市场占有很大份额，广告界立下汗马功劳；省广告公司两次在金门举办福州地区品牌展销会活动，对推动该地区商品进入和占领台湾市场起到了积极作用。

第八，广告为推动我省社会事业进步做出突出贡献，例如，在抗击突如其来的"非典"灾难中，我省广告界行动积极，利用广告媒体优势，大力宣传科学卫生知识，讴歌战斗在抗非前线的"白衣天使们"，鼓励民众万众一心，众志成城，在党和政府的领导下打赢"非典"战役，为防治"非典"、战胜"非典"贡献力量，使广告在特殊时期成为人民的精神支柱，展示了广告界高素质,能战斗的精神风貌。据初步统计,全省共发布防止"非典"电视、报刊、广播等公益广告5 000多条,户外广告688面,许多广告公司表现十分突出,如:福建新恒基广告公司出资百万元慰问全国抗击"非典"的百名英雄;泉州蓝道广告公司编印了防SARS宣传手册;福建辉达广告公司与省卫生部门在省电视台联合举办防治"非典"专场竞赛活动;《福建广告》杂志及部分会员单位,运用广告载体刊播"非典"知识和防治措施,对推动防治非典工作起到了积极作用。此外,还有许多广告公司在救灾解困、扶助孤寡、修路搭桥、捐资助学等方面做了大量的善事好事,得到社会各界的赞誉。比如,福建、厦门和莆田广播电台和厦门、漳州、南平、宁德、三明电视台以及福州、泉州晚报、闽北、闽西、闽南日报等广告部为促进企业发展,为下岗职工再就业发布了一批公益广告。福州鹏宏、福建铁路等广告公司在扶植重点企业,优惠、免费为企业发布广告工作做了许多好事,受到企业好评。

二、提高业界水平,促进行业升级

一是培养人才走出一条新路。我会与福建师范大学网络教育学院在往年联办工商管理、计算机运用、中文等本科学历教育的基础上,开展传播学、广告学本科学历教育,我省广告界160名学员获取福建师范大学"入学通知书",于2003年11月已经开课学习。以行业组织与网络教育院校联办广告本科学历教育在全国业内尚属首创,不仅为培养广告人才做了一件凝聚人心的实事好事,而且开拓了我会新的工作领域,增加了新的"造血功能",实现了社会效益与经济效益双丰收。

二是在增强行业实力上下工夫。一年来我会积极组织和引导广告主与广告公司之间、广告公司与媒体之间的联盟活动。收获很大。比如,福建新恒基广告公司买断福建教育电视台七年广告经营权;泉州晚报社走出一条全面实行代理制的成功路子;促进沿海沿线户外广告合作经营等等,均收到很好效果。

三是广告人才交流首开纪录。2003年4月,我会下属福建省广告人才服务中心,在福州经贸展览中心成功举办福建省首届广告人才交流会。交流会上100多个摊位被预订一空,100多家用人单位,2万多名大中专毕业省和广告人才参加了供需见面会。此项工作不仅是我会全新尝试,而且填补了我省专业人才交流会的空白,与综合性人才交流会相比,由广告人为主角的人才招聘工作显示出强烈的行业特色。省人事厅主管部门对我会的大胆尝试和成功举办给予了高度评价，10多所省级人才交流机构派员来参观学习。福建电视台、福建东南电视台、福建日报社等多家媒体作了宣传报道。

四是资质认定全面推开。广告企业资质认定是我会一项崭新的工作，为积极做好此项工作，我会历经了两年多时间，在反复调研、论证和采纳多方意见的基础上，根据中国广告协会制定的认定办法，在省工商局支持下，于6月中旬正式出台《福建省广告企业资质认定暂行办法》，在全省业内全面推开。拟于近期开展首批资质认定的评审工作。此项工作的开展，对实现我省广告与国际接轨，促进广告企业升级，提高广告公司竞争力，规范广告市场，制止行业不正当竞争都有重要意义。

五是办好第五届广告"四新"展览会。为引导我省广告企业引进和运用先进装备，提高广告制作与发布水平，我会于4月份在福州举办我省第五届广告"四新"展览会，来自国内外100多家广告厂商和广告界2万多人次参加了此次活动。与往届相比，本届参展的商家实力更强，"四新"档次更高，推广理念更新，爆出了不少亮点，现场成交金额达4 200万元，合同签约及意向协议近6 000万元。

六是做好"双先"评比工作。为表彰先进，树立典型，推动工作，向社会展示一批信誉好、实力强、能战斗、有影响的广告企业，开展了全省广告行业文明单位和先进广告工作者评比表彰活动，通过企业自荐，基层把关，考核验收，秘书处研究，会长办公会议确定，共评选出44家先进文明单位和44为先进广告工作者，从中推荐11家单位参加全国广告行业文明单位评选活动。

七是继续抓好专业技术岗位培训工作。为了推进此项工作开展，年初，我会制定了培训计划，组成由我会领导、厦门大学新闻传播系教授、省工商学校教师等专家学者参与的授课小组，深入全省各地开办讲座，进行授课辅导，在去年培训1 731人的基础上，今年又培训从业人员1 227名，为新上岗人员熟悉广告行业状况，掌握广告知识，提高专业水平打下了基础。

八是开展第八届优秀广告作品和优秀广告语大赛。本届大赛近400件广告作品参加角逐，一批优秀作品分别摘取了金、银、铜和优秀奖项，作品总体水平较往年有明显提高，可喜的是来自山区广告经营单位选送的作品含金量提高，作品质量有了突破性的跨越，许多地区结束从未获过金奖的历史。但全省广播广告作品水平偏低，仍为本届参选作品的弱项。

九是做好国内外交流工作。上半年由于"非典"影响，我会安排的国内外广告交流活动被迫取消。下半年我会组织以下交流活动：第一，由我会周副秘书长带队，全省广告界同仁近200人参加了10月在南京举办的第十届中国广告节。在广告节上，我省有一批广告作品获得入围奖，五件作品分别获得银奖和铜奖。第二，由秘书长江晓岚和副秘书长郭燕琼分别带队参加了中国广告协会组织的西南片区广告检查和西北广告理论研讨活动。第三，应黑龙江政府邀请，由会长黄应寿带领我省广告界赴黑龙江进行广告考察。第四，11月份组织广告界参加美国艾菲广告节活动，进行广告业务培训，第五，做好了由中国广告协会组织的西南地区五省市广告检查团对我省广告行业"双先"单位的检查工作。接待了黑龙江、吉林、云南、四川、重庆、贵州等省市同行来闽参观交流活动。第六，在省政府举办的"福建·香港周"活动中，我会与香港广告界就两地广告界交流合作事宜进行了磋商，为两地建立交流通道打下来基础。第七，与台湾广告界洽谈两岸广告交流事宜，为2004年我省广告界赴台进行户外广告考察交流做好前期工作。第八，指导福州市广告协会组团赴台开展广告交流考察活动。

三、办好实事好事，服务会员单位

一是继续开展广告职称评定工作。2003年，我会积极参与省文化系统广告艺术系列职称评定条例的修改工作，力争广告职称评定种类从原有的广告美术、广告管理，扩大到广告设计、创意领域，为更多广告人获得专业职称再办实事。同时，于12月份开展了评审工作，20多名广告骨干获得初、中级广告专业技术职称。

二是11月20日在南安召开了由福厦和福宁高速、国道、机场、车站44个广告经营单位、5个地市广告协会以及路政等有关部门近60人参加的全省沿海沿线户外广告协作会议。本次会议以"交流·整合·发展"为主题，就沿海沿线骨干户外广告公司如何交流信息，优势互补，整合力量，合理利用户外广告资源，推动广告企业强强联合，优势互补，整合力量，合理利用户外广告资源，推动广告企业强强联合，实现合作经营，规模经营，共同发展等问题进行了广泛、充分的研究和讨论。会议草签了福建户外广告企业联盟方案，目前正在修订完善。联盟经营活动拟在2004上半年正式启动。本次会议深受广告界的用户和欢迎，许多广告公司来电来函，迫切要求行业组织多开类似会议，解决广告经营中的困难，为业界办实事。

三是在打击使用盗版软件强势压力下，为保护业界利益，避免业界遭受更大损失，我会一方面发文各会员单位进行自查自纠工作。另一方面加强与省工商局、省出版局等政府执法机关沟通协调，取得政府机关的理解和支持。我会更是积极联系境外正规厂商，以优惠价格供应会员单位。

四是为促进业界诚信经营活动，树立全行业形象，塑造行业品牌。我会配合工商行政管理机关在全省业内开展"守合同、重信用"评选活动，全省有9家会员单位被省工商局评为2002年度"省级重守单位"，一批广告公司被当地政府评为"守合同、重信用"企业。

五是积极为广大会员单位排忧解难，在帮助会员单位联手合作、项目审批、业务承接、维护权益、内外协调等方面做了大量有效工作，取得明显成果。比如，在协调福清耀融广告公司高速公路广告牌收费、福州奥华与福州闽奇广告牌位经营、福建指南针广告公司项目承接、福建铁路广告公司楼顶广告牌审批、支持漳州市天马广告公司与当地有关单位对簿公堂等事宜均做了大量工作。

四、抓好自身建设，打牢工作基础

一是在指导和提高市级广告协会工作上下工夫。为提高省市两级广告协会工作水平，增强工作运作能力树立全体人员爱岗敬业精神。根据各市广告协会工作人员变动情况，我会于3月上旬首次举办全省广告协会秘书长和骨干培训班，邀请省民政厅社团办王和炎主任就"如何发展行业协会职能，怎么样当好秘书长"问题发表意见，我会黄应寿会长就"广告业发展趋势，如何搞好广告协会工作"等问题进行了授课辅导，传授基本功。省工商局商广处领导刘铨同志就"广告法规方面问题"作了专题指导。通过培训加深了同志们对协会工作的理解，增强了做好协会工作信心，掌握了一些工作技能和方法，对推动协会建设起到促进作用。目前各地广告协会各项工作起步快、效率高、成绩大，受到业界充分肯定。福州、漳州等市协会各项工作更为突出，被中国广告协会评为全国先进单位；莆田、宁德、三明、南平、龙岩市协会工作进步很大。

二是继续办好《福建广告》刊物的发行和编辑工作，努力扩大刊物的信息量和服务内容，不断提高刊物的质量和档次，在宣传广告法规、宣传业界信息、交流工作经验、服务两个文明等方面，都发挥积极作用。

三是努力办好"福建广告网"，在2002年初具规模基础上，2003年1月广告网全面升级并向社会开放，逐步向信息广、容量大、栏目多、知名度高的方向发展。

四是做好会员的管理和发展工作，把一批实力强、热心协会工作的广告企业吸纳到协会中来,对那些不参加行业组织活动,不履行会员义务,不缴纳会费的会员单位予以除名、告示。

五是积极开展社会活动,第一,与我省工作开展活跃、运作规范、层次较高的12家行业组织,制定了定期工作交流、联手合作制度,对协会间互通信息、相互学习、增进了解、交流经验、取长补短、共谋发展起到较好效果。4月中旬,在省民政厅社团办和省经社联的指导下,省宝玉石、环保、粮食、装修装潢、典礼等十几家兄弟协会秘书长在我会召开工作座谈会。会上,我会介绍工作情况,受到与会同志的高度评价。第二,运用我会职能为社会提供服务。在有关单位的邀请下,我会派员参与福建师范大学、福建农林大学、福建闽江学员设立广告学科的论证工作,派员为多所大中专院校开设广告专题讲座。帮助省直机关有关部门举行大型活动的组织策划工作等等,得到社会高度赞誉,我会社会影响力和知名度不断扩大。2003年,主动要求与我们联办各项活动的机关、企事业单位越来越多。比如,省烟草公司、省对台办、省残联、省评价协会、福州文化局等单位与我会商榷合作事宜。一年来,我们虽然取得许多成绩,但是行业的一些问题和矛盾依然存在,我们工作中的一些薄弱环节没有得到克服,一些工作还不到位。主要是:第一,我省广告业发展水平、进步程度、服务能力发展尚需加速和提高。第二,违法虚假广告屡禁不止,个别媒体此方面问题还相当严重。行业不正当竞争问题时常发生,广告自律工作有待加强。第三,有的地区由于行政干预,制约了户外广告发展,导致许多户外广告公司经营困难,一些公司改行,户外广告经营额下滑,引起全省业界的关注。第四,由于经费紧张,给协会工作全面展开带来一定影响。这些困难与问题,必须在全省广告共同努力下,在政府有关部门支持下,逐步得到改变和解决。

2004年工作安排

2004年,我会工作思路是:以换届为契机,以巩固成果,开拓创新,促进发展、富业强会为目标,实现各项工作再上新台阶、再攀新高峰。

第一,加强组织建设。一是根据本会章程规定,我会拟定在上半年适时召开第五次会员代表大会,选举产生新一届理事会和新的领导班子,总结工作经验,制定奋斗目标,进一步把协会办成具有凝聚力、向心力和战斗力的坚强团队,办成为业界做主,为业界办事,为业界提供全方位、多层面优质服的"娘家"。二是加大对地市广告协会指导力度,通过开展先进协会、先进工作者的评比、开展广告协会人员培训、工作协调、工作交流等项活动，使省市两级广告协会形成关系紧密，上下呼应，协力工作的局面，增强整体工作力度，提高工作水平，适应形势需要，促进职能逐步到位。三是增加协会"造血"功能，多方筹措资金，大力开源挖潜，确保协会各项工作顺利开展。

第二，建立诚信体系。一是健全行规行约，进一步把业界应遵守的职业道德用条款形式予以规范。二是为规范广告企业行为，建立健全企业内部广告审查制度，净化广告市场，杜绝违法虚假广告发生，把广告审查员培训工作作为2004年建立诚信体系的重要内容，认真抓紧抓好。为了使此项工作更具针对性，拟以分类办班形式在全省全面展开，着重加强医疗药品、食品卫生、房地产以及危及人民生命财产安全等广告内容审查和培训工作。同时，配合监督管理机关对屡禁不止的个别媒体发布的所有广告，进行时段性事先审查，适时曝光发布违法虚假广告的媒体、公司、广告主，为净化广告市场做出努力。三是配合广告监管机关在全省范围内，开展以广告为内容，以评分为标准的"十佳媒体""十佳广告主""十佳广告公司"的评选活动、定期向社会公示一批诚信单位。四是继续配合工商行政管理机关做好业界争创"守合同、重信用"单位活动，使更多的广告企业进入各级政府评定的"重守"行列。

第三，努力创新工作。一是在首次召开全省户外广告协作会议的基础上，尽快形成全省沿海之间、沿海与山区之间的户外广告协作联盟，整合户外广告资源，使我省户外广告上规模、上档次。二是加强行业分类指导，拟分别成立电视、报纸、广播、户外广告等专业委员会，做到信息互通，资源共享，形成合力，为提高行业整体水平努力。三是全面推进广告企业资质认定工作，力争使我省一批优秀广告企业脱颖而出，成为中国一级、二级和省一级、二级广告企业。四是促进广告专业技术职称评定工作升级，力争在省文化厅、人事厅支持下，在多年开展初、中级职称评定工作的基础上，第一，扩大职称评审种类，创造机会使更多的广告人进入评审范围。第二，成立高级广告专业技术职称评审委员会，开展本专业高级职称评定工作，为培养高级广告专业技术骨干，促进广告人才成长提供平台。五是成立福建省广告维权服务中心，维护广告界的合法利益。六是加强对国外广告公司入闽后的投资经营活动的协调、自律、入会等项工作研究，提出相应的对策和条件，确保行业协会工作的前瞻性、主动性、可行性。七是为了提高福建企业商品的可信度、美誉度、知名度，树立福建企业形象，提高企业竞争力，我会与福建省消费者委员会开展"好产品、好广告"宣传活动；与厦门大学等重点高校合作帮助企业分析市场行情，导入CI策划，研究营销策略，为企业排忧解难，开拓市场办实事。

第四，促进交流活动。广告作为先导产业，随着经济全球化、广告入关及福建商品进入国际市场，提高我省广告界全球性经营能力，是摆在我们面前的重要课题，也是行业组织必须开拓的重要工作。2004年，我会在继续抓好广告入关理论研究、指导工作外，主要组织以下交流活动：一是组织广告界赴亚太广告节、法国戛纳国际广告节、美国艾菲广告节等国际广告活动。二是组织广告界前往广告发达的国家和地区进行专业培训。三是组织省内外广告交流考察活动。四是根据我省紧邻台湾和香港的优势，建成两岸、两地（闽台、闽港）广告合作两条通道。旨在先以闽台、闽港广告界交流作为切入点，再向东南亚、韩国、日本等亚太国家延伸，促使我省广告界尽快熟悉国际行情，尽早走出家门，走向世界，进入国际大市场。第一，建立闽台合作通道，与台湾广告行业组织建立长期合作关系，在加强两岸广告经营研讨，广告理论交流，广告作品评展，广告人员互访等项工作前提下，开展两岸广告代理、商品展销等活动。日前，台湾广告界已经给我会发来邀请函，我会下半年组织我省广告代表团前往台湾洽谈有关合作事宜，开展户外广告考察交流活动。于上半年与省台办联合主办福建至新疆海峡两岸媒体"神州广告万里行"活动。第二，建立闽港合作通道，借助这条通道，定期进行业界交流合作，互通信息，设立两地广告赛事，经验交流，业务洽谈平台，促进两地广告业发展。我会拟于3月下旬组织人员与香港广告行业组织洽谈两地合作事宜。

第五，抓好几项工作。一是拟于4月份举办福建省第六届广告新技术、新设备、新材料、新媒体的展览会。二是于上半年三四月间举办第二届福建省广告人才交流会。三是在继续抓好岗位培训教育。四是进一步配合福建师大网络教育学员搞好春秋季高升本、专升本新闻专业、广告专业的招生工作。五是办好福建广告网站，激活、盘活网站服务，把网站建设成为业界采集信息，索取资料，沟通业务的好阵地。六是办好《福建广告》杂志，要在《福建广告》可读性、可用性、吸引性上下工夫，真正办成我省广告权威性内刊，力争尽快取得正式刊号。七是完成上级和广告界交办的各项任务。

2004年工作总结和2005年工作安排

2004年工作总结

2004，我会根据省委省政府建设海峡两岸经济区的要求和广告发展需要，提出"巩固成果、开拓创新、促进发展、富业强会，实现各项工作再上新台阶、再攀新高峰"的整体工作思路。在中国广告协会、福建省工商局、社团办、经社联指导下，在全省广告界的大力支持下，省、市级两级广告协会各项工作进展顺利，取得一定成绩，许多工作有新的突破和发展。我会继2003年获全国广告协会先进单位，被福建省民政厅授予"先进社团"和"十佳社团"之后，2004年又被中国广告协会评为"中国广告协会先进单位"。福州、漳州、厦门、龙岩、泉州等广告协会业分别被评为国家、省、市、地级先进广告协会，一批协会工作人员被授予广告先进工作者称号。一年来，经过全省广告界的努力，我们出色完成年度工作任务，全省广告业发展和行业组织工作都实现了新的跨越，主要体现在：

一、行业发展层面提高

（一）广告总量增加

预计2004年我省广告经营单位达到2 800家左右，广告从业人员2.8万人，广告总量首次突破30亿大关，达32亿人民币左右，比上年28亿增长4个亿，同比增长14%，成为历史上广告总量增加最大的一年。从广告业发展走势分析，我省九地市各区域广告，无论数量还是质量，都有明显提高，形成沿海地区整体领先，内陆地区迎头追赶，区域发展层次分明的区域发展格局。

首先，品牌广告客户方面，泉州占据头把交椅。其运动鞋、休闲男装等众多行业主导品牌拥有巨大的品牌客户市场。厦门凭借经济特区优势，聚集一批国内甚至跨国大型企业。福州则在金融、保险、地产、电信等产业领域内掌握大量客户品牌资源，其本地品牌也处在不断酝酿、不断成熟的上升时期。泉州、厦门、福州组成第一方阵。在品牌客户方面，他们各具特色、各有所重。第二方阵为漳州、莆田、南平。该三地虽然不像泉州、厦门、福州拥有众多品牌客户，但近年来也诞生不少区域性甚至全国性品牌，后发之势不可小觑。除此之外的其他区域则应归入第三方阵。其品牌客户相对单一，但不乏拥有个别全国有影响力的品牌。

其次，广告媒体方面，闽都福州聚集省内几乎所有实力媒体，覆盖电视、广播、报纸、网络等各个类别，称之为媒体中心毫不为过。厦门则具备地区性强大媒体资源，论单个实力，其广告营业额不在福州之下，但毕竟没有福州门类齐全、覆盖面广的整体媒体资源。广告公司方面，以金字塔结构表示，全省处于塔尖位置的强势广告公司屈指可数，充其量20家左右；位于塔身部分的中等广告公司占总数2/5；塔底中小型公司占大多数。福州地区广告公司数量最多，类别也最完整，集中我省综合型广告公司，如新恒基、新思维、奥华，这些媒体专业水平高，媒体运作能力强，站在福建广告整体服务能力前沿。泉州和厦门拥有部分骨干创意型、制作型广告公司。厦门博美、路桥、华盟、威扬，泉州蓝道、指南针等公司，都具有一定的实力和水平，属于福建一类广告公司。但厦门、泉州大部分广告公司规模不大，相较福州缺乏综合性的广告公司。其他地市广告公司虽然数量不少，但受品牌客户、市场发育程度、人才等因素制约，整体实力不能与福、厦、泉三地高端公司平起平坐。内陆地区广告公司并非毫无起色，其在福建省优势广告作品大赛中屡有上佳表现，许多地区广告公司结束从未获得奖金的历史，一些广告公司发展势头良好，潜力很大，比如龙岩佰诚、联华，福鼎太姥山。

此外，2004年，广告市场投量也发生相应变化。前几年投放量一直处于榜首的食品、家电、化妆品和居于中等投放量的酒类、房地产、医疗、药品、保健品广告，被房地产、汽车、旅游广告所取代。住宅消费培育了住宅广告的增长点，全省房地产广告投放接近3亿元，排名首位。汽车消费市场异常活跃，拉动汽车广告火爆局面；旅游成为当今新时尚，带动旅游广告迅速上升。因此三个消费热点成为广告总量增长的三大亮点。金融、保险、通讯及其他服务业也有明显增长。

广告总量增长，与以下几个主要因素密不可分：第一，国民经济稳健发展，为广告业快速发展提供良好环境。第二，随着市场开放扩容，增大社会对广告需求，促进广告经营额增加。第三，国家放宽广告行业的转入政策，为广告经营单位扩充，广告队伍扩张，广告总量扩大奠定基础。第四，人们生活水平提高，消费多元化以及消费观念变迁，扩展消费领域，增大商家广告投入的多样化和覆盖面。第五，市场激烈竞争，广告投放成为商家进行征服性的销售武器。第六，伴随广告需求增长，传统媒体高速扩容，价格上扬。第七，新兴广告媒体出现，扩大广告投入的领域和空间，增加了广告收入。

（二）广告质量提高

广告业在量的迅速积累基础上实现质的飞跃，行业竞争意识、科技含量意识、自身形象意识、培养人才意识、科学管理意识不断加强，专业化水平不断提高。广告公司的市场调查、策划创意、制作发布和测定能力进入新的层面，形成广告媒体多元化、广告形式多样化、服务质量优质化的格局。一批强势广告公司脱颖而出，成为我省广告行业骨干力量，8家公司进入全国创业百强广告企业行列，一批广告公司获取广告企业资质等级，涌现一批全国、全省广告行业单位和先进个人。

（三）广告作用突出

当前，社会进步离不开广告，经济发展离不开广告，企业壮大离不开广告，群众生活离不开广告，广告在经济和社会生活中发挥着越来越重要的作用。广告对推动省委省政府确定的名牌战略，提高闽货在国内外知名度和市场占有率，促进福建经济发展和市场繁荣方面扮演着开路先锋角色。广告在促进企业拓展国内外业务发展空间，加强贸易往来，起"广告搭台、经贸唱戏"的作用。广告界在服务福建经济发展和社会事业进步中做出巨大贡献，得到社会的充分肯定。广告促进精神文明建设，宣传科学理论，传播先进文化，塑造美好心灵，倡导先进精神，弘扬社会正气，鞭笞不良行为，为扩大就业，服务下岗职工等方面做出突出贡献，广告已成为人类文明的使者。许多广告公司在救灾解困，捐资助学，铺路搭桥、扶助孤寡等方面做了许多善事。得到社会的充分肯定。实践证明，广告作用日益突出，广告地位越来越高，广告人贡献越来越大。

一年来，福建广告业虽然有长足进步，取得令人瞩目的成绩，但总量偏小，水平偏低，实力偏弱，进步偏慢和后劲不足等问题依然存在，无论是公司规模，技术含量，还是公司质量、实力，与先进省市相比还是有相当大的距离。也就是说，我省广告业在广告总量增长，行业质量提升，经营理念进步的同时,广告经营难度也在增加,各种矛盾日趋突出,经营成本不断加大,广告公司经营额虽然逐年增加,利润逐年减少,大部分广告公司为生存而竞争。究其原因,主要有二:第一,广告市场"僧多粥少",运行不规范,经营水平不高,使行业陷入恶性竞争。第二,创业环境不宽松,税负太重,多头管理,行政干预等问题未彻底解决,有的地方推行不切合实际的户外广告拍卖办法,给户外广告公司造成很大伤害,影响了广告业的发展。倒闭、改行、兼营其他业务的公司越来越多,城市户外广告的数量减少,档次下降,城市的夜景和行业气氛回落。

二、协会工作再上台阶

一年来,省、市两级广告协会在履行职能,服务业界,推动行业发展等方面做了大量富有成效的工作,省、市两级广告协会工作不断进步,合力不断加强,工作能力和服务水平不断提高,战斗力和向心力不断增强。2004年,我们紧紧围绕广告业发展主题,抓住行业需求重点,突出抓了三项工作。

(一)在培养广告人才工作上下工夫

第一,为了提高广告从业人员广告知识水平,改善广告从业人员的学历结构,我会与福建师范大学在上半年联办工商管理、计算机运用、中文等本科学历教育的基础上,2004又联合开展传播学、广告学本科学历教育,在福州、漳州设立学习中心。经过报名考试,近200名广告从业人员进入福建师范大学学习。

第二,我会在各地协会配合下,继续抓好广告界人员的岗位培训工作,先后在福州、厦门、宁德、三明和福建省经济学校开展培训工作,500名广告从业人员和300名学生获得上岗证书。

第三,为了规范和净化广告市场,我会配合广告监管部门开展广告审查人员培训工作,全省200多名广告审查人员参加培训学习。

第四,我会在积极做好为广告界举荐人才工作的同时,于4月份在福建经贸会展中心成功举办福建省第二届广告专业人才交流会,100多家用人单位,2万多名大中专毕业生和广告人才参加供需见面会,取得了良好的社会效益和经济效益。

第五,我会在积极开展初、中级职称评定工作经验的基础上,积极争取广告技术职称评定的提格工作,拟准备成立福建高级广告人专业技术评审委员会，开展广告高级职称评审工作，为培养高级广告人专业技术骨干，促进广告人成长提供平台。同时，评审范围从广告美术、广告管理两大专业扩大到广告策划、广告设计领域，为更多广告人获取广告职称创造条件。

（二）在提升行业实力上出实招

第一，我会积极组织和引导广告主与广告公司之间、广告公司之间、广告公司与媒体之间的联盟活动，收效很大。支持省广播交通频道做好推荐工作；引导龙岩联华与福建鼎力广告公司合作；参与福建省16家行业协会联谊；扶持泉州指南针广告公司与福州市鼓楼区政府联合开发夜景工程，扶持泉州南安新世纪广告公司与福州火车站合作有关项目等工作，均收到良好效果。

第二，积极开展广告企业资质认定工作，先后于4月和7月进行两次认定活动，19家广告公司被认定为福建一级广告企业，9家被认定为福建二级企业，13家广告公司被地市认定为福建三级企业。同时，两家广告公司被中国广告资质认定委员会认定为中国一级企业。此外，我会还正受理一批申报等级认定的广告公司，在近期开展第三次认定工作。此项工作的开展，对实现我省广告与国际接轨，促进广告企业升级，提高广告公司竞争力，规范广告市场，制止行业不正当竞争都具有重要意义。

第三，为引导我省广告企业引进和应用先进设备，提高广告制作水平，我会在福建省经贸展览中心举办福建省第六届广告"四新"展，来自国内外100多家广告厂商和广告界两万人次参加了此项活动。与往届相比，本届参展商实力更强，"四新"档次更高，推广理念更新，出现不少亮点，现场成交额达4 200万元，合同签约达近6 000万元。

第四，为提高广告界素质，我会在积极抓好广告理论指导外，积极开展广告各项交流活动，先后组织广告界赴亚太广告节、法国戛纳国际广告节、美国艾菲广告节等国际活动，组织市广告协会工作人员前往北京、天津、河北、山西、陕西、云南、广东、海南、四川、重庆等省、市开展交流考察活动。

第五，为实施名牌战略，服务于建设海峡西岸经济区，我会与省消费者委员会联合举办福建首届"好产品、好广告"评选活动。7月在国际金源大饭店召开福建省首届"好产品、好广告"评选活动的新闻发布会，省人大原副主任、省广协名誉会长方忠炳和省人大原副主任、省消委会名誉会长宋俊出席会议并作了重要讲话，广告界代表及厦大广告学教授朱月昌、中国广告导报总编凌平等广告界资深人士660多人参加了会议，我省主要媒体均进行了报道。本次活动旨在对我省十年来的好产品、好广告进行了全面盘点。全省电视、报纸等主流媒体和九市户外广告媒体都进行了系统报道，设立了消费者投票评选网站。由于活动定位准、意义好、层次高、范围广、内容丰富、组织严密、宣传到位，活动得到社会各界积极响应和大力支持，成为消费者、企业界和广告界互动的一次很有意义的活动，仅广告作品就收到1 100多件，是历届广告作品评选活动中数量最多的一届。并于12月26日在福州国际会展中心举办"做大做强本土品牌"广告论坛会。我省400多名广告界精英和我省部分著名企业，雪津、才子、安踏、利郎等企业的老总参加了论坛。

第六，组织我省广告界参加在北京举办的第39届世界广告大会。30多位广告企业老总参加世界高端广告大会，参与高层次的广告交流与学习。同时我会还出色完成中国广告协会交办的会刊征集和有关赞助工作。

第七，组织了我省200多件广告作品参加在四川成都举办的第11届中国广告节评选活动，组织了近百名广告界人士参加中国广告人盛会。

（三）在提高行业形象上花力气

第一，为提高广告公司在我省经济活动中的地位和作用，增加诚信度、知名度，我会积极组织部分广告公司参加省工商局组织的"守合同、重信用"企业认定工作，10多家广告公司和我会广告主委员会会员单位有望获此殊荣。

第二，为了向社会展示广告界的精神风貌，在行业内形成"学先进，争上游，促发展"的良好格局，我们开展全省行业文明单位和先进广告工作者的评选表彰工作，授予福建省铁路、泉州指南针等50家广告公司"福建省行业文明单位"；戴传楼、林国强等50名广告从业人员获"福建省先进广告工作者"称号。

第三，为掌握广告业发展动向和规律，我会经常派员深入全省广告企业调查了解广告业情况，帮助广告公司解决难点、热点问题，指导广告业界工作，为三所大专院校开办专题讲座，帮助部分院校完成开设广告学科论证工作。今年11月份我会由会长、正副秘书长带队，分三个小组到九个地市进行"广告行业发展状况"的调研活动，为2005年行业组织工作安排和决策提供依据。

第四，为宣传我省广告业情况，留下福建广告发展轨迹，积累和保存福建广告创业发展的重要史实资料，我会决定从2004年起，每年编辑出版《福建广告年鉴》。首卷《福建广告年鉴》已在资料征集、资金筹措等方面都做了大量的实质性工作，拟于2005年上半年出版发行。

第五，继续办好我会会刊《福建广告通讯》，在宣传法律、反映业态、传达信息、传播经验、促进交流、指导工作等方面做出有益的工作。

第六，我会配合省工商局完成"反腐倡廉"广告作品评选推荐，受到好评。

2005年工作安排

2005年,我会工作思路是:以换届为契机,以再创升级先进社团为目标,为富业强会而努力奋斗。

一是推动经济发展。第一,紧紧围绕省委省政府建设海峡两岸经济区的总体要求,制定广告发展规划和奋斗目标,使广告业发展贴近福建实际,为经济发展和社会事业进步服务。第二,引导广告界进一步为实施名牌战略服务,推动福建名牌生长。拟于上半年,召开广告主和主流媒体以及具有实力的广告公司的名牌战略研讨会,整合广告界力量,为全方位打造闽牌,促进闽货国内外市场占有率做出贡献。第三,拟于下半年组织广告模特大赛,为一些骨干企业选拔广告代言人服务。

二是加强组织建设。第一,根据本会章程规定,我会拟在2005年上半年适时召开第五次会员代表大会,通过新的章程,选举产生新一届理事会和新的领导班子,总结工作经验,商榷新的策划,制定奋斗目标,进一步把协会办成具有凝聚力,向心力和战斗力的坚强团队,办成为业界做主,为业界办事,为业界提供全方位、多层面优质服务的"娘家"。第二,加大对地市广告协会指导力度,通过开展广告协会人员培训、工作协调、工作交流等项活动,使省市两级广告协会形成关系紧密,上下呼应,协力工作的局面,进一步增强整体工作力度,提高工作水平,适应形势需要,促进职能逐步到位。第三,增加协会"造血"功能,多方筹措资金,大力开源挖潜,确保协会各项工作顺利开展。第四,2006年4月是我会成立20周年日子,为了做好庆典活动,我会将组织力量,用一年时间做好活动的筹备工作,确保庆典活动达到展示广告人业绩、宣传广告业作用,提高广告人地位的目的。

三是建立诚信体系。第一,在第五次会员代表大会上通过修改的《福建省广告行业自律规范条例》,进一步把业界应遵守的职业道德用条款的形式予以规范。第二,为规范广告企业行为,建立健全企业内部广告审查制度,净化广告市场,杜绝违法虚假广告产生,把配合广告监管机关做好广告审查员培训工作,作为2005年建立诚信体系的重要内容,认真抓紧抓好。为了使此项工作更具有针对性,拟分类办班形式,着重加强医疗药品、食品卫生、房地产以及危及人民生命财产安全等广告内容审查和培训工作。第三,配合广告监管机关在全省范围内,开展以广告为内容,以评分为标准的"十佳媒体"评选活动。第四,继续配合工商行政管理机关做好业界争创"守合同、重信用"

单位活动，使更多的广告企业进入"守合同、重信用"单位行列。

四是搞好服务工作。第一，上半年开展促进户外广告发展专题调研工作，着手协调解决户外广告经营中的难点、热点问题，为促进和规范我省户外广告发展。第二，继续做好广告企业的资质认定工作，计划在上半年和下半年进行两次认定工作，力争在个别城市中进行拥有资质等级的广告企业才能参加户外广告位拍卖的试点。2005年我省将向中国广告协会再推荐一批中国一级、中国二级广告企业。第三，做好"双先"的活动的总结申报工作，向中国广告协会推荐一批全国文明单位和全国先进广告工作者。第四，为维护广告界的合法权益，福建省广告维权服务中心职能将全面启动，为确保广告界合法权益不受侵害，办实事。第五，积极开展广告交流考察活动，组团参加亚太广告节、戛纳国际广告节和赴国外业务培训等活动，做好国内广告界互访考察活动。组织参加第12届中国广告节活动。拟于春节后组织广告界前往金门广告考察和交流。第六，继续办好福建省第七届广告"四新"展，做好"好产品、好广告"优秀作品展示工作。第七，继续抓好与师大网院联办的广告和新闻本科专业学历教育，协助办好部分学员的毕业手续。第八，继续搞好广告岗位培训和广告审查员培训工作。第九，拟于上半年组织广告理论研讨和广告实战演练，旨在改变我省广告经营单位理念不断，经营不活，创新不够，水平不高等现象，为提高行业专业技术水平，培养高端管理，设计创意，品牌运作等中坚骨干做好服务工作。第十，办好第三次福建广告人才交流会。第十一，为整合广告资源，推动广告界之间业务联营，企业联合，拟准备举办福建省广告资源合作展示会。第十二，为部分主流媒体会员单位开展广告内容咨询、审查和服务工作，目的在于减少和杜绝虚假违法广告的产生，解决长期以来因广告审查不严，经常被处罚的问题。第十三，做好广告职称评审工作，扩大广告专业职称评审范围，拟成立广告专业高级技术职称评审委员会，拟于上半年和下半年组织两次评审活动。第十四，表彰为广告做出贡献的广告人活动，开展"老广告人"和"优秀创意者""优秀策划者""优秀管理者"等项评选表彰活动。第十五，办好"福建广告网"、《福建广告》、《福建广告年鉴》工作。第十六，完成上级交办的任务。

2005 年工作总结和 2006 年工作安排

2005 年工作总结

2005 年,在全省广告界的支持下,我会紧紧围绕促进行业发展、服务业界工作这一主线,依靠省市两级广告协会全体干部自主创新和富有成效工作,完成年初下达的各项工作任务,取得明显成绩,许多工作有了新的领域和新的发展,为促进我省广告业发展做出贡献,我会再次荣获国家级先进广告协会称号。

一、在促进行业发展和服务业界方面

第一,成功举办第六届福建国际广告"新技术、新设备、新媒体、新工艺"展览会。

第二,成功举办"福建首届好产品、好广告评选活动"的获奖广告作品展示活动。

第三,开展第三次和第四次广告企业资质认定工作,共认定省一级广告企业 16 家、二级广告企业 13 家。向中国广告协会推荐 6 家广告企业申报中国一级广告企业资质,5 家企业获得认定。

第四,进行第九次广告专业技术资称评定工作,对各地报送的 16 人广告专业技术职务进行评审,通过中级职务 14 人,初级职务 1 人。

第五,举办首届"魅力海峡"广告模特精英大赛,活动于 11 月开始展开,11 月 19 日在福州举行总决赛,来自大陆、台湾、香港和乌克兰等国家和地区 1 000 多名广告模特登台献技。首届"魅力海峡"广告模特精英大赛集专业性、艺术性、观赏性和娱乐性于一体,分为外景拍摄、外在形象展示、内涵才艺展示和广告表现能力展示四大部分。设置冠、亚、季军和十佳企业广告模特

奖以及最佳上镜奖、最佳气质奖、最佳肌肤奖、最佳潜质奖、最佳身材奖和最受媒体欢迎奖。大赛邀请大陆、台湾时尚业、文化界、广告界、模特业等专业人士作为评委，决赛当晚气氛热烈、高潮迭起，省政府王美香副省长等领导出席晚会并为获奖者颁奖。省内数十家主流媒体和台湾东森等电视台对大赛进行跟踪报道，东南卫视进行全程录播；九个地市利用户外广告媒体对活动长达三个月覆盖宣传，活动的档次、规模和知名度在福建尚属首次。

　　第六，为纪念我省广告协会成立20周年活动，我会对从事广告业15年以上的陈茂盛等140名老广告人进行了表彰，为长期在广告事业上辛勤耕耘、无私奉献，为我省广告事业立下汗马功劳的"老黄牛"颁发了荣誉证书。

　　第七，继续与福建师范大学抓好2003年和2004届专升本、高升本广告及新闻专业的8个班235名学员的注册、辅导和考试工作。

　　第八，我会与福州、莆田、三明、厦门等市广告协会积极做好广告专业技术岗位培训和广告审查员培训工作，共培训广告从业人员503人。

　　第九，组织广告界参加亚太广告节、戛纳广告节、澳大利亚培训和中国广告节以及海南广告大赛活动，参加在北京召开的2005中国广告论坛和优秀企业（品牌）展览推介会。

　　第十，针对个别地市由于户外广告挂牌拍卖而引发户外广告经营困难问题，我会多次召开专题会议研究协调解决方案，组织工作小组深入各地进行调研，汇同个别地市广告协会，提出相应的解决办法，得到有关部门的关注，促使有关问题得到初步解决。

　　第十一，积极引导广告界参与工商行政机关开展的"守合同、重信用"单位争创活动，我会12家会员单位和广告主委员会会员单位荣获省级"守合同、重信用"企业荣誉称号。

　　第十二，为提高我省广告创作水平，引导广告界积极参加全国广告节竞赛活动，我会开展了福建省第九届优秀广告作品评选活动，共收到参赛作品近400件，经过评选评出8个类别的金、银、铜奖49个；漳州、三明、厦门、福州广告协会及福建新思维企划公司、福建省广告公司、福州国际航空港广告有限公司在此次活动领导中重视、表现突出，分别获得组织奖。同时，在参加中国广告节优秀广告作品竞赛中，我省一批广告作品获得银奖、铜奖和优秀奖的好成绩。

　　第十三，两年一度的全国广告行业文明单位表彰活动，是一项业界最高荣誉的活动。我会与各市广告协会积极做好推荐工作。我省18家广告经营单位参加评选，15家获得2004—2005年度全国广告行业文明单位殊荣。

第十四，为推动我省广告理论研究，提高广告人才素质，为我省广告从业人员评审广告职称和广告企业申报资质等级创造条件，我会开展2005年广告论文大赛，共收到广告经营单位和部分高等院校选送的广告论文100多篇。计划在12月底评出获奖论文，《福建广告论文集》将于明年上半年出版发行与世人见面，作为纪念活动一项成果，向省广告协会20周年生日献礼。

第十五，努力为业界提供各项服务工作，比如，开展广告公司间、广告公司与媒体间的业务联营；参与部分媒体和广告公司推介；为部分院校开办广告讲座，派员前往授课；协调解决会员单位和业界同仁的工作问题和家庭问题等等。

2005年，全省广告界的共同努力下，我省广告业继续保持稳定的发展势头，在广告经营单位和广告从业人员数量与上年基本持平的基础上，广告经营额有了大幅增长，预计将达到40亿元，比增21.6％。同时，广告公司的经营理念，专业水平和服务质量明显增强，广告作用和地位明显提高，广告在服务福建经济发展和社会进步中做出积极贡献。

二、在抓好组织建设和提高工作水平方面

一年来，省地两级协会通力协作，艰苦创业，勇于开拓，实现了协会工作新的跨越。继2002—2003年省广告协会和部分市级协会摘取国家级省级先进协会后，今年省广告协会、福州市广告协会和漳州市广告协会又被中国广告协会评为2004—2005年度全国广告协会先进单位，大部分市广告协会工作突出，成绩显赫，被当地党委政府授予先进社团。可以说，2005年是省地两级广告协会破解工作难度，巩固工作成果，拓展工作舞台的重要一年。我们主要抓了以下工作：

第一，举办广告界新春团拜会暨年度双先表彰会。会上，省领导方忠炳、省工商局副局长黄耀梅，各设区市工商局领导，省直有关部门，各设区市会长、秘书长，在榕会员单位和先进单位代表近300人欢聚一堂，回顾过去，展望未来，共叙友情。省领导和省工商局领导在会上分发表热情洋溢的讲话，充分肯定省地两级广告协会工作，对新的一年工作提出殷切希望。会上表彰了东南电视广告公司等15家先进单位，进行了丰富多彩的演出和抽彩活动。活动场面热烈，欢歌笑语迭起，展示了我省广告界齐心协力、团结奋进的良好精神面貌。

第二，筹办召开省广告协会第四届五次理事会，审议通过年度工作报告和协会经费收支情况，研究和通过协会具体事项。

第三，根据年度工作安排和各地工作情况，全年召开三次全省广告协会秘书长工作会议，研究工作，布置任务，交流经验，相互学习，保证了工作顺利进行。

第四，花耗大量精力，完成我省首卷《福建广告年鉴》的组稿、编辑、出版工作。本部《福建广告年鉴》较全面系统地反映我省广告业历史与现实状况，具有信息量大、内容丰富、资料珍贵等特点。此书出版填补我省没有广告史书的空白，为我省广告界留下宝贵的历史资料。

第五，改版发行我会会刊《海峡广告》，改刊后的《海峡广告》暂以双月刊的形式出现，将成为我省广告工作者的良师益友。

第六，圆满完成中国广告协会5月中旬在福州召开的全国部份省市秘书长工作会议的接待任务，会议对《广告专业技术资格评定试行办法》进行了论证和修改。

第七，我省广告业发展情况，听取广告界和地级广告协会对我会工作意见，为2006年工作提供决策依据，我会组织三个调查组，由协会领导带队，深入九个地市进行工作调研。调研组以召开座谈会，走访广告企业和有关政府部门形式，广泛征求意见，听取汇报，收集资料。对基层反映上来的问题，我会召开专题会议进行分析研究，提出相应的对策。

第八，协会办公场所迁址工作。

2005年，我们虽然做大量的工作，取得一定的成绩，但工作还存在不少问题和困难，业界许许多多问题尚待我们引导解决，主要表现在：

一是在行业数量、质量提高的同时，广告利润下滑，生意难做问题困扰行业前进步伐。引导行业健康、持续发展，成为我们当前需要认真研究的一大课题。

二是取消"法人广告许可证"后，行业统计工作难以进行，如何做好此项工作，尚未有好的对策。

三是协会工作发展不平衡，个别协会力量薄弱，工作开展不畅，活动开展不多，业界有意见，必须引起我们重视。

四是由于协会经费偏少和行业腿短、体积小、地位低等原因，给我们工作开展带来不少矛盾和困难，有待我们去探索，去面对，去研究，去解决。

2006年工作安排

2006年我会工作思路是：围绕省委省政府建设海峡西岸经济区的战略部署，以再创全国广告行业先进协会和省级先进社团为目标，深化工作，拓展舞台，促进发展，再攀高峰。

一、在行业发展上

第一，整合我省广告资源，促进广告企业联合经营，为做大做强福建广告业服务。拟各组织一次媒体与广告公司，广告主与广告公司，广告公司与广告公司联盟合作会议。

第二，继续抓好省级广告企业资质认定工作，依据中国广告协会授予的权限，从本年度开始，在本省启动中国三级广告企业资质评审工作；积极推荐强势企业参加中国一级、二级广告企业资质等级认定；做好两年前已认定广告资质企业的复审考核工作，实现对广告资质企业的动态管理。

第三，继续抓好广告学历教育，配合福建师范大学做好广告专业和新闻专业授课和部分学生毕业工作。

第四，配合广告监管机关做好广告审查员的培训工作，开展广告法律法规的宣传工作。

第五，继续开展广告专业技术岗位培训工作。

第六，开展第十届福建广告优秀广告作品评选活动。与福建师范大学合作举办福建高校广告作品赛事。

第七，开展首届福建广告案例大奖赛，促进行业广告运作水平向高层面发展。

第八，举办第七届福建广告"四新"暨艺术品展览会。

第九，与有关单位合作在福州举办海峡西岸观赏石展销会。

第十，继续开展广告专业职称评审工作，拟组建广告职称高级评委会，为培养我省广告骨干力量办好事。

第十一，举办我省第二届"魅力海峡"广告模特大奖赛。

第十二，抓好广告行业自律工作，净化广告市场做贡献，为一至两家省内电视或报纸搞好广告的事先审查服务工作。

第十三，成立福建广告行业维权组织，为维护行业利益办实事。

第十四，在2005年广告论文评选基础上，出版发行《福建广告论文集》。

第十五，为推进海峡西岸经济区建设，提升福建产品的品牌效应，提高闽货在市场的占有率，拟与省商标协会、中央和省主流媒体合作开展福建品牌系列宣传活动。

第十六，组织广告界组织参加亚太广告节，法国戛纳广告节，澳大利亚、德国广告培训，世界广告大会，中国广告节和国内广告考察交流等活动。开展闽台两岸广告交流，拟组织福建户外广告代表团前往台湾考察，组织广告界前往金门召开闽台广告理论研讨会。

第十七，各地在户外广告拍卖产生的一些问题，与政府相关部门做好反馈和协调工作。

二、在组织建设上

第一，拟于上半年召开第五届福建省广告协会会员代表大会，进行协会换届选举工作。

第二，于下半年举办省广告协会成立20周年纪念活动，主要内容有：为广告论文获奖者颁奖；举办广告界高峰论坛会；举办广告超市活动；举办优秀广告作品展；表彰先进广告协会和工作者；举办广告人才交流会；广告沙龙活动；广告书画笔会；庆典晚会等。

第三，为提高全省广告协会工作人员素质，除组织两期行业协会工作业务培训外，上半年和下半年各组织一次国内交流考察活动。

第四，支持并协助广告活跃地区县（市）组成广告协会，以壮大我省广告行业组织力量。

第五，继续办好广告网站和《海峡广告》杂志。

第六，完成上级交办的各项任务。

2006 年工作总结和 2007 年工作安排

2006 年工作总结

一年来，在上级领导下，在全省广告界支持下，我会围绕福建省工商局和中国广告协会中心工作，依靠市级协会和全省广告界的合力，以再创全国广告行业先进单位为目标，深化工作，拓展舞台，促进发展，较好地完成全年制定的工作计划，取得较好的成绩，我们主要抓以下工作：

第一，1月中旬在福州召开了全省广告界新春团拜会，来自八闽大地近300名广告精英和政府有关部门领导、各界嘉宾出席盛会，会上我会对2005年工作进行总结，对2006年工作进行部署和动员，同时，表彰了从事广告工作15年以上的150位老广告人。省广协名誉顾问方忠炳、原省工商局副局长黄耀梅、会长黄应寿等领导分别为广告人颁发荣誉证书。大会还为获得福建省第九届优秀广告作品大奖赛铜奖以上人员颁发奖牌。新春团拜会上广告界交流工作，畅谈友谊，举杯共祝福建广告业走向更加辉煌的明天。与会领导发表了热情洋溢的讲话，对福建省广告业的发展和省、市两级广告协会工作给予了充分肯定。文艺工作者表演了精彩节目，团拜会充满快乐、团结、向上的热烈气氛。

第二，在福州闽江饭店召开省广告协会第四届六次理事会，审议通过本会2005年工作总结和2006年工作计划，审议通过对部分理事单位的调整方案，审议通过吸收新会员和2005年的会费收支情况。

第三，召开了三次全省广告协会秘书长工作会议，主要任务是，汇报交流工作，安排全年任务，部署专项工作，解决热点难点问题。会议采取以会代训的方式，就如何做好广告协会工作，对省地两级广告协会工作人员进行专题业务培训。

第四，积极开展对外交流活动，主要有六个方面：

（1）2月下旬组织我省广告界5名同志随我会黄应寿会长为团长的中国广告代表团赴澳大利亚进行18天的广告培训和交流活动。

（2）6月下旬组织广告界4名同志随中国广告代表团参加法国戛纳广告节活动。

（3）为促进闽台两岸广告交流，推动闽台两岸广告业务和经贸往来，为2007年在福建举办海峡两岸广告研讨活动做好准备工作，我会积极做好业界赴台广告考察交流的组织工作，目前，赴台工作已通过省台办立项，有望2007年上半年实施。

（4）做好广西壮族自治区等广告考察团和中国广告协会领导同志来闽的接待和交流工作。

（5）组织全省广告界参加在云南昆明召开的第13届中国广告节活动，我会与福州、厦门、泉州、漳州、三明等协会分别带团共160多人参会考察学习。组团参加中国广告节活动，除了为广告界提供业界见面、洽谈业务、交流经验的机会之外，还为大家提供全球、全国广告市场最新知识，是一个大开眼界的好机会。

（6）7月，我会与中共福建省委文明办、福建省工商局、福建省广播电视局、福建新闻出版局、福建省广播影视集团等单位开展以倡导社会主义荣辱观为主题的全国电视公益广告征集比赛，全省共征集42件作品，评选一等奖1名，二等奖2名，三等奖3名，优秀奖4名，入围奖6名。从中选送10件作品参加全国大赛。

第五，为迎接第13届中国广告节和纪念我会成立20周年活动，我会举办了我省第10届优秀广告作品赛事，共征集广告作品400多件，其中获得金奖6件，银奖17件，铜奖33件，优秀奖89件，17个单位获得组织奖。

第六，为表彰先进，树立典型，推动工作，我会开展全省广告行业文明单位和先进广告工作者评选活动，开展先进广告协会和先进广告协会工作者的评选活动。评选58家广告公司为全省广告行业文明单位，62名广告人为先进广告工作者。评选福州、厦门、漳州、龙岩广告协会为先进单位，潘润干、林国雄等5名同志为先进广告工作者，从中推荐部分先进单位和先进个人参加全国评选。

第七，继续与福建师范大学网络教育学院完成03、04届专升本和高升本的广告新闻专业300名学员的注册、辅导和考试工作，97名广告专业和新闻专业学员完成学业，于7月份取得本科学历文凭。

第八，抓好广告审查和岗位技术培训工作，上半年在漳州、宁德、三明共培训广告审查员和上岗人员517名。同时，配合有关院校做好毕业生的岗前培训工作，派员为多所大中专院校开设广告专业讲座。

第九，继续抓好省级企业资质认定工作，认定福建省一级广告企业6家，二级2家。同时，积极做好认定期满广告企业的资质等级的核检工作，修订出台《福建省广告协会企业资质等级认定办法》。

第十，努力为业界提供各种服务工作，为整合广告资源，提高广告公司实力，做了许多实事好事。我会在福州地区促成福州分众传媒、省邮电广告信函公司、《东南置业》杂志三家广告公司联合经营试点活动；促成央视电影频道和我省广告公司广告业务联合经营活动；支持厦门威扬广告公司与福州锦绣广告公司、耀融广告公司业务合作，促成广告公司与福建钱山集团、福州三艺门业公司的广告业务合作等等。

第十一，做好《福建广告论文集》，于12月出版面世。

第十二，为纪念我会成立20周年，我会做好纪念画册策划和出版工作。为表彰20年来在推动福建经济建设和社会进步中做出突出贡献并取得优异成绩的广告经营单位和广告界人士，感谢长期以来关心、支持、帮助广告业发展的社会各界人士，我会开展了福建广告二十年"十大杰出广告业推动广告人物""十大杰出广告人""十大杰出广告作品""十大杰出广告公司"和"十大杰出广告策划案例"等五大系列的评选活动。

第十三，积极配合广告监管机关开展广告自律工作，除开展广告审查员培训工作，开展广告自律工作检查外，动员我省广告媒体单位响应省工商局号召，积极参与广告媒体信用评分管理工作，提高自律水平，杜绝虚假违法广告产生。

第十四，4月上旬在福州经贸展览中心成功举办我省第7届广告"四新"活动，100多家广告设备商家和广告材料专业公司参加展销活动。在展览期间，举办我省第10届广告作品展示活动，全省广告界和大中专院校师生以及社会各界近5万人参加了展销会。

第十五，与中新社等单位联合主办海峡环球国际小姐广告大赛。目前，正紧锣密鼓的筹办中。

第十六，积极做好召开福建省广告协会第五届会员代表大会的筹备工作。

第十七，积极做好筹备福建省广告协会广告学术委员会成立的筹备工作。

第十八，一年来，省、地两级广告协会工作都有新的开拓和新的发展，两级广告协会在服务会员，服务业界和加强协会自身建设等方面都有上佳表现,比如,福州市广告协会组织业界前往俄罗斯考察;福州市、厦门市广告协会解决户外广告拍卖中的问题;漳州市广告协会解决业界中的业务纠纷,帮助漳州院校建立学生实习基地;莆田市广告协会工作有了创新和起色。福州、厦门、漳州广告协会刊办广告刊物经验值得省、地两级协会学习和借鉴。可以说,在事业前行中,虽然我们遇到许多苦难和问题,但是应该欣喜看到,由于我们的努力和有所作为,省、地两级协会工作水平在提高,地位在上升。

2006年,我省广告业在去年平稳发展的基础上有新的增长,预计广告总量超过45个亿,比2005年同期的40亿元,增长12.5%。同时,广告公司整体水平进一步改善,广告服务质量进一步提高,广告为服务海西战略做出积极贡献。纵观广告业发展和广告市场运行情况,显现出几大特点:

第一,广告经营单位明显增加,预计超过4 500家,仅厦门市从280多家增加到400多家。就其主要原因,与广告行业准入门槛有关。

第二,广告行业分工进一步细化,一是广告公司向专业化发展的势头更加明显。二是以广告为主业、兼营其他行当的广告公司不断增加。

第三,广告公司之间的实力和水平不断拉大,综合型公司大部分集聚省城福州,专业型公司主要集中福、厦、泉三地,其他区经营户外广告公司为多。由于广告公司实力的差异,导致地区间的广告质和量悬殊很大。

第四,随着广告业服务社会服务经济的能力不断向高端发展,广告企业对人才需求越来越大,广告人才匮乏的形势越来越突出,争夺广告人才的白热化程度业越来越严重。

第五,在广告总量不断上升,广告公司实力不断提高的同时,广告利润不断降低,特别是广告公司代理主流广告媒体的所获得点数不断缩水。户外广告经营日趋艰难,尤其通过挂牌或拍卖所获得的户外广告位,成本加大,无利可图,甚至有的贴本经营。导致一些公司摘牌改行,一些公司为了降低成本,在户外广告制作中,偷工减料,以次充好,下降品质,给安全留下隐患。

第六,广告主对广告的投入进入理性化阶段,许多企业投入广告在注重短线效益的同时,更着眼于长远发展,着眼于品牌附加值和广告的效益性。广告投入主方向锁定在认知度高、公信度强、覆盖面广的主流媒体和高端广告。初步估计,我省企业全年投放广告达50个亿,外省企业在我省投放广告5个亿左右。

2007年工作安排

2007年，是我会第五届新的领导班子开局之年，我会将紧紧围绕建设海西和构建和谐社会战略部署，站在更高的层面和更新的起点，带领全省广告界努力工作，不负众望，不辱使命，为兴业强会而不懈努力，力争各项工作实现的新的跨越。

一、做好广告规划工作

从上半年开始，我会将组织业内人士和专家学者，对今后五年福建广告业发展远景、战略构想、奋斗目标、实施项目等方面，进行全方位规划定位，制定出符合福建省情的广告业发展蓝图。

二、做好广告发展工作

一是围绕促进广告发展主题，认真开展行情调研和统计分析工作，听取业界呼声，制定相应对策，引导广告业向更高层面，更宽领域，更大范围发展。

二是开展广告公司之间，广告公司和媒体，广告公司与广告主间的业务交流合作活动，促进企业资源共享，实现企业间联合经营，为做大做强广告业办实事。

三是开展广告维权活动，积极为业界排忧解难。积极促使政府在广告政策、广告赋税、广告审批等方面提供优惠政策和帮助支持，努力为业界营造宽松的经营环境。

四是为解决业界反映强烈的户外广告经营和管理上存在的许多问题，规范户外广告经营秩序，积极建立政府部门出台《福建省户外广告管理条例》，着手做好调研、协调等基础性工作。

五是举办第九届福建国际广告新技术、新设备、新媒体、新材料展会，为业界运用高新广告技术提供服务。

六是为推动我省广告精品生产，举办福建省第11届优秀广告作品评选活动，广告策划案例首次列入赛事。在省内评选基础上，推荐一批好作品参加国内和国际广告赛场竞赛，力争取得好成绩。

七是针对广告界营销策划需求，由我会和厦门、泉州广告协会、厦门商报主办,泉州蓝道、福建精彩等广告公司承办的龙玺全球华文广告创意高峰论坛会将于1月12—14日在厦门大学进行,届时将由林俊明、孙大伟、劳双恩、黄康孙、苏秋萍等18位华文广告大师开展学术演讲和作品点评。我会并计划于下半年于厦大或师大联办广告策划论坛,与部分广告公司联手举办广告实战演练活动。

八是为树立广告形象,提高广告界地位,营造全社会认识广告业,关心广告业、爱护广告业的良好环境,决定把2007年作为福建广告业品牌建设年。要求各地广告协会和所有广告公司要正确人士品牌于创业的关系,与企业生存发展的关系,要在树形象、争地位、创环境上下工夫,把广告业自身做品牌、用品牌、爱品牌和提高广告企业附加值作为一项重要工作来抓。我会拟抓好几项工作:第一,为提高广告业知名度,加大广告业品牌宣传工作,组织省内一家报纸、一家电视台和我会《海峡广告》杂志一级我会网站开辟"爱我广告"和"广告风云录"栏目,宣传广告知识,宣传广告作用,颂扬广告业绩和广告人物。第二,开展福建广告光辉20年宣传工作,开展20年"十大杰出广告策划案例""十大杰出广告人""十大杰出广告作品""十大推动广告人物"评选表彰活动。第三,开展全省"广告行业文明单位"和"广告先进工作者"评选表彰和推荐部分广告公司和广告人参与"全国行业文明单位"和"先进个人"评选活动。

三、做好业界服务工作

一是开展企业资质等级评定工作,将于上半年5月份和下半年11月份对申报企业进行审查、考核和认定,同时,上报一批企业参加国家级认定。

二是开展职称评定工作,拟于今年6月和下半年12月份进行两次广告从业人员广告专业技术职称的评审工作,努力争取职称主管机关批准扩大广告职称评审门类和批准我会成立广告职称高级评委会。

三是开展学历教育,积极做好我会与师大联合举办的新闻和广告专业大学本科学历近200名学生的毕业工作。

四是开展人才交流工作,指导福建广告人才服务中心做好广告界人才供需工作,同时与部分高校联合举办广告专业毕业生供需见面会,指导部分高校与部分广告公司建立广告人才培养基地。

五是根据部分广告公司要求,积极协调中国广告协会于2009年在福建举办第13届中国广告节。

六是开展对外广告考察交流,组织广告界参加如下活动:3月9—17日,参加第10届亚太广告节,出席亚太广告节论坛,观赏亚太区优秀广告作品,访问泰国、新加坡、西亚等地电视台,了解新加坡、马来西亚广告业发展情况,访问新加坡、马来西亚广告协会。第二,4月5—25日美国密歇根州立大学广告培训。第三,6月17日—7月1日第54届法国戛纳国际广告节。第四,6月6—14日美国艾菲广告效果奖。第五,9月5—25日欧洲广告培训团。第六,11月8—20日英国广告考察团。第七,9月2—19日澳大利亚广告培训团。第八,上半年组织广告界一行二十人赴台广告考察,做好2008年在福建召开闽台广告界业务交流会筹备工作。第九,下半年组织广告界赴金门与台湾广告界进行广告交流。第十,下半年组织广告界赴山东青岛参加中国广告节。第十一,组织部分广告公司开展省际间广告考察交流。

四、做好组织建设工作

一是为加强行业情况研究,把握行业发展方向,提高协会工作的预见性和前瞻性,年内组建"福建省广告协会广告学术专业委员会"。

二是为提高行业组织工作人员水平,分期分批开展省地两级广告协会工作人员的业务培训和岗培练兵活动。

三是定期召开全省广告协会(秘书长)会长工作会议,部署和研究工作。

四是每季度召开一次副会长工作例会,决定重要事项,开展副会长单位广告业务交流活动,以互动、互助、互利为主题,形成合力,共同发展。以此为试点,于明年在部分地市行业中推行。

五是做好发展会员工作,把实力强、信用好、热心协会工作的骨干广告公司吸纳到队伍中来,不断壮大行业组织力量。逐步建立和晚上会员单位权益机制,使会员单位看得见、拿得着,享受有别于广告经营单位的权益,充分体现会员单位的优越性。

五、做好行业自律工作

在行业内开展"绿色广告"活动,提高广告行业自律水平和广告的公信度。

一是修订《福建省广告行业自律规范》,要求全行业增强法律意识,建立健全内部自律机制,形成全行业自觉抵制违法虚假广告氛围。

二是开展广告专业技术岗位培训和配合广告监管机关做好广告审查培训工作。

三是配合工商行政管理机关开展广告行业"守合同、重信用"活动，力争让更多广告公司获此殊荣。

四是加强广告自律检查，结合行业先进评比活动，在下半年组成三大片区工作检查小组，开展全省广告行业自律工作交叉检查工作，努力克服行业自律工作的薄弱点，最大限度地扼制虚假广告的发生。

五是开展广告法律法规宣传，运用省内主流媒体和本会《海峡广告》和广告网站及时反映广告监管机关查处的广告案例，及时刊播新出台的广告法律，相关信息和自律先进经验。

福建省广告协会第四届理事会工作报告

黄应寿

（2006年12月28日）

各位代表：

现在我受福建省广告协会第四届理事会委托向大会作工作报告，请审议。

一、本届理事会主要工作回顾

福建省广告协会于2000年召开四届会员大会至今已经六个年头了。六年来，在上级领导下，在有关部门的指导下，在全省广告界支持下，我会在促进广告业发展和广告业自律进程中，积极履行协会职能，发挥协会优势，创新协会工作，做了大量富有特色和富有成效的工作，多项工作有了新的突破和新的发展。六年来，协会工作不断进步，协会事业不断发展，协会建设不断加强，协会的凝聚力不断提高，协会在社会中"小有名气"，协会工作得到政府、社会和业界的充分肯定，连年被评为省级先进社团，被认定为省级"十佳"协会，连续六年进入全国先进广告协会行列。可以说，过去的六年，是我会带领广告界团结奋斗的六年，艰苦创业的六年，开拓创新的六年，具有活力的六年，也是取得丰硕成果的六年。

（一）围绕中心工作，促进行业实力提升

六年来，我会始终把组织全行业学习贯彻党的十五大三中全会和十六大精神作为重要任务，把党的重大理论和战略决策与推进广告业发展紧密结合起来，找准履行职责与服务中心工作的结合点、切入点，主动对接、主动融入，安排好和落实好各项工作，出台了许多具体措施和实施办法，引导全省广告界服从、服务于省委和省政府的中心工作,保持广告业开拓创新,与时俱进的态势,不断提高广告服务经济,服务社会的能力,为福建经济发展和社会进步做出了贡献。一是根据省委省政府提出的海西战略决策,开展了福建省"好产品、好广告"评选活动,在我省主流媒体配合下,对重心企业和重点品牌进行系列宣传和造势,受到企业的欢迎。二是组织广告界开展广告助力闽货、闽牌腾飞活动,在央视建立福建品牌展示平台,特别在央视5频道上确立了福建品牌广告的"霸主"地位,广告催生大批本土品牌,例如,德尔惠、匹克、安踏、七匹狼、九牧王、劲霸、帝牌、虎都、柒牌、利郎、太子龙、361°、安尔乐、富贵鸟、亲亲、浔兴、金豪雀、爱登堡、鸿星尔克、贵人鸟、才子、三棵树、云敦、雪津、沃特、金威世家、达利、万利达、南孚、夏新等品牌,在全国享有很高的知名度,许多闽货闽牌在国内外市场具有很强的竞争力。随着品牌附加值提高,企业家尝到广告巨大效益的甜头。广告已成为企业主要的营销手段,仅泉州地区2005年在央视投放广告量就达10亿多,在湖南卫视投入2亿左右。2006年世界杯足球锦标赛期间,安踏一下子就投入1 000多万广告费。三是引导广告界以实际行动支持本省企业发展。比如,我会组织福建铁路广告公司、福建电视台为南靖县做了大量的免费广告,促进了该县旅游业发展。我会协调铁路部门解决了该县水果运输困难的问题,受到当地政府和群众的赞誉;全省电视、报纸、广播等主流媒体和厦门威扬、福州锦绣等一大批广告公司,以广告为载体,为支持企业发展做了大量的实事好事,受到企业好评……四是指导广告界对台开展广告业务交流,部分广告公司与台湾广告界就双方广告业务代理进行频繁接触。仅福建省广告公司2005年就两次在金门举办商品交易会,为闽货进入台湾市场做出贡献。

在全省广告界的共同努力下,广告在传播信息、指导消费、繁荣市场、树立形象、塑造品牌,提高我省商品知名度和闽货在国内外市场占有率方面,在推进产业改革和调整产业结构,推动产品、技术、企业、产业创新方面,在改善城市形象,美化市容,丰富人民生活等方面都发挥了积极作用。广告成就了无数的企业和品牌,广告养活了众多的从业人员,广告成为税收新的增长点,广告极大地影响着人们的生活取向、思维方式、生活习性。因此,广告已经渗透到政治、经济和社会生活的各个领域,是经济和社会发展的晴雨表、风向标和推进器。可以说,社会进步离不开广告,经济发展离不开广告,企业壮大离不开广告,群众生活离不开广告。福建企业成长和成功,社会进步和发展,倾注了福建广告人的心血,留下福建广告人的足迹,可以说,福建广告人功不可没。

六年来，我省广告业产业结构调整初见成效，发展速度趋于平稳，运行状况逐步成熟，呈现出实力增强，质量升级，作用突出，地位提高，效益良好的发展态势，主要表现在：

第一，广告总量逐年增长。至2005年年底，广告总量已突破40亿元，比2000年增加20亿元，比增100%，广告总量居全国第8位。广告经营单位4 500家，增加2 500家，比增56%。广告从业人员4.3万人，增加2.3万人，比增57%，广告各类指标成为改革开放以来，增长最为平稳的一段时期。第二，广告载体日益扩大。报刊种类增多，不断扩版，发行量增加，电视、广播普及，网络、信息、展销、演示、DM、IPTV等广告不断出现和升级，使广告历久弥新，大型高立柱、霓虹灯、电子屏、多面翻、灯箱、站台、车体、店牌等广告星罗棋布，把八闽大地装点得更加绚丽多姿，其档次高、规模大、效果突出，深受广告客户青睐。仅沿海福宁、福厦、漳诏高速和104国道就设立高立柱广告牌400多座，总面积6万平方米，年产值约6 000万。截至2005年，全省专业广告公司4 300多家，电视台53家、报社53家广播、电台98家、杂志50多家。至此，我省广告业已初步形成具有一定数量和规模、服务门类、媒体种类较为齐全的知识密集、技术密集、人才密集的高新产业，日益显示出勃勃生机和青春活力。

第三，广告实力迅速提升。全省近20家广告公司年广告营业额突破亿元，最高达到6亿多元。东南卫视、新恒基、奥华、厦门日报、福建福视、省广、新思维广告等10多家公司先后进入全国百强广告企业行列，其广告产值占据全省40%以上。一批持有中国一级、二级和福建省一级、二级、三级资质等级的广告企业，成为我省广告行业的主力军。近年来，广告公司的市场调查、策划制作、代理发布、效果测定能力提高迅速，广告业已经具备为经济建设和社会发展提供全方位、高水准的服务能力。不管是政府每年举办的9.8洽谈会、6.18经贸交流会、招商会等大型展会，还是党政机关、社会各界举行的重大庆典活动，乃至企业战略定位、品牌塑造、营销策划，都离不开无名功臣广告公司。就广告作品创作方面，近年来进步很大，我省广告创作和发布水平已步入全国领先地位，现代化的大型户外广告，高技巧的影视广告，大手笔的广告策划案例，充分展现广告人的智慧和才华。一批思想精良、艺术精湛、创意精深、制作精美的广告作品和竭尽心智的经典广告语广为流传，产生良好的经济效益和社会效益。泉州蓝道、福建日报、长乐机场、福建鼎力、锦绣、厦门华盟、太戉、大峡谷、路桥等广告公司均有上佳表现，在全国赛场上频频亮剑，取得累累硕果，不仅显露出这批公司的强劲实力，而且为我省广告界争了光。因此，广告界不愧为经济发展和社会进步的品牌工程师。

第四，队伍素质不断提高。一是广告公司重视人才，培养人才，使用人才，实用人才的理念不断上扬，实力公司集聚了一批高端人才，成为行业的"顶梁柱"。二是广告从业人员专业、学历、职称以及年龄结构有了明显改善，为广告业发展注入生机。三是涌现出一批为福建广告业发展做出卓越贡献的广告先进单位和先进个人。福建铁路、新动力、厦门博美、威扬、泉州指南针等30多家广告公司被评为全国先进单位；福建邮政信息、耀融、漳州辉达、龙岩联华、南安新世纪、南平红太阳、宁德太姥山等100多家广告公司成为省级先进单位；一大批广告从业人员被评为国家和省级先进工作者；140名从事广告工作15年以上的广告从业人员，爱岗敬业，辛勤耕耘，为广告业发展奉献了青春和力量，被认定为"老广告人"。

第五，公司定位日益准确。近年来，广告公司专业化程度已经凸显，经营方式趋向多样化，综合性公司、品牌策划公司、媒体代理公司、平面设计公司、喷绘公司、制作公司、器材公司等各具特色，发展势头良好。

第六，精耕理念更加成熟。广告公司在贴近社会，贴近企业，为客户提供优质服务的同时，在追求规模经营，合作经营，跨区域经营，整合资源，提高实力方面取得重大突破。在提高科技含量，加强人才培养，强化内部管理，塑造自身品牌建设方面实现新的跨越。

第七，广告投放趋向理性。较具实力的广告主在广告投放上，不但注重短线效益，更着眼于品牌长远的附加值和广告持久的影响力，其广告投向主要锁定在认知度高、公信度强、覆盖面广的主流媒体和与之相配套的高端广告公司，投放目标瞄准全国市场。初步估计，2005年我省企业广告投放量达65亿元左右，50%的广告费投放在央视及省内外强势媒体。当前，许多企业已经清醒地把广告宣传摆上企业发展的重要战略位置，为建立营销战略军团，不惜重金吸纳广告公司开展营销策划，邀请广告学者、专家作为企业参谋顾问，确保企业在市场竞争中占据主动地位。近年来，我省企业跨国经营的步伐逐步加快，汽车玻璃、石材、机电、鞋帽、服装、茶业等商品，在国际市场很有竞争力，其他商品的销售也逐步向全球扩展。随着福建商品扩大国外和境外市场占有率，我省广告开始向外突破和扩张。比如，闽货广告已在港台露脸、日本亮相、在欧美登陆，尤其在澳大利亚随处可见，澳洲《星岛日报》近期每星期都专版登载闽货广告。2006年，我省的"七匹狼""安踏"的广告不仅在美国NBA赛场上成功破冰，而且十分抢眼。这表明，经营跨国广告已经成为我省广告界直面的新课题。

第八，广告为社会进步做出突出贡献。广告既是经济手段又是意识形态，具有"两个文明"属性，不仅是地区经济发展、社会进步的体现，也是精神文明建设的重要窗口，广告已成为人类文明的使者。我省广告界运用广告在推进经济建设的同时，积极宣传科学理论，传播先进文化，塑造美好生活，倡导先进精神，弘扬社会正气，鞭挞不良行为，为扩大就业，服务下岗职工等方面做出突出贡献。许多广告公司不但发布大量的公益广告，而且在救灾解困，捐资助学，铺路搭桥，扶助孤寡等方面做了许多善事，得到社会的好评。2003年上半年，为了抗击突入起来的非典灾难，战胜病魔，讴歌战斗在抗非一线的白衣天使，鼓励民众万众一心，众志成城，在党和政府领导下打赢非典战役，人们深深感觉到广告在为难之机是人类强有力的精神支柱，重新认识广告人，认识广告业。许多广告公司出钱出力，表现十分突出，比如：福建新恒基广告公司出资百万慰问"抗非"英雄活动；东南电视台、泉州电视台、南平电视台、福州电视台、福建日报、厦门日报等媒体积极开展正面宣传；泉州蓝道公司在泉州市区展示人体造型"抗非"广告；漳州辉达广告公司与福建电视台举办专题宣传活动。广告在配合反腐倡廉，宣传社会主义荣辱观，保护母亲河环保等活动中，我省广告界先后与省纪委、省团委、省环保局、省文明办、省工商局、省出版局、省广电厅等机关组织了大声势、大规模的公益广告宣传和公益广告作品赛事，都取得圆满成功，得到政府及社会各界的充分肯定。实践证明，福建广告界是一支具有崇高思想境界，有水平能战斗的队伍。

（二）履行服务职能，推动行业健康发展

第一，培养人才走出新路。我会在与厦门大学联合举办广告专业大专班、研究生班和美国林肯大学培养广告专业博士生的基础上，2001年与福建师范大学联合举办英文、中文、财会等网络本科学历教育，200多名学生于2004年毕业。2003年与福建师范大学又联合开办高升本和专升本新闻学、广告学网络本科学历教育，300多名广告从业人员分别于今明两年完成学业，获取本科学历文凭。

第二，拓宽人才交流渠道。随着广告业发展，广告人才需求矛盾日益突出，缺乏高端人才的呼声越来越高，为顺应广告界要求和形式发展需要，我会在积极为部分公司举荐人才的同时，于2002年成立"福建广告人才服务中心"。经过几年运转，该中心虽然许多工作尚待提高和完善，然而承担许多有益的工作。例如，于2003年和2005年先后成功举办两届广告专业人才交流会。

交流会上100多个摊位被预订一空，100多家用人单位，2万多名大中专毕业生和广告人才参加供需见面会。此项工作不仅是我会全新尝试，而且填补了我省广告专业人才交流会的空白，与综合性人才交流会相比，由广告人为主角的人才招聘工作显示出强烈的行业特色。省人事厅对我会的大胆尝试和成功举办，给予了高度评价，10多所省级人才交流机构派员前来参观学习，福建电视台、福建东南电视台、福建日报社等多家媒体进行了宣传报道。此后，还开展了多次的招聘活动，取得一定成果。目前，广告人才服务中心在沟通供需双方、储备广告人才、服务大中专院校毕业生等方面，正发挥着越来越重要的作用。

2006年12月26日，我会与福州市广告协会、福建师范大学、福州大学、福建工程学院、福州闽江大学等单位联合主办，《海峡广告》杂志社、福建广告人才服务中心承办的"高校广告人才交流会"，取得圆满成功。

第三，建立资质认定机制。为实现我省广告业逐步与国际接轨，规范广告市场，制止行业不正当竞争，促进广告业省级，提高广告公司竞争力。我会从2001年年初开始，历经两年时间，在反复调研、论证和采纳多方意见的基础上，于2003年6月出台《福建省广告企业资质认定暂行办法》，设立福建省广告企业资质等级认定委员会，在全省实施广告企业资质等级认定工作。2006年，我会将《福建省广告资质认定暂行办法》，修订为《福建省广告资质认定办法》，进一步规范和完善了认定工作，开始对认定期满重新申报等级企业进行复检。几年来，在九地市广告协会配合下，我会认定福建一级广告资质企业45家，二级25家，三级35家，推荐一批广告公司参加中国一级广告资质企业认定和二级等级核准备案，其中10家获得一级等级，2家获得二级等级。

第四，组织广告"四新"展会。为了帮助广告公司引进和运用广告先进技术和设备，提高广告制作和发布水平。六年来，我会共举办6届广告"新技术、新设备、新媒体、新工艺"展，据统计，来自13个国家和台湾、香港地区以及国内400多家广告厂商和广告界15万多人次参加了历届的展览会。由于保持着良好的交易成果，目前，福建广告"四新"展已经立稳脚跟，成为省内较有影响的展会。此外，我会配合中国广告协会，指导厦门市广告协会做好第八届中国广告节的筹备和接待工作。

第五，加强广告专业培训。为了做好此项工作，我会制定培训计划，成立培训机构，组成由省老领导、我会领导、厦大新闻传播系教授、省工商学校高级教师等专家、学者参与的教学小组，深入全省各地进行授课辅导，开展资格考试。六年来，共培训4 650人次，95%参训人员取得"广告专业技术资格证书"或"广告审查员证书"。培训工作开展，为新人上岗人员熟悉广告状况，掌握广告知识，识别广告真伪，提高专业水平打下了基础。近年来，培训工作已在大部分大中专院校展开，为毕业生就业创造机会。

第六，努力塑造业界品牌。位表彰先进，树立典型，推动工作，向社会展示一批信誉好、实力强的广告公司，我会开展了全省广告文明单位、先进广告工作者和先进广告协会、先进广告协会工作者的评比表彰和推荐全国先进评选活动。六年来，130多家广告公司进入省级广告行业文明单位，220多名广告从业人员成为先进工作者；共评出先进广告协会6家，先进广告工作者10名。同时，42家广告公司获得全国行业文明单位称号，4家广告协会进入全国先进广告协会行列。为纪念我会成立20周年，表彰20年来为广告业做出突出贡献的广告公司和广告人以及社会各界有关人士，我会于2006年下半年开展了"最具贡献广告人物"等系列评选活动，取得圆满成功，在业界引起很大反响。评优创先活动的开展，不但在业界形成学先赶优，人人争先的良好氛围，推动行业工业开展，而且扩大了行业的影响力。

第七，推动广告精品生产。六年来，我会不断搭建各项有利于广告作品创作平台，如，举办广告作品创作研讨会，广告作品展示，组织广告界参加国内外广告作品观摩和学习，开展了每年一届的福建省优秀广告作品大赛……通过各项活动，促进了我省广告创作水平不断向高层面发展，六年来，我省广告界在国内赛场上频频亮剑，表现不凡，获得全国广告金奖8项，银奖19项，入围奖40项；获得全省广告金奖20项，银奖56项，铜奖102项，优秀奖194项，组织奖6项。我省广告作品不但在本省和全国有上佳表现，而且选送许多作品参与国际广告大赛，虽然未获奖，但足以说明福建广告界已经具备踏上国际赛场的力量和勇气，创作水平提高，进入了一个新的阶段。

第八，加强广告交流活动。六年来，我会把组织广告界对外考察学习和业务交流作为重要工作来抓，每年组织广告界参加中国广告节、亚太广告节、法国戛纳广告节、美国艾菲广告节活动；先后组织广告界人士赴澳大利亚、德国、美国、日本接受业务培训，赴台湾、金门、香港地区考察交流，赴黑龙江、吉林、辽宁、北京、天津、河北、山西等省市考察学习。先后同来访的云南、广东、江西、贵州、吉林、山东、湖南、广西等省、区广告协会和中央电视台等单位在福州进行了工作交流。每月定期与福建省煤炭、宝玉石、电信、环保、粮食、交通、石材等10多家协会进行情况沟通，工作分析，经验交流。2003年，在省政府举办的福建·香港周活动中，我会与香港广告界就两地广告界交流合作事宜进行磋商，为两地广告交流合作打下基础。2005年，我会与亚太经贸促进会联合举办首届"魅力海峡"广告模特精英大赛，来自乌克兰、大陆、台湾、港澳地区1 400多名顶级广告模特云集福州争芬斗艳，社会各界予以很高评价。整个赛事，档次之高，规模之大，影响之广，尚属我省首次，引起两岸媒体广泛关注，两岸主流媒体对赛事进行跟踪报道和赛况的录播，我会会长黄应寿陪同王美香副省长和有关政府领导为获奖者颁奖。2006年下半年，我会将同中新社及有关单位联合举办环球小姐（中国）海峡西岸大赛，这是在我省举办的规格最高的国际性广告选美盛会。

第九，注重广告理论研究。近年来，我会十分重视广告理论研究工作，在做好广告信息传播，开展广告情况调研，总结广告工作经验，举办广告理论研讨和广告高端论坛、讲座以及出版广告刊物等方面，做了许多有益工作。六年来，我会先后成功举办"广告业入世新视角""闽牌战略决策""做强做大本土品牌""户外广告经营策略"等广告高端论坛会，多次组织了部分业界经营实施广告实战演练活动，推动了广告理论与实践向高层面发展。2002年，我会出版《福建媒体广告》大型工具书，全面、客观地反映我省媒体广告发展的重大活动，为广告公司代理媒体广告，为企事业单位投放广告提供了参考工具。2005年，在全省范围内举办广告论文大赛，共收到广告公司和部分高等院校选送的广告论文200多篇，我会将评选出的一等奖2篇，二等奖7篇，三等奖12篇，优秀奖19篇文章，编辑出版《福建广告论文集》。以翔实统计资料、图表、文字，全面记录福建省广告业从古到今发展壮大历史的大型工具书——《福建广告年鉴》，于2005年5月出版，这是福建有史以来最为完整的广告史书，填补了我省没有广告史书的空白，为政府制定广告政策和社会各界研究和了解福建广告业情况提供了宝贵资料。2006年，为纪念我会成立20周年，我会在泉州精彩广告有限公司支持下，出版了纪念画册，展示了福建广告业20年发展的壮丽诗篇。

近年来，我会为省政府、省人大、省政协有关领导及其有关部门和省内外部分主流媒体以及大中专院校提供了大量的广告资料，帮助福建师大、福建农林大、闽江大学等高等院校进行了广告专业的论证工作，多所大中专院校邀请我会领导担任客座教授，我会多次参与国家工商总局和中国广告协会组织的高端广告理论研究、法律修改和重大广告项目出台的论证工作，得到有关部门的充分肯定。

第十，开展技术职称评定。六年来，我会共开展5次职称评审工作，109名广告骨干获得初、中级广告专业技术职称。在总结往年开展此项工作经验的基础上,我会力争福建省人事厅、文化厅的支持,将广告职称评定种类从原有的广告美术、广告管理,扩大到广告设计、广告策划领域,为更多广告人获得专业职称办实事。同时,我会正积极做好协调工作,力争在明年组建福建省广告专业技术高级职称评委会,为培养高端广告人才做好服务工作。

第十一,促进企业联合经营。六年来,根据形势发展和业界要求,我会在整合广告资源,壮大广告力量,努力实现媒体、企业、广告公司三者共赢,促进广告业向更高更好方向发展中,做了大量工作。例如,2003年,以"交流、整合、发展"为主题,在南安水头召开经营福厦和福宁高速、国道、机场、车站等44个广告公司和5个地市广告协会以及路政等有关政府部门近60人参加的全省沿海沿线户外广告协作会议,就户外广告设置、经营与管理等问题,进行了充分的研究探索,会议草签了福建户外广告企业联盟方案。2004年,我会为闽南日报社与福州地区部分广告公司业务代理牵线搭桥。2005年,支持泉州指南针广告公司与福州鼓楼区政府联合开发夜景工程;帮助龙岩联华广告公司与福建鼎力广告公司与央视电视频道开展业务联合经营活动;促成福建新思维广告公司与福建钱山集团、福州三艺门业公司进行广告业务合作,等等。

第十二,搞好行业自律工作。一是省地两级协会配合工商行政管理机关在业内开展"守合同、重信用"单位的推荐评选工作。近年来,省属21家和各地一批广告公司分别被省工商局和当地人民政府授予"守合同、重信用"企业。二是在广告业中开展"清除广告杂草,让广告百花园更加绚丽多彩"活动,指导行业建立健全企业内部广告审查程序和规章制度,聘请社会人士担任广告自律监督员,推动了行业自律工作开展。三是经过我会积极努力和多方论证,2004年经省工商局批准,在全省广告业中实行"户外广告业务合同",为行业解决广告经营纠纷,规范广告经营活动办了一件实事。四是针对突出存在的违法虚假医药广告问题,我会与省医药行政管理部门联合举办医药广告从业人员培训班,对提高医药系统广告人员业务水平起到了积极促进作用。此外,我会与省纠风办、省工商局、省卫生厅、省食品药品局联合开展一系列广告自律活动。五是运用我会会刊《福建广告通讯》《福建广告》《海峡广告》等刊物及"广告网"作为宣传广告法规阵地,及时通报行业自律情况,反映行业状况,解剖广告案例,宣传先进典型,指导和推动自律作用。六是做好广告审查员培训管理和开展广告咨询服务工作。七是为业界掌握法律知识,我会于2005年编印《中国广告法律法规汇编》下发会员单位。八是开展一年一度的行业自律工作检查活动,及时发现自律问题,总结自律经验,指导自律工作，促进自律到位。

第十三，维护会员合法权益。六年来，我会把维护行业合法权益作为协会一项重要工作来抓，除积极筹建广告维权中心外，平时在受理案件、组织调查、帮助协调、维护权益各个环节，尽协会最大力量给予会员单位提供支持，使许多经济纠纷得到妥善处理，部分案件得到公正解决，既维护了会员单位利益，也树立了行业组织的威望。比如，促成侵害省体育广告公司户外广告权益案件得到公正解决；协调福州市政府解决了福州公交广告公司车身广告经营权的问题；与三明市政府协调解决了永安市户外广告牌垄断经营问题；解决了有关部门免予提高福清耀融广告公司广告牌收费问题；帮助宁德福安广告公司广告牌审批问题；帮助福建铁路广告公司在厦门集美车站设立广告牌问题；解决了福州闽奇广告公司与福建奥华广告公司、福建新恒基广告公司与新华社福建广告部广告牌设置纠纷问题；解决了漳州辉达广告公司与福州一家广告公司户外广告牌设立纠纷问题；支持漳州天马广告公司与当地有关单位对簿公堂等。又如，在打击使用盗版软件强势压力下，为保护业界利益，避免业界遭受更大损失，我会一方面发文要求会员单位进行自查自纠工作，另一方面加强与省工商局、省出版局等政府机关沟通协调，取得政府机关的理解和支持。积极联系境外正规厂商，以优惠软件价格供应会员单位。

几年来，协会为业界提供了大量有效的服务，不但得到业界的认可和赞誉，而且大大促进了协会的凝聚力和向心力。很多会员单位遇到重大事情都找协会商量，遇到矛盾和困难都求协会予以帮助和解决，把协会看成"娘家"。很多广告公司主动要求加入我会，六年来，有80多家公司成为省广告大家庭中的一员。大部分会员单位关心支持协会工作，一部分会员单位为协会建设作做出了贡献。

（三）加强自身建设，夯实协会工作基础

实践使我们清楚认识到，"打铁先得自身硬"。协会能力和水平、地位和威信的高低，秘书处建设是关键。六年来，我会在巩固上届工作基础，扩大本届工作成果上下工夫，把工作目标锁定在提高能力，增强实力，为业界办事，为业界解决问题的基点上，不断加强协会秘书处的建设。经过几年的努力，省市两级协会已初步形成观念新、路子多、活动广、形象好的工作特点，正向着工作创新、运作规范、作用明显的方向发展。

第一，转变工作模式。六年来，我会基本上从"二政府"的工作模式和开开会、收收费的低档次工作运作中摆脱出来，克服了协会"没事干、不好干、干不好"的畏难情绪,坚持"手上无权,脚下有路"的信念,走出一条背靠工商、面向社会、为业界办会的路子,使工作路子越走越宽,工作层面越来越高,工作活力越来越强。

第二,加强工作指导。为加强省市两级广告协会工作水平,提高工作运营能力,我会领导经常深入各市广告协会,对如何开展工作进行沟通交流,指导地级市广告协会开展工作。每年至少三次召开全省广告协会秘书长会议,总结工作经验,探索工作思路,解决工作难题,促使协会工作逐步到位。多次举办了全省广告协会秘书长和骨干培训班,邀请省老领导、省民政厅领导和我会领导就广告业发展趋势,怎样当好秘书长,如何发挥行业协会职能和做好广告协会工作等专题进行培训,加深了同志们对协会工作的理解,增强了做好协会工作信心,掌握了一些工作技能和方法,对推动协会建设起到促进作用。目前各地广告协会各项起步快、效率高、成绩大、形象好,受到业界充分肯定。福州、漳州、厦门等市协会被评为全国先进单位,泉州、莆田、宁德、三明、南平、龙岩市协会工作进步很大,黄应寿、潘润干、林国雄、叶兆儿、颜俊华、周光泉、李彪、杜玲、黄贵有等一批同志被评为全国先进广告工作者。

第三,抓好基础建设。六年来,我会从增强工作人员做好本职工作的自信心和责任心入手,在工作多、任务重的情况下,培养全员想干的思想,肯干的作风,会干的本领,开展岗位练兵活动,给每个部室下任务,给每位成员压担子,基本上做到了事事有人干、人人有事干,使工作人员的工作水平明显提升,工作效率明显提高。同时,我会坚持每年举办一次新春团拜会,每月至少召开一次协会内部工作例会,协会工作月月有部署,月月有总结,月月有验收。确立了主要工作研究制度,建立了车辆管理、财务管理、请销假、文件办理、档案管理、印鉴管理等各项制度,保证了协会工作顺利开展。

第四,办好协会媒体。一是办好内刊。我会从1986年成立以来,只有一份简报式的内部刊物《福建广告通讯》,远不能适应形势发展需要。从2001年开始,我会将《广告通讯》改为大32开的铜版纸全彩印《福建广告》,提高了刊物的档次,增加了刊物信息量。2005年,我会又将《福建广告》改版为《海峡广告》,加强对刊物编辑和发行的领导工作,在把握正确办刊方向,努力扩大行业信息,增加服务行业内容,积极塑造行业品牌等方面下工夫,从运行情况看,《海峡广告》在围绕协会中心工作和宣传广告法规、传播业界信息、交流工作经验、服务两个文明等方面,发挥了积极作用。二是办好网站。2002年和2005年我会先后设立福建广告网和为海峡广告网,对外向社会各界开放，对内链接全国各级广告协会网络，目前，网站将不断升级和完善，逐步向专业强、信息广、容量大、栏目多、知名度高的方向发展。

六年来，我们虽然取得许多成绩，但是，行业在前行中存在的一些问题依然突出，协会工作运行中存在的一些困难没有得到解决，影响了行业发展和协会工作，主要是：第一，我省广告业发展水平、进步程度、服务能力尚待提高，全省具有一定实力，在全国具有一定地位，敢于与国内外顶尖广告公司叫板的广告公司不多，致使我省60多亿广告资源有一大部分流入"外人田"。第二，广告公司间、地区间发展不平衡的势头越来越明显，综合性公司大部分集聚省城福州、专业集中福、厦、泉三地，其他地区户外广告公司为多。由于广告公司实力差异，地区间广告质和量差距也越拉越大。第三，违法虚假广告屡禁不止，行业不正当竞争问题时有发生，广告自律工作有待加强。第四，随着广告业发展，广告公司对人才需求越来越大，争夺广告人才的白热化程度也越来越严重，广告人才匮乏形势越来越突出。第五，在广告总量不断上升，广告公司实力不断提高的同时，广告利润不断降低，广告公司代理主流广告媒体的所获得点数不断缩水。户外广告经营日趋艰难，尤其通过挂牌或拍卖获得的户外广告位，成本加大，无利可图，甚至有的贴本经营。导致一些公司摘牌改行，一些公司为了降低成本，在户外广告制作中，偷工减料，以次充好，下降品质，给安全留下隐患。第六，广告的作用虽然日益突出，但是社会对广告不信任、不理解甚至对广告偏见的倾向没有弱化，广告生存环境不轻松，面临的问题和阻力仍然很大。第七，由于机制、体制和经费问题，给协会工作全面展开带来一定影响。这些困难与问题，必须在政府有关部门支持下，在全省广告界共同努力下，逐步得到改变和解决。

二、新一届理事会主要工作任务

新一届理事会将紧紧围绕"十一五"规划和海西战略，坚持"突破、创新、超越"的办会方向，以服务和自律为重点，以再创省级二回全国先进社团为目标，为富业强会而努力奋斗。

（一）提高广告实力

第一，搞好广告规划。海峡西岸经济区的提出和全面建设的推进，为广告企业发展创造了广阔的空间，提供了极好的机遇。在本届理事会任职期间，我们要组织力量制定福建广告业发展规划和奋斗目标，是，使广告业发展更贴近福建实际，在我省经济发展和社会进步服务中展现新作为，做出新贡献。

第二，推动经济发展。组织全省广告界以广告为载体，开展广告品牌系列宣传服务活动，进一步推进省委省政府品牌战略的实施，推进闽牌生产，进一步推进闽货国内市场的占有率，进一步推进我省大批商品走出国门，参与国际市场竞争。

第三，促进行业发展。本届理事会将在大力推进我省广告资源整合和合理配置，实现行业实力整合和行业链合理的凝聚，扶持广告传播企业集团和大型广告集团，克服行业过度竞争，降低成本，提高整体竞争力。促进广告公司的联合经营、合作经营和合股经营，增强广告公司的运营能力，加强广告界交流与合作，逐步缩小山区与沿海差距，促进各区域平衡发展。推进广告产业的知识创新，提高广告业的专业化服务水平。促进广告主、广告公司与广告媒体之间建立公平合理的竞争合作关系。通过广告企业资质等级认定工作，扶持强势广告企业发展，力争在"十一五"期间有更多的广告公司进入中国广告百强行列，更多的广告公司成为中国一级和福建一级广告企业。

第四，塑造行业品牌。积极开展树立典型、表彰先进、选春行业活动，形成全社会理解广告，关心、尊重、爱护广告行业，提高广告公司和广告企业家的社会地位。

（二）搞好服务工作

今天，广告行业在前行中遇到的问题和矛盾将更加广泛，更加复杂，更加尖锐，企业需要我们去引导、去帮助、去服务，很多工作需要我们去研究、去组织、去推动。因此，我们面临的任务将更加艰巨和繁重。本届理事会将竭尽全力，把会员服务好，把业界服务好。要通过几年的努力，使我会服务渠道不断增多，服务层面不断提高，服务能力不断加强，服务措施不断完善，服务效益不断增加，真正把协会办成为业界做主，为业界办事、为业界提供多方位、多层面优质服务的创新型、服务型娘家。

第一，积极研究解决制约广告业快速发展的矛盾与问题，促进国家有关政策的改进，为行业发展争取更好的政策空间。本届理事会要在解决广告业发展中存在的热点、难点上下工夫，要积极开展行情调研，经常深入会员单位，了解情况，倾听呼声，制定应对措施，解决业界实际问题，促进广告业健康发展。及时向政府反映业界情况，向政府建言献策，积极争取党委政府对广告业的关心和支持。

第二，把促进行业进步和服务业界工作作为首要任务紧抓不放，把协会工作创新与行业创富紧密联系在一起，不断创新服务项目，提高服务质量，增强服务效益，做好服务工作，如：开展广告企业资质认定，广告职称评审，广告人才培养，广告赛事，广告交流考察，广告培训教育，业界联谊，行业维权，理论研究和办好广告"四新"展等等活动，努力为业界提供更多实在、实用、实惠的服务项目。

第三，办好"海峡广告"协会内刊和"海峡广告网"网站，加大办刊办网力度，提升办刊水平，使之成为为业界服务，受业界欢迎的刊物和网站。

（三）抓好行业自律

第一，在本届理事会任内，修订完善推行《福建省广告行业自律规范条例》，进一步把业界应遵守的职业道德用条款的形式予以规范。

第二，促进广告公司自律工作，建立健全企业内部广告审查制度，最大限度地杜绝违法虚假广告发生。继续做好广告审查员、广告专业技术岗位培训和审查员证的年检、管理工作，做好年度自律检查工作，做好广告咨询审查工作。继续配合工商行政管理机关开展业界争创"守合同、重信用"单位活动，使更多的广告企业进入"守合同、重信用"单位行列。

第三，制订和推行户外广告制作技术标准，解决户外广告安全生产问题。努力促成《福建省户外广告管理条例》《福建省户外广告位拍卖暂行办法》出台。

第四，配合广告监管机关在全省范围内，开展以广告为内容，以评分为标准的"十佳媒体"评选活动，树立诚信先进典型。

第五，积极探索以政府监管为主、行业自律为辅的广告监管体系，建立基于行业自律的"广告审查机构"，保护消费者权益，维护健康有序的广告市场秩序。

（四）加强组织建设

第一，按照本届理事会制定的奋斗目标，制定实施计划和细化工作措施，确保各项工作落实。

第二，根据行业发展需要，加强行业专业化指导，成立福建省广告协会电视广告专业委员会、报业广告专业委员会、户外广告专业委员会广播广告专业委员会和广告学术委员会。加强对广告主委员会、广告人才服务中心的领导工作，使之工作正常化、规范化。

第三，加大对地市广告协会指导力度，通过开展协会人员培训、工作协调、工作交流、考察学习等项活动，使省市两级广告协会形成关系密切、上下呼应、协力工作的局面，增强整体工作力度，促进各项职能逐步到位。

第四，增强协会"造血"功能，多方筹措资金、大力开源挖潜，确保协会各项工作落实。

同志们，为了福建广告业的繁荣，为福建经济发展和社会进步，让我们努力工作，开拓创新，共铸辉煌。

2007年工作总结和2008年工作安排

2007年工作总结

2007年,在省工商局领导下,在我省广告界的支持下,在九地市广告协会的配合下,我会紧紧围绕省局和中国广告协会的中心工作,在深化工作,拓展舞台,促进发展上下工夫,完成了全年工作计划,取得了较好成绩,我们主要抓了以下工作:

第一,2月初在福州召开全省广告界新春团拜会。广告界近300名广告精英和政府有关领导、厦门大学等高等院校的专家学者以及社会各界人士欢聚一堂,辞旧迎新,共谋发展。我会名誉会长方忠炳和会长黄应寿分别在团拜会上总结和部署了工作,充分肯定了我省广告业在过去一年的辉煌业绩及广告界在海峡西岸建设中做出的贡献,提出了新年的工作要求。团拜会上表彰了结合省广告协会成立20周年活动,表彰了我省广告界20年来"十大杰出广告公司""十大杰出广告人""十大杰出广告业推动人物""十大杰出广告作品"和"十大杰出广告作品策划案"。文艺工作者为来宾献演了精彩的节目。团拜会充满欢乐、团结、祥和、向上的热烈气氛。

第二,召开了省广告协会第四届八次理事会议,审议通过本会2006年工作总结和2007年工作计划,审议通过新会员吸收及2006年会费收支情况的报告。

第三,5月和12月分别在泉州和福州召开全省广告协会秘书长会议,对阶段性工作进行了具体部署,推广了福州、莆田广告协会的工作模式,交流了工作经验。

第四,为促进闽台两岸广告交流,推动海峡两岸广告业务代理,为2008年拟在福建举办两岸广告交流活动做好准备工作,我会组织福建广告代表团一行十六人，于4月份赴台湾进行广告考察交流活动。

第五，继续抓好广告审查员和岗位专业技术培训工作，今年我会为省属、福州、莆田、三明市等广告经营单位和部分大专院校在校学生共300多人次进行了广告审查员和岗位专业技术培训。

第六，积极做好广告企业资质评审工作。一是先后两次开展广告经营单位资质认定和核查工作，认定了7家福建一级、8家二级、6家三级广告企业资质，对58家到期的企业进行了资质核查。二是为扩大我省全国一级的广告企业队伍，举荐11家广告经营单位参评国家一、二级广告企业，举荐11家广告经营单位申请国家一、二级广告企业资质获得成功（其中：一级9家，二级2家）。

第七，为充分发挥公益广告在传播奥运精神，推动"迎奥运、讲文明、树新风"活动的开展，我会与中共福建省委宣传部、省工商局、省文明办、省广电局、省新闻出版局、省广播影视集团等等单位联合开展"迎奥运、讲文明、树新风"公益广告征集比赛活动，共收到作品61件，共评出获奖作品10件。漳州、三明、福州、厦门等市广告协会在此活动中表现突出，受到表扬。

第八，与福建师范大学抓好广告专业本科学历毕业考试工作，2003届和2004届210多名学员完成学习任务，获得广告大学本科学历。

第九，组织我省广告界6个团组共200多人赴青岛参加第十四届中国广告节，进行学习交流活动。

第十，积极参与国家工商总局和中广协组织的《广告管理条例》和《中国广告业发展指导意见》修改工作，对全省广告业走势及发展情况进行调研和预测。

第十一，于10月份举办福建第九届广告"四新"展览会，国内外100多家企业参展，2万名各界人士到会参观和洽谈业务，取得了较好成果。

第十二，组织福建广告代表团参加湖北省广告协作交流会，对加强了省际间工作交流和协作起到促进作用。

第十三，为加强广告人才培养，我会付出许多努力。一是于10月开展广告职称评定工作，省属广告经营单位和漳州、泉州市等地区11名广告从业人员获得中、初级广告专业职称。二是组织福州地区和泉州地区广告公司，分别与闽江学院和福建闽南科技大学建立广告专业人才实训基地。三是与福州市广告协会和师大、农林大、闽江学院等高等院校联合举办人才交流会。四是我会黄应寿会长分别担任多所高校客座教授，经常应邀为师大、闽大、闽南科技大学、省职业信息学院、省经济学校等大中专院校开设讲座。

第十四，继续办好《福建海峡广告》杂志和"海峡广告"网站，为会员单位提供交流、沟通平台，并融合广告监管机关进行广告法规的宣传工作。

第十五，为实施省委省政府的"海西战略"，用好国家工商总局给予福建的"26条"优惠政策，我会积极做好明年"海峡两岸广告交流"大型活动的筹备工作。

第十六，完成上级交给的有关工作和做好协会秘书处的基础工作。

2008年工作安排

2008年，我会将紧紧围绕党的十七大精神和省委省政府实施海西战略部署，带领全省广告界努力工作，开拓创新，为兴业强会而不懈努力，力争各项工作实现新的跨越、

一、做好广告规划工作

从上半年开始，我会将配合工商行政管理机关，组织业内人士和专家学者，对福建广告业2015年发展远景、战略构想、奋斗目标、实施项目等方面进行全方面规划定位，制定出符合福建省情的广告业发展蓝图。

二、做好广告发展工作

一是围绕促进广告发展主题，认真开展行情调研和统计分析工作，听取业界呼声，制定相应对策，引导广告业向更高层面，更宽领域，更大范围发展。

二是开展广告公司间，广告公司与媒体、与广告主间的业务交流合作活动，促进企业资源共享，实现企业间联合经营，为做大做强广告业办实事。拟于1月份组织指导宁德电视台开好广告媒体推介会，于5月份召开全省户外广告联盟会。

三是开展广告维权活动，积极为业界排忧解难。积极协调政府在广告拍卖、广告赋税、广告审批等方面提供优惠政策，努力为业界营造宽松的经营环境。

四是为解决业界反映强烈的户外广告经营和管理上存在的许多问题，规范户外广告经营秩序，积极建议政府部门出台《福建省户外广告管理条例》，着手协助做好调研、协调等基础性工作。

五是举办第十届福建国际广告新技术、新设备、新材料展会，为业界运用高新广告技术提供服务。

六是为推动我省广告精品生产，举办海峡广告大赛暨福建省第12届优秀广告作品评选活动，把广告策划案例首次列入赛事之中。在省内评选基础上，推荐一批好作品参与国内和国际广告赛场竞赛，力争取得好成绩。同时举办福建省高校广告作品大赛，与福建省住宅产业商会联合举办房地产广告大赛。通过各类赛事促进我省广告精品生产。赛事结束后，我会将举行盛大的作品展示会，颁奖会以及举行大型文艺演出和奇石展等活动。

七是于下半年与厦大或师大联办广告策划论坛，与部分广告公司联手举办广告实战演练活动。

八是为树立广告形象，提高广告界地位，营造全社会认识广告业，关心广告业、爱护广告业的良好环境，决定把2008年作为福建广告业品牌建设年。要求各地广告协会和所有广告公司正确认识品牌与创业的关系，与企业生存发展的关系，要在树形象、争地位、创环境上下工夫，把广告业自身做品牌、用品牌、爱品牌和提高广告企业附加值作为重要工作来抓。第一，为提高广告业知名度，加大广告业品牌宣传工作，组织省内一家报纸、一家电视台和我会《海峡广告》杂志以及我会网站开设"爱我广告"和"广告之歌"栏目，宣传广告知识，宣传广告作用，颂扬广告业绩和展示广告人物。第二，开展全省"广告行业文明单位"和"广告先进工作者"活动。第三，组织力量编辑《福建省广告史》，力争明年年底前正刊出版发行。

三、做好业界服务工作

一是开展企业资质等级评定工作，将于上半年5月份和下半年11月份对申报企业进行审查、考核和认定，同时，上报一批企业参加国家级认定。

二是开展职称评定工作，根据中国广告协会和省人事厅、省工商局要求，与有关机关配合，成立相应的广告职称评委会，开展广告职称评审考试工作。

三是开展学历教育，积极做好我会与师大联合举办新闻和广告专业大学专科学历教育。

四是开展人才交流工作，指导福建广告人才服务中心做好广告界人才供需工作，同时与部分高校联合举办广告专业毕业生供需见面会，指导部分高校与部分广告公司建立广告人才培养基地。

五是开展对外广告考察交流，组织广告界参加如下活动：3月的第11届亚太广告节，6月份的第55届法国戛纳国际广告节和美国艾菲广告效果奖。组织参加澳洲、欧洲广告培训团。组织广告界赴南非进行广告交流。组织广告界赴台湾广告考察。组织广告界赴金门与台湾广告界进行广告交流。组织广告界赴安徽合肥参加第15届中国广告节。组织部分广告公司开展省际间广告考察交流活动。

六是根据部分广告公司要求，积极协调中国广告协会于2009年在福建举办第16届中国广告节。

四、做好组织建设工作

一是为加强行业情况研究，把握行业发展方向，提高协会工作的预见性和前瞻性，组建"福建省广告协会广告学术专业委员会"。

二是为提高行业组织工作人员水平，分期分批开展省地两级广告协会工作人员的业务培训和岗培练兵活动。

三是定期召开全省广告协会（秘书长）会长工作会议，部署和研究工作。

四是每季度召开一次副会长工作例会，决定重要事项，开展副会长单位广告业务交流活动，以互动、互助、互利为主题，形成合力，共同发展。以此为试点，于明年在部分地市行业中推行。

五是做好发展会员工作，把实力强，信用好，热心协会工作的骨干广告公司吸收到队伍中来，不断壮大行业组织力量。逐步建立和完善会员单位权益机制，使会员单位享受有别于广告经营单位的权益，充分体现会员单位的优越性。

六是于一月份召开第五届二次理事会。

七是于一月份底召开全省广告界新春团拜会。

五、做好行业自律工作

在行业内开展"绿色广告"活动，提高广告行业自律水平和广告公信度。

一是修订《福建省广告行业自律规范》，要求全行业增强法律意识，建立健全内部自律机制，形成全行业自觉抵制违法虚假广告氛围。

二是开展广告专业技术岗位培训和配合广告监管机关做好审查培训工作。

三是配合工商行政管理机关开展广告行业"守合同、重信用"活动，力争更多广告公司获此殊荣。

四是加强广告自律检查，结合行业先进评比活动，在下半年组成三大片区工作检查小组，开展全省广告行业自律工作交叉检查工作，努力克服行业自律工作的薄弱点，最大限度地扼制违法虚假广告的产生。

五是开展广告法律宣传，运用省内主流媒体和本会《海峡广告》和广告网及时反映广告监管机关查处的广告案例，及时刊播新出台的广告法律、相关信息和自律先进经验。

六是完成上级交办的各项工作。

2008年工作总结和2009年工作安排

2008年工作总结

2008年,在上级领导下,在各地市广告协会的紧密配合下,在全省广告界的支持下,我会紧紧围绕经济建设和海西建设中心,以促进广告业发展为主题,以提高广告业实力为目标,以为行业提供优质服务为己任,在拓展工作上下工夫,完成全年工作计划,取得较好的成绩。

第一,围绕促进广告业发展主题,深入开展对广告业现状和发展走势的调查研究工作,起草了《福建省促进广告业发展的指导意见》初稿和《福建广告业现状与走势分析》文稿,提交省工商局和省发改委正式下发《关于福建省广告业发展的指导意见》,为促进我省广告业发展奠定了基础。

第二,举办全省广告界新春团拜会,会上总结和部署了工作,提出新年的工作要求,为第十一届广告优秀作品金、银、铜奖获得者及组织奖获得者进行颁奖,文艺工作者献演了精彩的节目。团拜会充满欢乐、团结、祥和、向上的热烈气氛。来自全省各地的广告界人士及各界嘉宾300多人欢聚一堂,辞旧迎新,回顾过去,展望未来,共商发展大计。我会名誉会长方忠炳、省工商局副局长朱昌彬在团拜会上发表了热情洋溢的讲话,充分肯定了我省广告界在过去一年里取得的业绩和所作出的贡献。

第三,召开了省广告协会五届二次理事会,审议通过本会2008年工作总结和2009年工作计划,审议通过新会员吸收及2008年会费收支情况的报告。

第四,先后于2008年2月和6月在福州、南平两次召开全省广告协会秘书长会议,传送全国广告协会秘书长会议精神,交流各地工作经验,研究部署了支援四川抗震救灾等具体工作。

第五,根据省局统一部署,完成《工商志》(第二卷)福建省广告协会史内容的撰写工作，为反映福建广告协会发展历史和现状留下宝贵资料。

第六，为广告企业资质认定工作更加贴近我省实际，我会认真组织做好《福建广告企业资质认定规定》的修改工作，在调研基础上，广泛征求各地广告界意见，先后两次召开资质认定委员会专题会议进行论证，组织专人进行了修改和补充，使之更加有针对性、规范性和可操作性。

第七，为了提高我省广告企业知名度、塑造广告行业品牌，上半年我会与省电视台经济频道联合推出《海峡广告先锋——福建省优秀广告企业》系列电视专题片，在省电视台进行展播，收到很好效果。

第八，与省纪委、宣传部、省工商局、省广电厅、省出版局等组织党风廉政建设公益广告大赛活动，为扶正社会风气、促进廉政建设做贡献。与省团委和省残联举办"助残献爱心"公益广告大赛。

第九，我会与省企业与企业家联合会共同举办最具有影响力企业家品牌传播峰会暨"海西品牌盛典"，本次活动引起各界的广泛关注和热情参与，三棵树、耐克、沃特、金鹿、七匹狼等100多家品牌企业与会展示实力和探讨品牌发展远景，香港、央视等30家省内外主流媒体对盛会进行报道。与省分众传媒、高速频道广告公司联合主办"闽商在行动"高峰论坛会，300多企业和央视、福建东南卫视、湖南卫视、《海峡都市报》、《东南快报》等主流媒介参加活动。

第十，加强对外交流活动，增进协会与兄弟省市广协的工作交流，取长补短，提高协会工作的整体素质。今年协会排除两批人员包括部分地市的秘书长分别到甘肃、西藏、黑龙江、吉林等地进行学习和考察。

第十一，组织广告界赴合肥参加第15届中国国际广告节，福州市、厦门市等广告协会都分别组团参加此次广告节活动。

第十二，与厦门博群展览有限公司合作在福州市经贸会展中心举办第十五届福建省广告"四新"展活动。

第十三，向省政府有关部门提供广告业状况材料，积极做好海峡两岸文化博览会广告传播行业板块的组织工作，向组委会推荐我省部分优秀广告作品。

第十四，积极开展调研工作，先后组成四个小组，分赴省内外进行行业组织、体制、发展情况、存在问题的考察与调研活动，形成调研报告，为2009年工作安排打下基础。在调研中，针对行业存在的问题，特别影响户外广告置业环境问题，我会领导多次与个别地区政府部门进行对话和沟通，得到理解与支持。比如：漳州市户外广告审批手续由一年限改为三年，受到当地业界欢迎。

第十五，开展两年一度的广告行业文明单位和先进工作者评比活动，经各地报名、推荐、初审、把关、考核和审评，评选出2007—2008年度广告行业文明单位46家，先进工作者48人。

第十六，举办第12届优秀广告作品评展活动。为迎接中国广告节作品大赛，我会共征集400多来自全省各地选送的影视、户外、平面、摄影、书法、绘画等广告作品，8幅作品获得金奖，13幅获得银奖，19幅获得铜奖，作品质量和获奖数量较往年都有很大提高。

第十七，积极做好人才培养工作，一是做好与福建师大联办的我省广告从业人员广告、新闻专业大学本科毕业工作。二是与福州市广告协会联合举办广告人才交流会，为应届毕业生和广告人才与广告公司见面洽谈搭建了平台。

第十八，完成上级交给的其他工作。

2009年工作安排

2009年，我会将根据省委省政府建设两个先行区部署，围绕省工商局促进广告业发展计划，带领全省广告界抗击全球金融危机，带来的不利影响，积极创造良好的广告业发展环境，凝聚全省广告界力量，努力工作，开拓创新，为兴业强会而不懈努力，力争各项工作实现新的跨越。

第一，积极配合工商行政管理机关，做好《福建广告业发展五年规划》工作，组织业内人士和专家学者，根据《福建省广告业发展的指导意见》对福建广告业发展远景、战略构想、奋斗目标、实施项目等方面，进行全方位规划定位，制定出符合福建省情的广告业发展蓝图。

第二，开展广告维权活动，积极为业界排忧解难。积极协调政府在广告拍卖、广告审批、广告收费等方面提供优惠政策，建议政府部门出台《福建省户外广告管理条例》，着手协商有关部门做好调研、协调等基础性工作。于近期商请省物价机关提供户外广告收费文书依据，解决长期以来收费不统一和混乱局面；协调省税务部门解决广告业税负过高过重问题，努力为业界营造宽松的经营环境。

第三，为推动我省广告精品生产，举办海峡广告大赛暨福建省第13届优秀广告作品评选活动，把广告策划案例首次列入赛事之中。在省内评选基础上，推荐一批好作品参与国内和国际广告赛场竞赛，力争取得好成绩。同时举办福建省高校广告作品大赛，与福建省住宅产业商会联合举办房地产广告大赛。

通过各类赛事促进我省广告精品生产。

第四，为树立广告形象，提高广告界地位，营造全社会认识广告业、关心广告业、爱护广告业的良好环境，决定把2009年作为福建广告业品牌建设年。要求各地广告协会和全省广告界正确认识品牌与创业的关系，与企业生存发展的关系，要在"树形象、争地位、创环境"上下工夫，把广告业自身做品牌、用品牌、爱品牌和提高广告企业附加值作为重要工作来抓。为提高广告业知名度，加大广告业品牌宣传工作，我会将组织省内一家报纸、一个电视台和我会《海峡广告》杂志以及我会网站开辟"爱我广告"和"广告之歌"栏目，宣传广告知识，宣传广告作用，颂扬广告业绩和展示广告人物。

第五，开展企业资质等级评定工作，将于上半年5月份和下半年11月份对申报企业进行审查、考核和认定，同时，上报一批企业参加国家级认定。

第六，开展职称评定工作，根据中国广告协会和省人事厅、省工商局要求，与有关机关配合，成立相应的广告职称评委会，开展广告职称评审考核工作。

第七，继续指导部分高校与部分广告公司建立广告人才培养基础。大力开展人才交流工作，指导福建广告人才服务中心做好广告界人才供需工作，同时与部分高校联合举办广告专业毕业生供需见面会，组织高校、业界与广告主联合进行品牌策划活动，力争为我省品牌生产办实事、办好事。

第八，加大广告界对外力度，年内除继续组织广告界参加国际重大广告节、世界广告大会和赴先进地区培训考察以及在南宁举办的第16届中国国际广告节之外，组织广告界赴台湾进行广告交流，邀请台湾业界赴闽考察，举办赛事。同时，组织一次赴香港、澳门进行广告考察学习。

第九，组织广告界积极参与工商局行政管理机关组织的"守合同、重信用""知名老字号企业""著名商标"认定工作。

第十，配合省工商局、省发改委大力扶持中国一级、二级和福建一级广告企业和年经营额过亿元广告企业发展。建议政府部门设立"广告业奖励基金"重奖为我省经济发展、社会进步做出突出贡献的广告企业和个人。

第十一，为加强对广告行业统计工作，我会将配合有关政府部门采取相应办法，促进广告业统计工作到位。

第十二，为提高行业组织工作人员水平，分期分批开展省地两级广告协会工作人员的业务培训和岗培练兵活动。

第十三，做好发展会员工作，把实力强、信用好、热心协会工作的骨干广告公司吸收进队伍中来，不断壮大行业组织力量。逐步建立和完善会员单位权益机制，使会员单位享受有别于广告经营单位的权益，充分体现会员单位的优越性。

第十四，修订《福建省广告行业自律规范》，要求全行业增强法律意识，建立健全内部自律机制，营造全行业自觉抵制违法虚假广告氛围。

第十五，加强广告自律检查，结合推荐部分广告公司评选中国广告行业文明单位活动，开展全省广告行业自律工作交叉检查工作，努力克服行业自律工作的薄弱点，最大限度地扼制违法虚假广告的发生。

第十六，开展广告法律宣传，运用省内主流媒体和本会《海峡广告》和广告网站及时反映广告监管机关查处的广告案例，及时刊播出台的广告法律、相关信息和自律先进经验。

2009年工作总结和2010年工作安排

2009年工作总结

2009年，在上级领导下，在九地市广告协会配合下，在全省广告界支持下，我会紧紧围绕经济建设和海西建设中心，以"抓发展、抓服务、抓规范"为主线，带领全省广告界努力开拓，勇于创新，完成全年工作计划，取得较好的业绩，许多工作有了新的突破和发展，我会被指定在全国广告会上介绍经验并被中国广告协会授予"全国先进广告协会"称号。突出表现在三个方面。

一、促进广告业发展有了新作为

一是配合福建省工商局制定出台《2009年福建省广告业发展工作计划》和《福建省2009—2012年广告业发展规划》，向福建省政府报送《福建省广告业2010—2012年发展规划》，提出解决广告业准入、融资、税收、奖励、用地、用电以及扶持15家年经营额10亿元以上龙头企业，50家年经营额1亿元以上重点企业发展的优惠政策和实施办法。目前，此文件正在省有关部门会签，一经省政府批转，将对广告业发展起到积极的推动作用。一年来，我会向政府机关提供了大量与福建广告市场和福建广告业发展有关的信息和广告业统计资料，为上级决策提供了依据。

二是做好广告创意园区创建的指导工作。我会在做好收集、了解、掌握广告园区创建资料和广告创意园区设立扶持政策基础上，带领广告界赴上海对"8号桥"等三大创意园进行实地考察，及时向政府机关提出在福、厦、泉创建广告创意园区的建议。福建省委省政府于2009年以闽委办[2009]3号下达《关于加快文化产业发展的意见》，批准和出台建立广告创意园区项目及其扶持政策，为广告创意园区的建设打下坚实基础。目前，我省"新思维·福建师大"创意基地、厦门动漫广告基地、泉州品牌服务基地建设已初具雏形。

三是开展广告资源整合工作。一年来，我会在支持广告企业走联盟、联合路子中做了大量工作，就如何更新理念，开拓创新，抢占市场，做大、做强、做好企业等方面，进行分析研究和具体指导，积极帮助部分企业做好融资、征地等工作。比如，促成3家公司征得工业用地近100亩；促成上海广告公司与厦门广告公司，福州公司与厦门、泉州公司，省属公司与九地市各一家公司业务合作，促成泉州艺林广告公司并购工作等事宜，受到业界欢迎。

四是组织广告界进行业务交流工作。比如，7月份由黄应寿会长率领我省20多家骨干广告公司领导赴上海进行为期五天的学习考察和开展业务对接工作，得到上海市广告协会和业界的热情款待。学习考察团先后考察智威汤逊、麦肯光明、上海百成数码影业、文汇报等15家大型公司，对上海广告业界展示的经营理念、业务流程、作品创作、运营管理和人力资源运用等方面经验和成果，大家深受启迪，收益匪浅。8月上海市广告协会薛九委秘书长和邵巧珍副秘书长率领的上海广告考察团一行十人，来闽进行九天的回访考察活动，与我会和厦门市广告协会以及七家广告公司进行广泛接触与交流，两地广告公司间达成多项业务合作协议。对考察交流成果，两地广告界十分满意，上海广告界向我会发来感谢信，两省市业界要求协会多安排这种有利于广告公司破解难题，促进行业健康发展的考察学习活动。

二、在服务广告业上有了新作为

一是努力为业界解决发展中遇到的热点难点问题。一年来，我会深入基层和部分广告公司开展调查工作，想办法，出点子，积极为业界排忧解难，与企业共渡难关，承担了许多卓有成效的工作。比如，与漳州政府有关部门沟通协调，将户外广告审批年限从一年延长至三年；积极与省物价机关沟通协调，理顺了行业培训收费问题，明确了户外广告收费标准问题。由于某市政府大量拆除户外广告牌，导致部分广告公司利益受到严重影响，我会多次与当地领导进行沟通对话，及时向省内主要媒体披露情况，畅明观点，向省政府有关机关提交呈阅件，得到业界的充分肯定。解决了两家广告公司因户外广告设置引起的长期纠纷问题。解决了鹏宏、北辰、省广等公司广告牌的审批问题。解决了大量业界亲属入学、就业、就医、考公问题，等等。

二是为了推动广告行业骨干公司发展，我会与九地市广告协会积极开展广告企业资质等级认定工作，全年认定福建一级资质等级广告企业6家，二级9家，上报中国广告协会认定中国一级2家，二级1家。

三是根据中国广告协会部署，在全省开展2007—2008年度争创广告行业文明单位活动基础上，推荐14家广告公司评选全国广告行业文明单位。

四是开展了福建省第13届优秀广告作品大赛活动，全省广告界选送的400多件作品参加角逐，其中，8件广告作品获得金奖，14件获得银奖，28件获得铜奖，46件获得优秀奖。参加本届评选的广告作品在创意水平和创作手法上比往年有显著提高。此外，我会与中共省委宣传部、省文明办、工商局、广电厅、出版局等七个部委办联合成功举办"迎国庆、讲文明、树新风"公益广告大赛，主办单位领导在全省广告界新春团拜会上为获奖单位颁发了奖金和奖状。

五是组织广告界参加3月份参加在泰国举办的12届亚太广告节，6月在法国举办的戛纳国际广告节，9月美国艾菲广告节和10月在南宁举办的中国国际广告节。

六是11月与泉州市工商局承办了以"交流、互动、发展"为主题，由工商总局指导，省政府支持，中国广告协会和省工商局主办的"首届海西广告高层论坛"，来自海西地区20个城市和台湾广告界，来自浙江、江西、广东、宁夏、北京、上海、四川、安徽和福建省工商局、广告协会领导等280多人聚集泉州，共同探讨海西与台湾地区广告业合作前景和发展大计。工商总局刘凡副局长出席大会并作了题为"科学发展的中国广告业"的发言。本届论坛会规格高、议题准、效果好，得到业界充分肯定。参会代表认为，此次论坛会规格高，规模大，范围广，议题准，效果好在福建尚属首次，开启海西20个城市广告业交流合作先河，对推动海峡两岸广告大市场的形成具有里程碑意义。论坛会一结束，台湾广告界立即在台主流媒体报道了论坛会盛况，致电我会黄应寿会长表示感谢，希望把论坛作为两岸广告界交流平台，继续办下去。论坛会的举办不但得到与会代表的高度评价，而且得到国家工商总局周伯华局长和福建省叶双瑜副省长的充分肯定，两位领导要求认真总结经验基础上，继续办好第二届海西广告高层论坛会。

三、协会建设工作有了新作为

一是按照章程规定，召开了五届二次理事会，审议通过本会2008年工作总结和2009年工作计划，审议通过新会员吸收2008年会费收支情况。召开了三次秘书长工作会议，把秘书长会议作为传达、通报、总结和部署工作的平台。

二是积极做好省民政厅民间组织管理局和省经济社团联合会开展的福建省行业（商业）协会评估工作。经省评估组检查评审，我会取得自评662分，复评666分的好成绩，被认定为福建省级一级协会。

三是派出专人配合广告监管机关做好对广告的监测工作，为行业自律和净化广告市场做出贡献。

四是积极配合福建省民政厅、省工商局完成《福建省行业协会发展促进办法（送审稿）》的修改工作。

五是完成中国广告协会下达的全国广告人才评价文稿的起草和审定工作任务，黄应寿会长被指定为全国人才评价工作的终审专家。

六是举办全省广告界团聚、交流、祝福、庆功、拜年的新春团拜会，福建省领导和省直有关机关领导与300多名广告界人士欢聚一堂辞旧迎新，回顾过去，展望未来，共商发展大计。原省人大副主任、中国大法官、我会名誉会长方忠炳和福建省工商局朱昌彬副局长在团拜会上发表了热情洋溢的讲话，充分肯定了全省广告界和省地两级广告协会在过去的一年里取得的业绩和做出的贡献。

可以说，2009年，是我省广告业在困难中进步的一年，在竞争中发展的一年，是我省广告界为经济建设、社会进步做出突出贡献的一年，也是省市两级广告协会认真履行职能，积极开拓创新，努力服务会员，出色完成各项任务的一年。2009年，我省4家市级广告协会被评为全国先进单位。

2010年工作安排

2010年，是福建广告发展年、进步年、机遇年，一是中国经济已经进入新一轮经济周期的上升通道，开始触底回升，将在高增长、低通胀的态势下发展，经济发展成为广告业源源不竭的发展动力。二是中央经济会议决定将促进消费放在调整结构的突出位置，扩大内需将成为引领经济新一轮增长的主体，无疑为广告业发展注入生机。三是海峡两岸经济的崛起、腾飞和繁荣，为广告业发展搭建了更大的平台，给广告业带来更大的商机和更大的市场。四是通过市场长期摔打的福建广告军团，积聚了改革开放30年来巨大潜能和强大力量，已经具备了为我省经济、社会优质和高效服务能力，"肥水外流"现象将逐步改变。五是各级党委和政府从来没有像今天这样理解和重视广告业的发展，更多的扶持政策和优惠措施将逐步到位，成为推动广告业发展的坚强后盾。预计本年度我省广告业集团化建设和国际化发展将有更大的动作，资本化运作程度更加成熟，联合闯市场模式更加广泛。2010年，全省广告经营额有望突破100亿大关。我们要抓住机遇，理清思路，乘势而上，把广告业发展文章做大做好。

福建省广告协会将2010年定为我省广告业大学习、大进步、大发展之年，定为建设广告大省的起步年。主要抓好以下工作：

一是紧紧围绕党的中心工作，围绕海西建设中心任务，结合我省广告业发展实际，做好全年工作安排和部署。根据《福建省2010—2012年广告业发展规划》，细化工作任务和具体措施，推动各项工作顺利进行。

二是认真把握和贯彻中央和省政府出台的一系列关于扶持行业发展的规划和政策，组织业界领会和吃透上级精神，做好有关政府机关的协调工作，抓紧完成各项优惠政策申报和落实，使业界成为优惠政策的受益者。

三是组织业界分赴广东、上海、湖北、北京四地，学习当地在广告创作，广告营销，广告执行和广告人力资源管理和运用广告新技术、新设备、新材料、新媒体等方面先进经验。同时，开展与四地广告企业互动交流和业务合作。

四是承办由工商总局指导，福建省政府支持，中国广告协会和福建省工商局主办的"第二届海西广告高层论坛会"，同时，开展海峡两岸广告作品赛事，广告新设备、新技术、新材料、新媒体展销，举办海峡广告人才供需见面会，开展闽台广告界交流活动等。

五是拟于4月份组织福建省广告代表团赴台湾考察交流，学习台湾业界先进经营理念、国际市场运作经验和运用先进设备高新技术。同时，确定"第二届海西高层论坛"的有关事宜。

六是组织广告界出国考察和培训学习，主要是：3月在泰国举办的第13届亚太广告节，6月在法国戛纳举办的国际广告节和第42届IAA世界广告大会以及澳洲、欧洲、美洲广告专业培训等。

七是组织广告界赴南昌参加第17届中国国际广告节考察学习，和当地广告界进行业务交流合作。

八是成立福建广告学术委员会，推动我省广告理论和广告政策的研究。开展广告论文的征集评选活动，于年底前出版发行《福建广告论文集》第四卷。

九是成立福建广告维权中心，开展广告投诉受理，纠纷调解工作，维护业界合法权益，为业界创业提供法律支持。建议政府机关着手制定《福建省户外广告管理办法》，改变户外广告管理混乱局面，使广告资质等级不仅在广告市场运营中得到认可，而且户外广告位招标中发挥重要作用，为户外广告设置发布创造宽松外部环境。

十是组织广告界实施广告实战演练，把广告主需求与提高广告经营单位实战能力结合起来，把创新闽货品牌与广告策划创作结合起来，推动我省品牌和广告精品生产。

十一是开展福建省广告界"联动、联营、联合"活动，制定相应的运行办法和措施，促进我省业界开展多层次、多领域和沿海与山区的业务合作。

十二是指导业界组建广告集团龙头企业，形成广告业实力集群；指导业界做好商标权质押、授信融资和征地工作，做好申报驰、著名商标认定和争创"守合同，重信用"单位以及福建省企业知名字号认定工作等。

十三是开展广告企业资质等级认定和资质年检工作，调整认定机构，完善认定办法，规范认定程序，严格认定标准，确保广告企业资质等级认定工作健康发展。

十四是落实已经省物价局、财政厅、工商局批准的广告专业技术岗位培训工作，积极编制工作计划，协调理顺关系，组织师资队伍，推动工作全面展开。

十五是根据中国广告协会部署，做好广告专业人员的职业水平评价和考试工作，着手做好培训前的筹备工作。

十六是开展广告人才的储备和推荐工作。一是发挥我会"福建广告人才中心"作用，做好广告人才引进工作。利用第二届海西高层论坛会契机，开好广告人才供需见面会。二是建立校企实训基地，形成"入校充电，入企实习"的运营模式，提高广告从业人员和在校广告专业学生的理论水平和实践能力。三是在平时做好广告人才推荐，引进工作的同时，7月份组织业界到部分高校召开广告招聘会，接收广告专业应届毕业生，为业界接纳人才和解决学生就业困难办实事办好事。

十七是做好2009—2010年度全省广告行业文明单位和先进工作者的评选工作。

十八是拟与高校联合开展广告从业人员广告专业学历教育，提高广告界专业知识水平和学历结构。

十九是积极探索广告业自律工作的新形式、新办法，根据行业自律规则，开展涉嫌违法违规（电视、平面）广告的公开点评劝诫活动和对主流媒体广告事先咨询的试点工作，提高广告业的社会公信力和自律水平，为净化广告市场做出贡献。

二十是根据工作要求，于3月份召开全省广告协会秘书长会，6月份召开理事会，年底前召开全省广告界迎新联欢会。

　　二十一是认真做好协会脱钩工作，根据省监察、省民政厅关于行业协会与行政机关脱钩的有关规定，在省工商局党组领导下，于上半年完成机构脱钩任务。在机构改革完成之前，做到队伍不乱，思想不散，工作不断，保证协会工作的连续性，并指导地市广告协会做好机构脱钩工作，确保工作正常运转。

　　二十二是为了更快、更好、更及时地为会员单位传递信息、提供各类服务，我会内刊《福建广告通讯》从1月起复刊，以月刊形式向会员单位免费发行，要求各地市协会和业界以《通讯》为平台反映企业诉求，宣传品牌，展示实力，交流业务，共同把《通讯》办好。

　　二十三是抓好会员数量和质量的发展和整顿工作，形成入会、优惠、实惠的良好局面。

福建省广告协会第五届理事会工作报告

黄应寿

（2010年12月30日）

各位代表：

现在我受福建省广告协会五届理事会委托向大会作工作报告，请审议。

本届理事会主要工作回顾

福建省广告协会于2006年12月28日召开五届会员代表大会至今四个年头了，根据省监察厅、省民政厅"关于行业协会与行政机关脱钩"的有关规定和省工商局的部署，本会于今年上半年完成与省工商局的脱钩任务，原协会秘书处人员已全部回省工商局机关工作。为了确保协会工作的连续性、稳定性，本会决定提前召开会员代表大会，选举产生新一届协会领导班子，带领全省广告界完成新的历史使命。经省经社联、省民政厅民间组织管理局批准，今天我们在这里召开第六次会员代表大会和第六届第一次理事会。下面我简要回顾第五届理事会的主要工作。

四年来，在中国广告协会和省工商局的领导下，在省民间组织管理局和省经社联的指导下，在全省广告界的支持下，我会紧紧围绕经济建设和海西建设中心，以"抓发展、抓服务、抓规范"为主线，带领全省广告界努力开拓，勇于创新，基本上完成五届理事会制定的工作目标，多项工作实现突破和新的发展，协会在连续六年被认定为全国先进广告协会基础上，又连续四年荣获殊荣。突出表现在几个方面：

一、促进广告业发展有了新作为

第一，我会认真把握和贯彻中央和省政府出台的一系列关于扶持行业发展的规划和政策，积极做好行业规划和优惠政策的落位工作。福建省财政厅于 2009 年 6 月和 12 月出台《关于申报 2009 年福建省文化产业发展专项资金的通知》和《福建省促进文化产业发展财政扶持政策实施细则》，我会立即将文件转发给会员单位，引导业界领会文件精神，抓紧办理贷款贴息、项目补助、奖励标准等各项优惠项目的申报和落实工作，至目前，全省广告界已向省政府有关部门申报了 7 个项目的补助资金，我会正积极做好政府机关的协调工作，尽最大力量使业界成为优惠政策的受益者。

第二，2008 年，先后与省工商局联合召开"福建省促进广告业发展座谈会"和"广告业经验交流会"。向省政府提出《加快广告业发展步伐的几点建议》，起草《福建省促进广告业发展的指导意见》和《福建省广告业现状与走势》文稿，提交给省政府，省工商局、省发改委依据我会提供材料，联合下发了《关于促进福建省广告业发展的指导意见》。

第三，2009 年上半年，我会向政府部门提交《2009 年福建省广告业发展工作计划》和《福建省 2009—2012 年广告业发展规划》草案，提出解决广告业准入、融资、税收、奖励、用地、用电优惠政策和实施办法，提出扶持 15 家年经营额 10 亿元以上龙头企业和 50 家年经营额 1 亿元以上重点企业名单，扶持广告产业七大重点项目建设的建议，以省工商局名义向福建省政府报送《福建省广告业 2010—2012 年发展规划》，省政府批转了《福建省广告业 2010—2012 年发展规划》。

第四，四年来，我会向政府机关提供了大量的福建广告市场情况和福建广告业发展信息等资料，为政府决策提供了重要依据。同时为我省多所高校提供广告行业发展信息支持，组织一批协会骨干和广告公司老总担任 7 所高校客座教授。

第五，积极做好广告创意园区创建的指导工作，在收集全国各地创建广告园区大量资料和扶持政策的基础上，带领广告界赴上海对"8 号桥"和北京、武汉、杭州等创意园进行实地考察，于 2008 年 9 月向政府提出我省创建广告创意园区的建议。福建省委省政府于 2009 年以闽委办[2009]3 号下达《关于加快文化产业发展的意见》，其中提出关于建立广告创意园区项目及其扶持政策。我会及时向业界转发和解读了省委省政府《关于加快文化产业发展意见》，积极指导和支持业界落实做好广告创意园区项目立项、资金补助的申报工作。目前，锦绣集团在连江贵安征地近300亩，拟建成海峡两岸规模大、档次高、覆盖面广的广告创意基地，新思维·福建师大创意基地已经挂牌开张，厦门动漫广告基地和泉州3M—RPF背投视频研发生产项目已初具雏形，其他地市广告界也正在着手策划建设广告创意基地和广告大厦项目。

第六，积极开展广告资源整合工作，支持广告企业走联营、联盟、联合道路，取得明显成效。比如，促成厦门特视传媒与漳州牡丹、宁德通达、莆田兴都广告公司，上海强生广告公司与厦门东帝士广告公司，福建唐码新奥与漳州牡丹广告公司，福建锦绣集团与九地市各一家公司的业务合作；促成泉州艺林与三明广告公司并购；促成上海中宣集团与福建理想源旅游企业、三坊七巷、福州软件园业务合作；促进福建新思维企划公司与福州三艺门业、福建钱山集团，锦绣广告集团与福建科大农业开发企业、福州环宇印务公司，莆田健康树食品企业与台湾《新生报》，福建鼎力与新疆房地产商的业务合作等等。安排了漳州市广告界到福州省属广告公司考察学习；安排了泉州广告协会率福建太古广告公司到锦绣集团考察学习；安排了漳州辉达广告公司到上海中宣集团考察学习等等，受到业界欢迎。

第七，为了推动我省广告界运用高新技术，我会每年都举办"福建省广告新设备、新技术、新工艺、新媒体展销会"。几年来，来自意大利、美国、比利时、日本和台湾、香港等国外境外300多家广告厂商以及400多家国内广告设备生产企业集聚福州，7万多名广告界和高校师生参观了展销会。

第八，四年来，福建广告业战胜经济低迷，户外广告受阻，市场竞争加剧等许多困难，保持了广告业持续稳定发展，广告规模进一步扩大，专业化进程进一步加快，科技含量进一步提高，服务领域进一步扩展，服务水平进一步提高，作用和地位进一步突出，广告人的贡献也进一步得到社会认可。预计广告生产总量从2006年的41亿，到2010年100亿，增加59亿，比增144%，广告公司从4 500家到8 500家，增加4 000家，比增89%；广告从业人员从4.5万人增加到7万人，比增56%。我省的全国广告百强企业，从2006年6家，到2009年增加到13家。目前，我省拥有中国一级广告公司17家（占全国总数197家的8.6%)，中国二级广告公司5家；拥有省一级广告公司65家，二级59家，三级75家；拥有年经营额亿元以上广告企业30多家，其中，有8家年经营额超过3亿元以上。预计到2012年我省广告经营额亿元以上公司可达50家以上。我们还拥有20多家跨省经营且势头发展良好的广告企业，拥有7家广告集团公司，2家股权上市公司，拥有52家全国行业文明单位，形成以福州、厦门、泉州三大板块广告实力集群，辐射和带动全省广告业发展格局，整体实力在全国行业中，占有举足轻重的地位。广告催生大量品牌，至2010年，我省驰名商标达150多件，居全国第五位，地理标志全国第一位，还有一批名牌产品和著名企业。我省广告年投量达200亿以上，成为全国最大的广告生产基地之一。可以说，福建不仅是品牌大省，也是广告大省，福建已进入政府用广告，企业用广告，人人用广告的时代。广告为繁荣市场，拉动内需，方便生活，塑造闽牌，提高闽货在国内外市场占有率，为福建经济发展社会进步发挥了极其重要的作用。

二、在服务广告业上有了新作为

第一，四年来，我会积极为业界排忧解难，与企业共渡难关，承担了许多卓有成效的工作。比如，与漳州政府有关部门协调，使户外广告审批年限从原来一年延长至三年；解决了福建太古、福建指南针等一批广告公司在户外广告拍卖中联手合作事宜；解决了部分广告公司因户外广告设置引起业界内部纠纷问题；解决了鹏宏、北辰、省广、锦绣、铁路、特视等公司广告牌审批难题；解决了我省部分广告公司在上海、北京、太原、西安等地遇到经营上的困难；解决了业界一批亲属入学、就业、就医、考公问题等等。2009年，福州市拆除了大量户外广告牌，严重影响了广告公司利益，广告企业拟组织上万人到省政府上访活动，我会得知情况后，在积极做好业界稳定工作的同时，与当地领导进行沟通对话，及时向省内主要媒体披露情况、畅明观点，向省政府有关机关提交了呈阅件。2010年，对厦门、泉州业界要求政府维护广告界合法权益，避免乱拆广告牌问题，我会给予了指导和支持。

第二，我会与九地市广告协会积极开展广告企业资质等级认定工作，4年认定福建一级资质等级广告企业19家，二级21家，三级29家，上报中国广告协会认定中国一级5家，二级2家。

第三，四年来，我会十分关注行业集团公司建设，积极支持锦绣、奥华、新恒基等广告企业成功组建广告集团。支持福建分众传媒公司股权在美国成功上市和广告主单位福建丰泉环保集团股权在德国成功上市。

第四，积极指导业界做好商标权质押、授信融资工作，做好申报驰、著名商标认定和争创"守合同，重信用"单位以及福建省知名老字号企业的认定工作等。四年中，有3家公司被认定为著名商标，23家企业被省、市两级政府认定为"守合同、重信用"企业，5家企业办理了银行授信融资手续。

第五，支持部分企业在征地和投资等方面做了大量工作。比如：帮助锦绣、肖厝、特视等广告公司和环宇包装设计、白莲花涂料、健康树食品、味中有食品、三鑫隆铸业、九龙体育等广告主征得工业用地1 000多亩。组织广告界参与湖北洪湖、襄樊，河北鸡泽，江苏宿迁、徐州，河南济源等地在闽举办的项目招商会，成交项目4个，投资3.4亿元。

第六，我会与省企业与企业家联合会共同举办品牌传播峰会暨"海西品牌盛典"，活动引起各界的广泛关注和热情参与，三棵树、耐克、沃特、卡朱米、金鹿、七匹狼等100多家品牌企业与会展示了自身实力，探讨了品牌发展远景，中央电视台和大陆、香港、台湾等30家主流媒体对盛会进行了专题报道。

第七，由我会主办，福建分众传媒、高速频道广告公司承办的"闽商在行动"高峰论坛会，300多家本土企业和央视、福建东南卫视、湖南卫视、《海峡报》、《东南快报》等主流媒体参加活动。

第八，2007年，我会表彰了20年来为我省广告事业做出突出贡献的"十大杰出广告公司""十大杰出广告人""十大杰出广告业推动人物"，开展了评选"十大杰出广告作品""十大杰出广告策划案"活动，取得圆满成功。

第九，四年间，我会先后两次在全省开展两年一度的争创广告行业文明单位活动，共评出广告文明单位105家，广告先进工作者108人，并从其中推荐14家广告公司参评2008—2009年度全国广告行业文明单位。

第十，开展了福建省第11、12、13届优秀广告作品大赛活动，共征集1 600多件作品，其中，22件广告作品获得金奖，33件获得银奖，52件获得铜奖，136件获得优秀奖。2008年5月和7月，我会与省委宣传部、省纪委、省工商局、省广电厅、省出版局和省团委、省残联先后举办"党风廉政建设"和"助残献爱心"公益广告大赛。2009年6月我会与省委宣传部、省文明办、工商局、广电厅、出版局等七个部委办联合举办"迎国庆、讲文明、树新风"公益广告大赛。2010年3月与省文明办联合举办"讲文明，树新风"公益广告创作大赛，均取得圆满成功，受到省委宣传部等有关部门的充分肯定，省财政厅拨款40多万元支持我们的工作，省领导为获奖单位颁发了奖金和奖状。

第十一，开展国内外、省内外业界交流活动，是推进行业进步，加快行业发展的重要举措，是一件深受业界普遍欢迎，为业界办实事办好事的活动，我们做了以下工作：

（1）在带领广告界参加中国广告协会组织的泰国亚太广告节，戛纳国际广告节，美国艾菲广告节的同时，2007年9月组织203名广告界赴青岛参加第14届中国国际广告节，2008年9月组织170多名广告界赴合肥参加第15届中国国际广告节。2009年10月组织我省广告业界分7个团组，200多人参加在南宁举办的第16届中国国际广告节。2010年10月组织6个团组共168人前往南昌参加第17届中国国际广告节。

（2）2007年4月，福建省广告代表团一行十六人，赴台湾进行广告交流活动，先后拜访了东森电视台、《台湾联合报》等广告媒体和广告公司，考察了台湾户外广告。

（3）2009年7月，由黄应寿会长率领我省20多家骨干广告公司领导赴上海为期五天的学习考察和开展业务对接工作，得到上海市广告协会和业界的热情款待。学习考察团先后考察了智威汤逊、麦肯光明、上海百成数码影业、《文汇报》等15家大型公司，上海广告业界向我省广告界展示了经营理念、业务流程、作品创作、运营管理和人力资源运用等方面经验和成果，大家深受启迪，受益匪浅。8月，上海市广告协会薛九委秘书长和邵巧珍副秘书长率领上海广告考察团一行十人，来闽进行九天的回访考察活动，与我会和厦门市广告协会以及七家广告公司进行广泛接触与交流，两地广告公司间达成多项业务合作协议。

（4）2010年5月我会组织了15家广告公司赴湖北省与当地广告企业进行考察活动，取得很好的效果。

（5）四年来，我会还组织广告界人士赴甘肃、西藏、黑龙江、宁夏、吉林等地进行考察学习。先后接待了山东、广西、江西、浙江、广东、台湾等省广告界人士到我会考察活动，仅2010年10月就接待了张锦妙副会长兼秘书长率领湖北广告考察团和刘丽秘书长率领的吉林省广告考察团90多人来闽活动。

第十二，为推动广告专业技术岗位培训工作顺利开展，我会在做好编制培训计划，组织培训工作的同时，做好收费的审批工作，通过积极努力，此项收费已经省物价局和财政厅批准。四年来，共培训广告从业人员1 300多名。

第十三，开展广告人才的培养、储备和推荐工作，做了许多工作。

（1）发挥我会"福建广告人才中心"作用，推荐、引进了一大批广告人才到广告企业工作。

（2）与福州市广告协会两次联办高校广告人才招聘会，为业界接纳人才和解决学生就业困难办实事。

（3）在福州、泉州、漳州建立了6所校企广告实训基地，探索"广告从业人员入校充电，广告专业学生入企实习"模式，不但提高了广告从业人员和在校广告专业学生的理论水平和实践能力，而且建立了广告人才供求渠道。

（4）做好我会与师大联办的广告从业人员广告、新闻专业大学本科学历教育，有307名广告界人士获取大学本科学历。从2010年秋季开始，我会与武汉理工大学开办广告等6个专业本科学历班，一批从业人员经考试以全部合格成绩，走上了两年学习征程，将于2012年完成学业。

（5）开展广告职称评审工作，四年共评出中级职称25名，初级职称11名。

第十四，2009年11月我会与泉州市工商局承办以"交流、互动、发展"为主题，由工商总局指导，省政府支持，中国广告协会和省工商局主办的"首届海西广告高层论坛"，来自海西地区20个城市和台湾广告界，来自浙江、江西、广东、宁夏、北京、上海、四川、安徽和福建省工商局、广告协会领导等280多人聚集泉州，共同探讨海西与台湾地区广告业合作前景和发展大计。新华社、人民日报、CCTV、福建电视台、中国工商报、福建日报等主流媒体全程报道了论坛会盛况。工商总局刘凡副局长出席大会并作了名为"科学发展的中国广告业"的主题发言。两岸广告专家、学者从不同角度，就如何改变海西地区广告投资环境，开放两岸广告市场，大陆广告进入台湾等问题进行了深入探讨。参会代表认为，此次论坛会规格高，规模大，范围广，议题准，效果好；在福建尚属首次，开启了海西20个城市广告业交流合作先河，对推动海峡两岸广告大市场的形成具有里程碑意义。论坛会结束后，闽台广告界进行了广告业务的互动与交流，台湾广告界返台后在台多家主流媒体报道了论坛会盛况和两岸广告界交流情况。对我会的热情接待和安排，台湾广告界纷纷致电我会黄应寿会长表示感谢，希望把论坛作为两岸广告界交流平台，继续办下去。时隔不久，台湾《新生报》刘长裕第一执行副社长、台湾传播管理研究协会理事长杨志弘先后回访省广告协会。刘副社长与黄应寿会长一道考察了福建广告业情况，台湾《新生报》用半版报道和宣传了福建情况。论坛会的举办不但得到与会代表的高度评价，而且得到工商总局周伯华和福建省叶双瑜副省长的充分肯定，两位领导要求认真总结经验，办好第二届海西广告高层论坛会。中国广告协会李国庆秘书长作出了关于"认真落实总局领导批示精神，继续与福建省广协办好第二届海西高层论坛"的指示。对此，我会策划了第二届海西高层论坛整体方案，提供给省工商局。

第十五，2007年10月我会与中新社等单位联合主办海峡环球国际广告模特大赛，来自乌克兰、澳大利亚、新加坡、台湾、香港等国外境外和大陆的150名佳丽登台亮相，展开激烈的遂角，许多获奖者成为我省商品品牌和企业形象的代言人。

三、协会建设工作有了新作为

第一，四年来，我会召开了四次理事会和八次秘书长工作会议，把会议作为传达、通报、总结和部署工作的平台。

第二，积极做好省民间组织管理局和省经济社团联合会开展的福建省行业（商业）协会评估工作。经省评估组检查评审，我会取得自评662分，复评666分的好成绩，被认定为福建省一级协会。

第三，出色完成省工商局广告监测中心领导工作，完成福建省工商局广告处的组建工作，为广告监管和净化广告市场作出贡献。

第四，积极配合福建省民政厅、省工商局完成《福建省行业协会发展促进办法（送审稿）》的修改工作。

第五，2008年完成中国广告协会下达的全国广告专业技术人员职业评价部分文稿的起草和修订工作，黄应寿会长被中国广告协会指定为该项工作的终审专家。根据中国广告协会要求，于2009年，设立福建省广告专业技术人员职业水平评价领导小组，着手做好前期准备工作，已确定以闽江大学老校区作为培训考试基地，抽调闽江学院五名老师承担授课任务。明年1月五名老师将接受全国考务集训。目前，省财政厅和省物价局以闽财综〔2010〕45号文件，下达《关于同意收取助理广告师和广告师职业水平考试考务费等有关问题的通知》，为此项工作走上轨道铺平道路。

第六，每年均举办由300多名广告人参加的全省广告界新春团拜会，省领导和省直有关机关领导与广告界欢聚一堂辞旧迎新，回顾过去，展望未来，共商发展大计，充分肯定全省广告界和省地两级广告协会在过去的一年里取得的业绩和做出的贡献，新春团拜会成为已经全省广告界团聚、交流、祝福、鼓劲、庆功、拜年的好平台。

第七，认真做好协会脱钩工作，根据省监察厅、省民政厅关于行业协会与行政机关脱钩的有关规定，在省工商局党组领导下，我会于2010年上半年完成与福建省工商局机关脱钩任务。在脱钩期间，做到队伍不乱，思想不散，工作不断，保证协会工作的连续性、稳定性和正常运转。协会在脱钩工作中，得到省工商局和社会各界的大力帮助，特别是部分广告公司的大力支持，很多广告公司把协会看成自己的家，为协会建设做出很大贡献，特别是：福建鼎力、福建锦绣、福建东南卫视、福建电广福视、福州环宇包装设计、厦门威扬、福建海峡都市报、福建号百、厦门华盟、漳州牡丹、福建分众、福建新思维、厦门松美科技、泉州精彩、福建电广广播电台、福建希望广告、福建唐码新奥、福建蓝色广告、福建西岸传媒、泉州电视台、福建金苑等会员单位给予协会资金和物资上的大力资助。

2006—2010年，是我省广告业在不断克服困难中进步的四年，在竞争中发展的四年，是我省广告界努力拼搏，奋发有为，为经济建设、社会进步作出了突出贡献的四年，也是省市两级广告协会认真履行职能，积极开拓创新，努力服务会员，出色完成各项任务的四年。

四年来，我们虽然取得许多成绩，但行业在前行中也遇到前所未有的压力和挑战：

一是福建拥有150多件中国驰名商标和一批名牌产品，有"品牌大省"之美誉，广告资源十分丰富，每年有200多亿的广告费投放市场，其活跃的广告投放力成为中央电视台和各省电视台乃至国际体育赛事最为倚重的广告资源基地，其重要地位在全国不可撼动。然而，与我省品牌在国内外强劲传播格局不相匹配的福建广告业，由于发展步伐偏慢，规模偏小，实力偏弱，集约化程度偏低，导致本土广告资源大量流失。

二是在国内外网络广告飞速发展的今天，我省网络广告经营明显落伍，全省1.5万家网站，广告经营额仅7000万左右，与发达地区相比不但相差甚远，而且网站质量不高，违法广告不少。

三是行业准入门槛太低，每年平均2000家左右广告企业露脸，导致广告市场僧多粥少，不正当竞争局面加剧。

四是广告公司间实力差距、地区间发展水平越拉越大，实力公司大部分集聚省城福州，大型专业性公司相对集中福、厦、泉，其三地广告产值占全省的85%以上，其余地市90%以上公司仍以户外广告为主要业务，公司实力弱小，产值太低。

五是近年来，由于全省各地开展广告牌整治行动，导致全省大型户外广告牌数量和户外广告产值与2006年相比锐减70%和50%。特别福州市区高立柱、看板广告牌难以觅见。许多户外广告公司就像农民丧失耕地一样，处于无"地"可耕地步，已经严重危及"温饱生活"。

六是随着广告业发展，行业对高端人才需求越来越大，广告人才严重匮缺，影响了行业发展。

七是广告总量不断上升，广告利润不断降低和不断缩水。

八是社会乃至政府对广告不信任、不理解甚至偏见倾向依然突出，行业生存环境不宽松，发展阻力依然很大。

九是广告公司间不和谐、不团结，行业不正当竞争问题时有发生，广告自律工作有待加强。

十是从 2008 年初开始，我会主要领导受命兼任行政领导工作，使本会领导力量受到很大削弱。加上协会脱钩改制的影响，致使五届理事会制定的工作目标有的没有实现，有的没有完成，有的做得不好，有的没有去做，协会整体工作质量、服务水平有所下降。

新一届理事会主要工作任务

新一届理事会将以服务行业发展为工作重点，以"突破、创新、跨越"为工作思路，以再创省级和全国先进社团为工作目标，为富业强会而努力奋斗。

一、抓重点

在本届任期内，将紧紧围绕中央十七届五中全会和省委八届十中全会精神，抓住广告业发展方式转变，解决本土广告内需，实现广告业跨越性发展三大重点做好文章、做足文章。

首先，在促进广告业发展方式转变方面，要引导广告界清醒看到，支撑广告业发展的原有条件已经发生根本变化，原有低成本高回报的优势不复存在，粗放型的发展方式将逐步退出市场。因此，必须改变 20 多年来低端运营和同质化经营方式，调整发展策略，优化产业结构，逐步解决我省 90% 以上广告企业严重依赖户外广告过日子的现象，逐步解决我省 60% 低端广告公司既无人才、又无资金、更无固定客户资源，以价格竞争作为进入市场手段，引发广告市场恶性价格战的问题。引导广告界不断提高经营理念，提高科技含量，提高创新能力，提高队伍素质，提高管理水平，从原来松散型向集约化型转变，向具有自主创新能力和核心竞争力的新型公司转型，促进行业又快又好发展。

其二，解决广告内需方面，就是要提高行业实力，增加企业本领，把握好机遇、政策、人脉、信息等要素，力争使我省投放市场的 200 多亿广告费，尽其所能，为促进我省经济发展保驾护航。

其三，实现跨越发展方面，就要着眼于大思路、大目标、大作为，着力于建设大项目，打造大基地，培育大企业，塑造大品牌，摒弃依靠小米加步枪和墨守成规、小打小闹的作战模式，引导广告企业走改革发展、整合资源、联合经营的路子，建立船坚炮利的闽籍广告航母舰队，实现近海作战向全球扩张的战略，在广阔的广告海洋中，去占领更大的发展空间。

二、抓发展

促进行业发展是广告协会工作的第一要务，是协会工作的出发点、归宿点和主旋律。提高广告业在国民经济中的比重和整体水平，是适应对外改革开放，加速省内外市场信息交流，提高资源配置效率，增强自主创新能力和品牌竞争力的迫切需要；是促进产业结构调整优化，加快行业发展方式转变，推动行业技术创新的有效途径。因此，我们要积极挖掘我省广告业发展的新亮点、新特点和新优势，采取新动作、新举措，推动广告业大发展。

第一，2011—2015年是福建广告业"大发展、大提速"重要时期，这五年内，我们一方面要加大广告业的前进步伐，赶上全国先进地区水平。另一方面要迎接严峻的市场挑战，保持广告业持续、快速、健康发展，到2015年力争我省广告总量超过150亿。

第二，引导业界在多变的市场竞争中，善于抓住机遇，不断转变观念，寻找新项目，开拓新市场，开创新局面，提高企业竞争力和市场占有率。

第三，引导企业用好、用活、用足政策。企业要发展离不开好政策，有了好政策，就要把政策化为生产力，把政策化为经济效益。对中央和省里出台的一系列扶持广告业发展政策，我们不但要了解它、熟悉它、掌握它，还要用好它，用政策化解矛盾，排除困难，解决广告业发展中的瓶颈。

（1）积极做好现行扶持广告业政策落实工作。

（2）积极向政府建言献策，推进政府出台扶持广告业发展新政策、新举措。

（3）及时向会员单位传达省以上政府机关支持广告业发展的政策信息。

（4）建立与政府沟通协调渠道，增加话语权，及时向政府反映行业情况，积极争取政府对广告业的支持。

（5）适时请政府有关政策、税务、工商、金融、经贸、法律等专家为业界专题授课和指导。

第四，支持实力强、信誉好、具有竞争优势的广告企业通过参股、控股、承包、兼并、收购、联盟等方式，组建股份制企业或广告集团。引导和支持注册资本2 000万元的母公司、具有3个控股子公司和母子公司注册资本总额达到4 000万元以上的广告企业，申请设立省级或中国广告企业集团。

第五，支持广告企业动产抵押、商标权质押、股权出资等方式获得资金资本支持，同时积极争取行业贴息贷款，拟成立广告行业担保公司，支持行业龙头企业和重点企业做强做大。

第六，支持广告企业注册商标，参与申报驰名商标、著名商标和知名商标的认定，鼓励广告企业参加福建省老字号企业品牌认定。

第七，支持广告企业进行跨行业、跨地区、跨媒体和跨所有制的资产重组，从人才、资源、资金、技术等方面进行横向联合和专业协作，提高竞争能力和抗风险能力。

第八，支持广告企业建立广告创意园区、广告实训基地、广告交流场所、广告大厦等建设项目，为之创造便捷条件。

第九，培育一批拥有自主品牌和技术先进、主业突出、特色明显，核心竞争力强的广告实力企业发展，力争五年间有更多的广告公司进入中国广告百强行列，更多的广告公司成为中国一级和福建一级广告企业。力争五年内每年增加10家营业额亿元以上广告企业和3家广告集团公司，1家股权上市公司，到2015年我省将涌现近百家年营业额超亿元广告公司，近20家广告集团企业和近10家股权上市公司。

第十，组织广告界对外广告交流考察和参与国际国内重大广告盛会活动，深化闽港澳台广告产业对接，在组织四地广告界互访和举办大型广告赛事的基础上，实现广告业务代理，广告人才交流，广告项目合作等目标。

第十一，为了促进福建品牌生产，增强广告人的实战能力，我会与有关单位合作，以实力广告客户为服务对象，开展广告实战演练，组织业界精英对广告客户形象和品牌进行策划、包装和展示，同时对优秀广告策划案、优秀广告作品进行表彰，发给证书。

第十二，为塑造行业品牌，提高广告公司和广告企业家的社会地位，形成全社会了解和理解广告，关心和尊重广告人，支持和爱护广告事业的氛围，我会将开展树立典型、表彰先进、宣传行业等各项活动，主要有：

（1）从明年开始，与福建电视台共同创办《广告与品牌》节目，展示广告行业业绩和广告人风采。

（2）组建福建广告篮球俱乐部，提高广告行业社会影响力。

（3）继续开展两年一度的全省广告行业先进单位和先进个人表彰活动。

（4）开展广告行业"优秀企业家""实力广告企业"等评选表彰活动。

（5）推荐广告优秀企业和优秀广告人参与全国文明单位和先进个人的评选活动。

（6）与福建省诚信协会联合开展"福建省广告行业诚信先进单位"评选活动。

三、抓服务

为行业服务是协会永恒不变的主业，是协会永恒不变的宗旨和职能。本届理事会将竭尽全力，抓住业界最关心、最直接、最实际的利益问题，做好服务工作，力争通过五年努力，从更高层面、更宽领域和更大范围为业界提供更多、更好的服务项目，把协会办成为业界做主，为业界办事，为业界操心的创新型娘家。

第一，尽力解决制约广告业快速发展的主要矛盾，为行业发展争取宽松环境。

（1）与政府建立畅通的绿色通道，及时向政府反映行业情况和问题，提出解决办法和建议。

（2）针对目前户外广告经营难的问题，我会将做好以下工作：一是制订和推行户外广告制作技术标准，积极参与《福建省户外广告管理办法》修订工作，努力推动《福建省户外广告位拍卖暂行办法》出台，以法律形式保护业界合法权益，力争把广告企业资质等级列入户外广告拍卖的重要条件，推动户外广告健康发展。二是《中华人民共和国广告法》修改实施后，积极做好宣传和贯彻工作。三是发挥我会广告维权中心作用，聘请省纪检、监察、纠风办等领导担任中心顾问，设立投诉电话，对一些违法行政、执法不公、吃拿卡要的行政执法部门和执法人员，建议有关部门予以严肃处理。

第二，积极开展广告企业资质认定、广告职称评审、广告人才培养、广告技能赛事、广告从业培训、业界联谊互动、广告理论研究、广告四新展会、广告模特大赛等等，尽可能解决会员单位在工作中遇到的热点难点问题，努力为会员单位提供更多实在、实用、实惠的服务项目。

第三，掌握国内外广告业发展动态，收集、发布行业信息，建立广告市场专业数据公共信息平台，促进广告业经营信息、诚信信息交流，为企业发展、行业交流和政策提供信息支持。

第四，建立人才信息库，为会员单位提供人才信息查询服务，实现广告人才信息共享，促进人才合理有序流动。

第五，为促进行业业务互动，实现资源整合，增强行业合力，共同排忧解难，增进业界友谊，发挥行业骨干力量作用，今后每季度组织一次副会长联谊活动，每半年组织一次常务理事联谊活动。

第六，与政府相关部门和相关企业建立战略联盟，为会员单位提供创业、工作和生活等便利优惠条件。在条件许可情况下，帮助会员单位解决公司年检、商标注册、集体融资等方面问题。

四、抓建设

本届理事会以"治会要有新思路,改革要有新突破,工作要有新举措,年年要有新跨越"的要求,作为衡量协会工作标准,夯实工作基础,扩大工作成果,力争任期内年年进入省级乃至全国先进协会行列。

第一,本届理事会秘书处是协会体制变革后新组建的工作队伍,本会机关工作队伍强弱,关系协会工作开展好坏、水平高低的大问题。因此,要着力抓好协会工作定位,明确协会该干什么、能干什么、会干什么的职能和任务,做到工作方向明、运作程序清,任务完成好。同时,加强协会机关行政管理和队伍培养工作,使之成为理念先进,斗志昂扬,工作规范,精明精干,团结高效的协会工作队伍。

要求在座的各位代表和全省业界一如既往地支持协会建设,把业界的家呵护好、建设好,促进协会工作全面发展。

第二,抓好行业自律工作,引导广告企业建立健全企业内部广告审查制度,最大限度地杜绝虚假广告发生。做好年度行业自律检查工作,为会员单位提供广告法律咨询审查、广告内容发布把关工作。继续配合工商行政管理机关开展业界争创"守合同、重信用"单位活动,使更多的广告企业进入"守合同、重信用"单位行列。修订《福建省广告行业自律规则》,进一步把业界应遵守的职业道德用条款的形式予以规范。

第三,开展广告理论的研究工作,推进我省广告理论研究向高端发展。开展广告论文的征集评选活动,计划明年年底前出版发行《福建广告论文集》第四卷,力争本届理事会任期内编制出版《福建广告史》。

第四,加大办刊办网力度,提高办刊办网水平,努力办好《海峡广告》杂志和"海峡广告网"站,使之成为业界提供多方面服务,受业界欢迎的刊物和网站。同时,我会内刊《福建广告通讯》从明年一季度起复刊,每月向会员单位免费发行,要求各地市协会和业界积极投稿,以《通讯》为平台反映企业诉求,宣传品牌,展示实力,交流业务,共同把《通讯》办好。

第五,抓好会员队伍的发展和整顿工作,逐步形成会内会外有别和入会优惠、实惠的良好局面。一是把实力强、影响好、热心协会工作的广告企业吸收到协会队伍中来,对不主动缴纳会费,不参加协会活动,不履行义务的个别副会长、常务理事、理事和会员单位予以清退。二是重新颁发会员证。

三是制定会员单位各项活动优先和优惠办法。

　　第六，根据行业发展需要和强化行业专业化指导，拟成立福建省广告协会电视广告专业委员会、报业广告专业委员会、户外广告专业委员会、广播广告专业委员会、广告学术委员会和广告协会书画摄影研究院。通过分支机构的建设，进一步突显行业工作的专业性、特色性，进一步发挥协会的职能、作用和活力。同时，加强对已设立的广告主委员会、广告人才服务中心的领导工作，使之工作正常化、规范化。

　　第七，加大对地市广告协会指导力度，通过开展协会人员培训、工作协调、工作交流、考察学习等项活动，使省市两级广告协会形成关系密切、上下呼应、协力工作的局面，增强整体工作力度，促进协会各项职能逐步到位。

　　第八，努力完成中国广告协会下达的各项任务，积极组织全省广告界参与中国广告协会部署的各项活动。

　　同志们，即将当选的福建省广告协会新一届领导班子，将以崭新的面目，崭新的姿态，带领广告界开始新的长征，全省广告界要认清形势，抓住机遇，主动作为，奋力先行，为实现福建广告发展新跨越、大跨越而努力奋斗！

2011 年工作总结和 2012 年工作安排

2011 年工作总结

2011 年，我会在中国广告协会和福建省民政厅组织管理局、福建省经社联的领导下，在全省广告界的支持下，紧紧围绕海西经济建设中心，以打基础、促发展、求进步为主线，带领省市两级广告协会工作人员积极努力工作，勇于开拓创新，出色完成全年工作任务，取得一定成绩，30 多项工作实现零的突破，得到上级机关、社会和业界的认可。我会被全国广告界推选为中国广告协会副会长单位，黄应寿会长被推选为中国广告协会副会长。国家工商总局甘霖副局长、广告司孙鸿志司长、中国广告协会张霞副秘书长先后考察和关心我会工作，听取我会工作汇报，对我会与政府机关脱钩后的工作给予充分肯定。

可以说，2011 年是福建广告业发展史上不平凡的一年，是全省广告协会与行政机关脱钩，导入市场机制，接受市场考验，验证自身实力，实现自我价值的一年，是省市两级广告协会带领全省广告界站在新起点，踏上新征程，获得新丰收的一年。

一、抓发展

促进行业发展是广告协会的第一要务，是协会工作出发点、归宿点和主旋律。一年来，我会积极研究探讨广告业发展趋势，抓住促进产业发展方式转变、解决本土广告内需和实现广告业跨越发展三大重点，做了许多工作。

（一）做好政策宣传工作

企业要发展，离不开好政策，只有把政策用好用活，企业才能更快更好地发展。

第一，我们把政策宣传和信息传达作为重要工作来抓，运用行文和《福建广告通讯》方式，将中央和福建省出台关于促进行业发展的相关规划和政策及时传达给会员单位，确保会员单位及时了解形势，掌握政策，依托政策助力，实现自身发展。全年为会员单位提供政策文件65份，提请政府有关部门为会员单位提供政策咨询89项。

第二，在福建省政府办公厅支持下，从4月份开始，省政府机关免费为我会提供发布政务信息的杂志《福建省人民政府公报》，使我会增加了掌握政府机关相关广告政策的渠道。

第三，为帮助会员单位获得经济信息、科技动态、政策要览和市场分析预测等资料，我会向省政府发展研究中心征订专供领导决策的《内参信息》，将具有参考价值的信息传达给会员单位。

第四，为了便于业界掌握和了解广告政策法规，我会编印了1万本《广告法律法规及政策文件汇编》免费发给会员单位。

第五，2011年国家税务总局将广告行业列入三大重点税收检查对象，为配合做好迎检工作，解决广告企业纳税中的具体问题，减少广告界损失，在福建省地税局支持下，我会于6月举办了广告税收迎检培训班，取得良好的效果，得到业界的赞誉。

（二）做好对外交流工作

引导广告业开放视界，扩大交流，促进合作，在理念、技术、人才、管理等方面与发达地区和国际水平对接，推动广告业向更高层面、更宽领域、更深程度发展，成为协会的一项重要工作。

第一，3月28日，以我会黄应寿会长为团长的福建广告考察团一行十六人随中共福建省委孙春兰书记率领的福建经贸考察团，赴港澳进行为期八天的广告考察交流活动，先后拜访香港广告业联会、大公报社、澳门广告商会和两地多家广告企业，顺访广东省珠海市广告协会，就18个广告合作项目与港澳两地广告界对接，开拓了闽港、闽澳广告界合作交流的新渠道。

第二，5月15日，我会接待了香港和澳门广告界领导来闽交流访问，并就双边广告行业开展工作、业务合作、信息互换、组织业界交流等事项进行商讨。确定了今后闽港、闽澳广告界考察互访，开展广告业务对接，联办广告赛事和广告资源整合等事宜。

第三，5月18日，在第13届海峡两岸经贸交易会期间，我会与香港广告业联会，澳门广告商会以及台湾旺报代表四地广告行业组织签署了《举办两岸四地广告文化博览会框架协议》，为港澳闽台业界的互动交流打下基础。

第四，我会黄应寿会长率领的福建广告代表团一行十二人于7月18—27日赴金门、澎湖、台湾开展了为期十天的广告考察与交流活动。先后拜访台湾广告行业组织、台湾新生报社、新视纪整合行销传播股份有限公司、绍宇广告实业有限公司以及金门金水，台北富威、行家，台南楷盛电子商务、大合基础工程，造亿不动产，高雄海洋科技、金铠铝业等企业，就广告合作相关事宜进行了交流和探讨，成功对接了多项广告合作项目。考察了金门、澎湖、台北、嘉义、高雄、台南、花莲等地户外广告，受到台湾业界朋友的热情款待和热烈欢迎。

第五，9月16日，我会与福州软件园管理委员会、香港人广告协会签订了《建立闽港澳台广告创意中心筹备组的框架协议》，三方确定设立"闽港澳台广告创意中心"协调机构，共同做好闽台港澳广告创意中心大厦的立项、招商和两岸四地的广告业务交流与项目合作工作。

第六，9月24—29日，组织全省广告界179人参加在沈阳举行的第十八届中国国际广告节活动。在广告节期间，我会组织业界与吉林、上海、深圳等地广告同仁进行工作经验交流和业务对接。本届广告节，我省广告界获得各类奖项38个。

第七，10月15—20日，我会黄应寿会长率领福建广告代表团赴柬埔寨进行为期6天的户外广告考察工作。

第八，10月29日—1月1日，我会黄应寿会长在福建省政府主办的第四届海峡两岸文化产业博览交易会上，代表福建广告界与福州市软件园管理委员会签订建设"海峡广告传媒大厦"的项目协议，目前该大厦已动工兴建，预计2012年10月封顶，2013年上半年交付使用。我会现正组织业界开展认购工作。大厦落成对建立广告产业服务平台，整合广告产业力量，打造广告产业集聚效应，塑造广告产业品牌，改善广告企业办公条件都起到重要作用。

（三）做好资源整合工作

实践证明，广告企业要发展壮大，必须拥有丰富的广告资源，必须要有互动、互补、互惠的发展平台，才能实现企业发展成本最小化，效益最大化，一年来我会做了以下工作。

第一，支持上海东洋广告有限公司与莆田市兴众传媒有限责任公司联合举办"福建城市流动广告资源整合会议"，将城市流动媒体广告车引入福建市场。目前，该项目已在莆田开始运营，并于明年上半年在其他地市落户。

第二，根据国家工商总局和省政府关于加快广告产业园区建设的精神，我会支持各地广告企业做好产业园区立项、征地工作初见成效，主要完成海峡广告传媒大厦的立项工作；支持龙岩市广告协会建设"广告红色教育基地暨龙岩广告创意产业综合体"，此项目已经省政府批准立项；支持副会长单位环宇设计印务集团在长乐空港区征地100多亩，锦绣集团在闽侯征地30多亩，取得成功；指导福州、泉州、三明、宁德等地产业园区的创建工作。

第三，为推动广告产品交流，促进广告资源整合，为会员单位服务工作，我会在协会办公大厅开设展销点，提供广告设备、广告材料、广告科技产品和广告品牌、企业形象等展位，为会员单位推广品牌提供了新途径。

第四，积极开展企业与政府，企业与企业之间的资源整合工作，取得较好的业绩。比如，促成雪津啤酒公司100多万元的广告业务与福州广告公司对接，金门金水企业与漳州天成广告公司的业务对接，福建曙光广告公司与厦门威扬广告公司的三面翻业务对接，福建锦绣集团与漳州吉德龙电子公司建立LED大屏广告载体业务合作等等。

二、抓服务

为会员单位提供优质服务是广告协会的基本职能和生命线，只有做好服务工作，协会才有凝聚力和号召力。我会主要做了以下工作：

（一）塑造企业品牌形象

品牌是企业经济实力的代言人和企业经营状况的晴雨表，只有不断增加企业品牌的附加值，才能增强企业的市场影响力和竞争力。

第一，开展"福建省广告行业诚信先进单位"评选活动，通过企业自荐、市级协会推荐和征求有关政府机关和社会各界的意见，评选出75家广告公司为我省广告业诚信先进单位。

第二，为弘扬广告企业和企业家勇于拼搏、贡献社会的精神，总结和传播创业经验，推动广告企业发展和企业家队伍建设，提升福建广告业实力，我会开展了福建省最具实力广告企业和优秀广告企业家评选活动，评选出25家最具实力广告企业以及27名优秀广告企业家。

第三，为充分展示我省广告创意和制作水平，加强我省广告作品竞争力，我会开展了福建省第14届优秀广告作品评展活动，在各市广告协会精心组织和全省广告界积极参与下,于8月底完成征集工作。9月,我会组成专家评选小组,依照有关程序对征集作品进行评审,评出影视广告一等奖1名,二等奖2名,三等奖3名,优秀奖5名;平面广告一等奖2名,二等奖4名,三等奖5名,优秀奖23名;广告设计一等奖1名,二等奖1名;户外广告一等奖1名,二等奖1名,三等奖1名,优秀奖1名;广播广告一等奖1名,二等奖1名;摄影作品一等奖2名,二等奖3名,三等奖4名,优秀奖13名;书画作品一等奖1名,二等奖1名。

第四,积极开展广告企业资质认定工作,主要做了四件事:

(1)为了使认定工作更规范、更贴近实际,我会修订了《福建省广告企业资质认定办法》。(2)拓宽认定范围,在全国率先开展广告发布单位的资质认定。(3)我会于6月和12月开展两次认定工作,共认定福建一级广告企业4家,二级3家。(4)上报中国广告协会认定中国一级广告企业6家,年检4家。

第五,为增进会员单位荣誉感,我会向会员单位颁发"福建省广告协会副会长单位""福建省广告协会常务理事单位""福建省广告协会理事单位""福建省广告协会会员单位""福建省广告协会团体会员单位"牌匾和证书。

第六,为提高闽货在台影响力和竞争力,为福建产品进入台湾市场打基础,我会组织部分广告主单位,参与台湾食品评鉴活动。莆田健康树食品有限公司等企业选送的产品分获金奖和银奖。

(二)加强广告人才培养

提高广告人才素质,是强化广告业核心竞争力和实现广告业可持续发展的第一要素。

第一,为提高广告从业人员专业知识水平,规范广告专业技术岗位培训工作,我会与福建广播电视大学联合开展广告从业人员的继续教育暨广告专业技术岗位资格培训工作,开发全省广告从业人员远程培训系统项目,邀请省内外广告专家授课,目前课件视频录制基本完成,各项工作正有序展开。

第二,我会与武汉理工大学和四川大学继续举办广告专业大学本科学历班和广告传媒与新闻传媒硕士班,为改善业界学历结构,提高从业人员知识水平办了实事。

第三,根据中国广告协会《关于做好2011年度广告专业技术人员职业水平考试考务工作的通知》的文件精神,我会委托闽江学院和福州市逾越教育管理有限公司举办2011年度助理工程师、广告师职业水平考试考前辅导班。

第四，支持由厦门东帝士广告有限公司和漳州师范学院新闻传播系联合主办的首届"东帝士杯"大学生广告艺术节，我会黄应寿会长参加艺术节开幕式，为师生们开设广告专题讲座。黄会长从福建省广告市场的发展现状和未来走势、广告市场的人才需求、广告专业学生如何完成学业、顺利就业和成功创业，以及省广告协会近期开展的活动等方面情况向师生们进行全面分析和介绍。

（三）加强广告理论研究

广告行业的健康快速发展离不开科学理论的指导，不断推动广告理论的研究，是广告产业壮大发展的内在动力。

第一，开展广告论文征集评选活动，组织专家组进行评审，评出一等奖2篇、二等奖6篇、三等奖10篇、优秀奖18篇，获奖论文将编入《福建广告论文选》第四集，正式出版发行。

第二，为了传承福建广告历史文化，总结广告发展经验，反映广告历史事件，展示广告行业风采，铭记广告风云人物，给后人留下广告珍贵财富，我会组织力量编辑出版《福建广告史》，预计明年上半年面世。《福建广告史》的成功出版，是功在当代、利在千秋的一件大事。

第三，经上级批准，我会增设福建省广告书画摄影专业委员会及广告学术委员会两个分支机构，旨在充分利用广告元素为广告制作和增加广告版块打基础，解决好广告业发展的理论研究问题。

（四）帮助业界解决难题

一年来，我会在积极为业界排忧解难，维护会员单位权益等方面做了大量有效工作。例如，为业界维护合法权益12宗；根据三明市协会的请求，协调省物价局认定三明市有关部门户外广告整改和收费问题；协调漳州市政府有关部门，解决了漳州市广告协会财政拨款问题；解决了厦门特视、泉州立达、泉州艺林等10多家广告公司的广告牌设置问题；协调厦门市政府有关部门，解决了台湾新视纪整合行销传播股份有限公司在厦门设立分公司的注册登记问题；帮助广告公司做好《工商营业执照》注册、年检163件，商标注册38件；解决了业界部分亲属的就学、就业、就医、考公等问题。

协会为业界办理了大量的实事、好事，得到广告业界广泛赞誉，协会的向心力、凝聚力空前提高，表现有三：第一，今年我会发展会员35家。第二，协会办公室经常宾客满门。第三，协会每项工作都得到业界大力支持，仅今年全省广告界新春团拜会，许多会员单位主动提出赞助。环宇印务集团赞助15万元，会议还得到省福视、号百、光彩、蔚蓝，精彩，海纳天成，永辉，康嘉喷绘，厦门广电，泉州立达，漳州吉德龙，上海东洋等公司的大力支持，台湾新视界和金门金水等企业也专程从台北和金门免费送来"聚宝盆"和金门高粱酒，为会议的顺利举办出大力、办实事。

三、抓基础

一年来，我会在在协会建设上主要以打基础、抓队伍、增效益为重点，主要抓了以下工作：

（一）注重规范会议制度

第一，制定了本会秘书处办公会议制度和各部门月工作汇报制度，使协会日常工作逐步趋向条理化、规范化，促进了工作有序开展。第二，每半年召开一次全省广告协会工作会议，总结工作，研究和处理省市两级广告协会和促进广告业发展中的工作重点和难点问题，并开展一次广告企业资质认定工作。第四，定期召开理事会议。审议通过2011年理事会工作报告与会费收支报告，审议通过工作事项。第五，12月13日召开了全省广告界新春团拜会、先进表彰会和书画笔会，邀请省领导和30多个厅局领导以及高校、医院、小学等部分领导与400多名来自全省各地广告界代表欢聚一堂，增进友谊，交流工作，展望未来，共谋发展。团拜会气氛热烈，充分体现了广告界团结向上的精神风貌。

（二）注重协会基础建设

修订《福建省广告协会职责》《福建省广告协会印鉴使用规定》《福建省广告协会办公用品使用规定》《福建省广告协会工作人员选聘和工资待遇规定》等。

（三）注重建设宣传平台

为坚持做好协会的宣传工作，及时发布行业政策、传达行业信息、反映行业动态、交流行业经验、研究行业理论、展示行业品牌、塑造行业典型，我会共发行会员刊物《福建省广告通讯》10期，积极筹建我会网站，预计将于今年12月底前建成。

（四）注重协会上下沟通

为指导各地市广协工作，我会领导十分重视两级协会工作的沟通和协调，经常带领秘书处工作人员深入基层，先后走访漳州、厦门、泉州、宁德、三明、南平、龙岩等地市协会，在各地广告协会领导的陪同下，考察部分我会副会长单位和部分广告公司，针对各地广告协会工作和广告公司的发展情况，针对协会工作定位、工作拓展和企业发展模式、发展思路等方面进行了具体指导，帮助基层协会和业界解决许多难点问题。

（五）注重总结发展经验

一年来，全省地市广告协会在抓发展、抓服务、抓建设等方面取得很大的成绩，我会积极予以总结推广，达到相互交流，相互学习，共同进步的目的。一年来，三明市广告协会借力做好广告协会工作；龙岩市广告协会创建"红色广告教育基地"项目；漳州市协会争取政府将其纳入财政预算计划，每月为协会拨款10万元，同时特批其设立4根高立柱广告牌，解决协会"温饱"生活问题；南平市广告协会促成当地政府出台户外广告牌位竞拍与广告资质挂钩政策取得成功；福州市和厦门市广告协会以政府部门为依托，促进协会工作顺利进行；泉州市广告协会工作势头良好，多项工作有了新的突破和新的发展；莆田、宁德两市广告协会多项工作有了新的起色。表明了全省广告协会工作正处于发展、进步和提升阶段，协会工作基本规范，工作合力基本形成，基础建设基本完善，各项工作逐步向高度、深度和广度延伸。

（六）注重发挥顾问作用

一年来，我会工作得到3位省级名誉会长，26位厅级高级顾问、顾问的大力支持，确保了我会工作顺利开展。一方面，我会领导经常向他们汇报工作，以通讯方式每月将协会工作向他们通报。另一方面，业界遇到困难与问题，协会领导主动上门求援，使许多问题顺利解决，比如，两家企业征地遇到麻烦，省领导陈明端和方忠炳两位名誉会长亲自率企业到实地考察，要求当地政府予以支持；行业遇到税检问题，省地税局副局长、我会顾问林琼安排税务干部予以帮助指导；两家副会长单位成立集团公司，省工商局副局长、我会顾问王应涛给予大力支持；全省广告界新春团拜会，省文化厅副厅长、我会顾问陈朱免费为大会安排福建顶级杂技专场演出；省科技厅副厅长、我会顾问李堂杰为业界入驻科技园区和成功申报科技项目做了大量工作；省政府发展研究中心副主任、我会顾问王开明为我会提供大量的省情、社情资料；省经贸委副主任、我会顾问曹建平为筹划我省业界随省委书记孙春兰赴港澳考察工作，付出很多心血等等。

一年来，我们虽然做了大量工作，取得了一定成绩，但许多困难和问题依旧存在，主要是工作思路要进一步拓展，工作队伍要进一步加强，工作层面要进一步提高，工作经费要进一步解决。

2012年工作安排

2012年福建省广告协会工作思路是：认真贯彻中央和省委关于"科学发展"和"文化强国"的精神，根据中国广告协会和省经社联工作部署，以发展为主题，以服务为中心，以创新为重点，以再创全国先进广告协会为目标，在推进行业发展、提升企业实力，维护企业权益，为企业办实事上下工夫。

一、在促进行业发展方面

（一）促进生产方式转变

引领广告界加快产业结构调整和产业优化升级，逐步转变生产发展方式，增强自主创新能力，从粗放型生产方式向联合经营方式转变，从封闭型的经营方式向集约化、国际化方式转变，从单一型经营户外广告方式向多领域、多层面专业性和综合性生产方式转变，促进行业实力迅速提高，使福州、厦门、泉州三地广告企业的国际化水平和综合竞争力大幅提高，以此带动其他地市广告行业上层次、上规模。力争年内5家和10家公司分别进入中国一级和福建一级广告企业行列，2家广告企业股权上市，5家公司组建集团化企业，全省广告总量达130亿元以上。

（二）促进广告资源整合

第一，根据我省广告行业分布区域和经营状况，突出重点，加强指导，促进业界优势互补、区域联营和项目合作，引导企业走强强联合和共同发展的路子。

第二，加强闽、港、澳、台广告业务整合，争取从技术、项目、资金以及经营理念上进行对接和合作，形成两岸四地共同开发广告资源新格局，增强产业核心竞争力。

（三）争取党委政府支持

1. 争取政策支持

第一，进一步掌握政府有关促进广告业发展政策，确保政策信息及时传达给会员单位。要求各地广告协会和全体会员单位重视和利用政策化解发展道路上的瓶颈，解决发展中的困难和矛盾。第二，总结和推广南平市政府在广告牌位拍卖中将广告资质作为必备条件的经验做法，积极做好和协调其他地市政府工作，为发展和繁荣户外广告而不懈努力。第三，建设"海峡广告传媒大厦"是件好事，是件大事，更是件实事，应着力办好、办实、办出水平，力争年内作好产权登记和部分企业融资贷款手续，为2013年企业入驻大厦打好基础，力争建设第二座"海峡广告传媒大厦"。第四，指导和支持各地创建广告创意园区和广告大厦；第五，策划建立中国首个闽台广告设备材料批发市场。第六，以协会名义和平台承接政府大批量广告资源，如承揽即将在我省召开的全运会和一年一度的"5.18"、"9.18"等经贸活动展会广告，承揽政府建设信息公开LED大屏广告，分包给实力强、服务优的骨干广告企业。

2. 争取资金支持

第一，以发布公益广告途径，争取政府给予省市两级广告协会资金支持。第二，争取政府解决入驻"海峡广告传媒大厦"企业优惠政策问题。第三，争取政府为我省骨干企业予以资金扶持。

3. 增加话语权

第一，建立与政府常态沟通渠道。第二，进一步发挥名誉会长、高级顾问、顾问作用，及时向政府反映业界的热点难点和需要解决的问题。第三，借助社会各界力量，为广告业发展服务。

二、在提高服务工作方面

（一）加强人才培养

第一，继续与四川大学、武汉理工大学开办广告研究生和广告传播本科学历教育。

第二，与台湾部分高校联合开办广告专业学历教育，推荐部分本省在职广告从业人员到台湾高校深造。

第三，与福建广播电视大学合作，开展广告从业人员上岗培训和更新知识教育，提高从业人员业务水平。对无证人员进行培训；对持"广告专业技术岗位资质培训证书"人员进行换证。同时，把岗位培训与广告企业资质等级认定和广告职称评定结合起来，实现联网管理，使之常态化、制度化、规范化。

第四，与高校联合建立广告人才培训实习基地，解决从业人员入校充电、在校学生入企实践问题。

第五，建立广告人才推荐机制和举办广告人才招聘会，解决广告企业招人才难，高校应届毕业生找工难的问题。

第六，举办广告从业人员和在校广告专业学生实战演练活动，在提高业界实践能力的同时，为福建企业品牌创造和推广做贡献。

第七，建立广告人才资源储备库和奖励基金，在培养人才、引进人才上下工夫。

（二）加强交流合作

主要安排以下活动：

3月份在泰国举办的亚太广告节活动。

6月份在法国戛纳国际广告节。

9月美国广告培训。

9月在奥地利召开世界广告大会。

第19届中国国际广告节。

赴港、澳、台广告交流考察，邀请三地广告界来闽交流。

拟于4月和10月间带领广告界赴国内进行广告交流活动。

安排省内各地广告界相互交流和广告业务对接。

（三）塑造行业形象

第一，开展广告企业资质评审工作，进一步严格和规范评审条件，严把准入门槛，做好年检工作，原则上分别于6月和12月开展两批认定工作。

第二，在积极动员广告界参与全国广告专业技术人员职业水平考试的同时，努力与福建省公务员局协调，力争继续开展广告职称的评审工作，展开广告高级职称评定工作。

第三，推荐一批企业参加全国广告行业诚信先进单位评选活动。

第四，大力宣传和展示2011年评选出的"福建省最具实力广告企业"和"优秀广告企业家"的先进事迹。

第五，开展2012年福建省第15届广告作品评选活动和公益广告评选活动。

三、在推进组织建设方面

加强对市级广告协会的指导工作，解决好协会基础建设、人员培养、生存能力和工作水平问题，使协会工作逐步进入良性运作轨道。

做好会员的发展和清理工作。第一，发展会员，扩大队伍。第二，对不缴纳会费，不履行会员义务的个别单位予以清退。第三，逐步建立入会优惠、入会受惠机制。第四，编制发放《福建省广告协会会员通讯录》。

做好"福建广告书画摄影专业委员会"和"广告学术委员会"建设工作。第一，加强广告业发展理论研究，引导广告业健康、快速发展。第二，把书画、摄影艺术与广告业务紧密结合起来，扩大广告经营版块和阵地，挖掘广告资源，推动广告向高层面发展。

出版发行《福建广告史》和第四册《福建广告论文选》。

提高《福建广告通讯》和福建广告协会网站的办刊办站水平。

加强协会内部管理，健全各项规章制度，改善协会工作环境。

完成上级交给的各项工作任务。

2012 年工作总结和 2013 年工作安排

2012 年工作总结

2012 年,在中国广告协会和福建省民政厅、福建省经社联领导下,在全省广告界和九市广告协会支持下,我会紧紧围绕海西经济建设中心,以富业强会为主线,以创建全国先进广告协会为目标,认真履职,积极开拓,自主创新,努力攻坚,圆满完成年初确定的各项工作任务,取得一定成绩,许多工作实现新的突破和新的发展。我们主要做了以下工作。

一、抓发展

一年来,在国际经济走势低迷,国内经济增速放缓,户外广告经营受阻,广告市场竞争加剧形势下,我会以加强政策信息指导,促进产业转型升级,改进业界经营理念,推动广告资源整合,打造广告企业品牌为重点,带领全省广告界抓机遇,抢商机,拓新路,闯难关,取得优异成绩。至 2012 年,预计全省拥有广告企业 1.3 万家,广告从业人员 15 万人,广告生产总值 150 亿元。形成以福州、厦门、泉州三大广告产业集群区,辐射和带动全省广告业发展的新格局。广告产业链、技术链、服务链基本形成并向省内外迅速延伸和扩张,推动和影响其他产业发展。一批站位高、规模大、实力强、收益好、贡献多的广告企业脱颖而出,凭借自身优势和优异的市场表现,赢得客户,赢得市场,成为福建乃至全国广告业的中坚力量,成功踏上转型升级之路。目前,全省拥有 12 家广告集团公司。30 多家公司年营业额突破亿元大关,最高接近 10 亿元;30 多家公司年缴税 500 万以上。18 家公司进入全国百强广告企业行列,广告总值达 30 多亿元,占总产值 25%。全省拥有中国一级广告资质企业 17 家,中国二级广告资质企业 1 家。拥有福建一级广告资质企业 26 家,福建二级资质广告资质企业29家，福建三级广告企业37家。可以说，2012年，福建广告业实现从量的积累到质的飞跃，队伍素质、服务水平、经营能力、整体实力明显提高，广告业贡献力明显加强，广告业作用和地位明显提高。

广告业的进步和发展，不仅催生大批品牌，而且推动闽牌迅速响亮全国，走向世界。在改变生活，拉动消费，繁荣市场等方面，广告彰显出巨大的魅力和力量，为福建经济建设和社会进步，为海西腾飞做出突出贡献。

（一）加强政策信息指导

学政策，懂政策，用好、用活、用足政策，以政策为驱动力，是企业发展的重要环节。因此，做好政策信息指导，不仅是当前乃至今后广告协会工作的重要课题，也是检验广告协会工作水平的重要尺度。我会主要做好以下工作：

1. 建立了政策信息收集通道

一是聘请省政府办公厅发展研究中心领导担任我会顾问。二是取得省政府办公厅支持，将我会作为省政府政策发布平台《福建省人民政府公报》的主送单位之一。三是敦促30多位担任我会顾问的省、厅级领导及时为我会提供相关政策信息。四是为我会增订省政府政策指导刊物《内参信息》。五是积极派员参加政府机关政策发布会和研讨会。六是指定我会综合事务部专人做好政策信息的收集和宣传工作。

2. 建立了政策信息宣传平台

一是运用我会网站和内刊《福建广告通讯》及时将政策信息传达给会员单位。二是经常派员到企业宣传相关政策信息，全年举办四场运用政策信息的通报会和座谈会。三是多次举办政策法规学习培训班，邀请部分专家进行宣讲解读。比如，我会先后两次开办税法专题讲座，邀请福建省地税局专家就广告企业合理纳税问题为业界进行指导；中央和省政府扶持微小企业政策出台后，我会多次组织部分广告企业领导参加省政府政策专题解读会。

3. 运用政策信息为会员办实事

一是我会积极宣传省政府关于出口企业补助政策，帮助有关企业做好申报工作，促成舞后新世纪轻纺（福建）公司等多家企业获得政府资金上的支持。二是福建省政府关于"三旧"政策出台后，我会及时做好政策指导工作，使一些会员单位抢到先机，其中，海峡AD创意园，就是在我会指导下利用旧厂房改造成功的项目之一，不但投资省，建成快，效益好，而且为广告界提供了4万多平方米、交通便利、环境优美、租金低廉的办公场所，帮助业界办了一件实事。

4. 积极倡导和推荐广告人当选各级人大代表和政协委员

目前，全省人大代表和政协委员中拥有40多名广告人，虽然人数不多，然而作用很大，对提高广告人地位，增加广告人话语权起到积极作用。比如，福州市广告界三位人大代表，联名作出尽快出台《福州市户外广告设置与管理办法》的提案，成为2012年福州市三大立法项目之一；《南平市户外广告管理办法》的快速出台，将广告企业资质等级作为参与广告位拍卖的必备条件，得益于南平市广告界政协委员们的努力；"龙岩红色广告教育基地"建设方案能够得到国家工商总局和龙岩市委市政府的支持，我会名誉会长、全国政协林嘉騄委员起到了积极作用。

（二）加强广告工程建设

第一，我会投资建设的24层3.8万平方米的"福建广告传媒大厦"到11月底已完成20层工期，预计2013年2月封顶，上半年交付使用。同时，6层6 000平方米附属楼已全部完工，3月底前交付使用。

第二，我会推动创建的"海峡AD创意园"已成功落成，30多家大陆和台湾实力广告企业将在园内"安家落户"，我会总部也于11月初乔迁入驻。该园从规划、建设、招商仅用了一年多时间，速度之快，成效之好，得到福州市委市政府的充分肯定，受到媒体的关注，《福州晚报》2012年10月23日"时政"专版用较大篇幅刊登创意园开园消息，配发大幅照片。4万多平方米的"海峡AD创意园"二期工程将于2013年年底动工开建。

第三，我会与福建海峡动漫促进会联合创办的"海峡广告动漫城"正紧锣密鼓地进行协调立项工作。

第四，"海峡广告高新技术市场"创建的评估和策划工作开始启动。

第五，我会策划和支持龙岩市广告协会创建的"龙岩红色广告教育基地"项目，在全国政协会议上形成议案，已经地方政府立项，国家工商总局下文明确给予支持。

第六，我会拟在泉州建立广告创意园区，项目用地正在谈判，可行性调研也正在进行。

第七，2011年3月，我省广告代表团随省委孙春兰书记和叶双瑜副省长率领的福建省经贸考察团赴香港签约的"香港—福州海峡LED广告联播网"项目已落成福州并投入运营。《香港大公报》为此全版套色发布福建省经贸委、福建省工商局、福建省广告协会、福州市人民政府的祝贺广告。

（三）加强广告资源整合

一年来，我会把整合广告资源作为扶持广告企业发展的重要工作来抓，积极引导和全力支持广告企业走联盟、联合、联营道路，努力搭建互动、互补、互惠的发展平台，收获颇丰。

第一，我会在当好经济形势"瞭望哨"，广告市场状况"分析员"和广告企业发展"参谋长"上付出巨大努力，不但多次召开经济形势分析会和广告资源整合会，协会领导也经常深入企业，积极传播"抱团打天下""联合才是硬道理"和"靠资源、资本、资产说话"的经营理念，根据各地和各单位不同情况，多层面和多渠道为业界资源整合牵线搭桥，创造商机，使许多会员单位迈开资源整合步伐，尝到资源整合的甜头。例如：促成会员单位到甘肃敦煌、河南济源、山东德州、江苏宿迁、广东东莞和福建金门等地投资置业；积极推动和大力支持西岸传媒与珠海公交广告，锦绣集团与漳州吉德龙科技，九龙宝典传媒与宁夏报业集团、甘肃《读者》杂志社，希望传播与宁夏、新疆等地卫视，曙光创意与宁夏《城市快讯》、唐码博美、福建中联，漳州天成与宁德红枫叶和福建号百开展电信业务战略联盟合作等等。

此外，为了确保广告资质整合工作的成功率，我会帮助一大批会员单位出主意，想办法，跑项目，谈业务，成为服务业界的"打工者"和"志愿者"。例如，根据泉州金太阳科技企业在广东拓展业务要求，黄应寿会长专程带领该企业老总考察广州广告设备展和广东LED市场，拜访广东省广告协会领导，使该企业LED大屏项目快速落户广东；应湖北洪湖市人民政府邀请，黄应寿会长于2012年11月17日率领业界38人出席在洪湖举办的首届中国洪湖清水螃蟹节，考察当地投资环境；应深圳金达诺科技企业邀请，黄会长于12月25日出席该企业五周年庆典活动。

第二，组织会员单位参与吉林松源、湖北洪湖、河南唐河、浙江苍南、江苏宿迁、河北鸡泽等地政府来闽招商引资活动，成功签约16个合作项目。

第三，组织会员单位参加中国国际投资经贸洽谈会，第19届中国国际广告节，"5.18"和"6.18"海峡经贸交易会和广州、上海广告设备展会等交流活动。

第四，7月7日，黄应寿会长率领福建户外广告代表团一行四十一人，赴南京参加"2012（南京）中国户外广告论坛"。与南京市广告协会和江苏大贺集团、声屏、雷迪欧、金唐、金棕榈、鉴辉、登峰、南京市广告公司等广告企业进行业务洽谈和项目对接活动。山东、深圳等部分广告企业闻讯后，积极要求与我省和江苏广告界开展交流活动。

第五,8月22日,我会组织九龙宝典、唐码新奥、曙光、鹏宏、绿野、光彩、德光、东南置业、福建电视台等广告企业与来访的江苏大贺广告集团公司开展广告项目的对接工作。

目前,我省广告企业抓项目、抓资源、求合作、求共赢的意识越来越强,步子越来越快,动作越来越大,开始从单兵作战向诸兵种立体作战的方向发展。许多企业蓄势发力,市场迅速扩大,业务迅速延伸,成果迅速显现,进入省内多点开花,省外多点开发,国外多点探索发展的快车道。

(四)加强行业品牌创立

一年来,我们把增加行业品牌附加值工作放在突出位置,在提高会员单位知名度,扩大会员单位影响力上下工夫。

第一,为了宣传我省广告实力企业和优秀广告企业家事迹,向社会推荐行业精英,我会正式出版《福建省广告精英集》,在《当代映像》《东南置业》杂志和《福建广告通讯》上开辟"实力广告企业与优秀企业家"栏目,发布"2011年福建广告企业实力排序",先后编制2011年和2012年版《福建省广告协会会员通讯录》,为副会长和广告主单位大量免费发布企业形象和企业产品广告。

第二,开展了福建省广告行业先进单位和先进工作者评比表彰活动,58家广告企业和72名广告人获此殊荣。

第三,在2011年与福建省诚信促进会开展福建广告诚信企业评选表彰活动的基础上,我会组织业界参与中国广告协会组织的全国广告诚信企业的创建活动,我省18家广告企业被认定为"全国广告行业诚信单位"。此外,中国广告协会指定我会为华东片区组长单位,赴西北开展广告诚信创建活动互检工作,接受西北检查组来闽检查指导工作。

第四,举行了福建省第15届优秀广告作品大奖赛,各地选送参赛的影视、平面、户外、广播、摄影、书画等各类作品1 200多件,经过激烈角逐,200多件创意精良、创作精美、内涵精深、独具匠心的广告精品脱颖而出,获得等级奖,福州、漳州、闽江学院、永辉集团等单位获得组织奖。

第五,积极支持广告企业参加政府和社会组织的品牌和形象评比活动,帮助九龙宝典传媒等4家广告企业成为福建省著名商标;支持16家会员单位参与"守合同、重信用"的评选工作;支持7家会员单位参与"名牌产品"和"老字号"的认定工作;组织部分广告主会员单位参加台湾开展的食品质量评奖活动，其中3家企业获金奖和银奖，受到会员单位和台湾主办单位的高度评价，台方邀请我会领导于10月17日前往台北参加颁奖典礼。

第六，开展广告企业资质认定工作，共认定一级企业5家、二级企业2家、三级2家，推荐4家企业参加中国广告企业资质等级的认定工作。

第七，积极做好广告职称评审的协调工作，在省公务员局和省城镇集体工业联合社、省工艺美术职改领导小组支持下，我会于10月28日下达文件，在广告界中继续开展广告设计"工艺美术师"系列初、中、高级职称评审工作。目前已开始受理申报材料，评审序幕将在2013年上半年拉开。

二、抓服务

实践证明，协会工作"只有有求必应，才能一呼百应""只有实力加卖力，才有战斗力"。一年来，我们把服务政府和社会，服务行业和企业当作重要工作来抓，成为各项工作的策划者、支持者和服务者，突出表现在：

（一）为政府和社会服务

第一，我会被指定为中国商业部主办的中国国际投资贸易洽谈会的协办单位，承担部分展会策划和招商工作。

第二，为支持地方政府和企业创建"海峡AD创意园"和"海峡广告动漫城"等项目，为福建省文化创意产业协会、福建省小商品协会的创立做了大量工作。

第三，为谋划泉州市永春呈祥旅游景区和漳州市云霄红树林旅游景区项目献力献策。

第四，为省外7个地方政府来闽招商引资做了大量的服务工作，促成多个项目合作成功。

第五，应漳州市政府邀请，我会黄应寿会长和中国广告协会户外广告分会王焕章秘书长，与该市城市执法、法制、住建、规划、公路、工商、交警、广告协会和部分广告企业领导组成的户外广告考察团一行十九人，于9月中旬赴天津、济南、成都三个省会城市就户外广告设置、发布和管理工作，进行为期九天的考察活动，先后拜访三个城市的政府有关机关，了解当地市容规划和户外广告规划情况，观看清华大学为济南和厦门两市设计的户外广告方案，实地考察当地灯光夜景工程，统一大家对户外广告地位和作用、整治与保护、规范与发展的认识。

第六，5月上旬，与来访的浙江杭州拱墅区广告考察团就广告创意园区建设进行交流互动，接受客人赴杭州考察的邀请。

第七，为响应省委省政府关于做好扶贫工作号召，我会承担了光泽县李坊乡上观村的脱贫工作，与当地政府进行扶贫项目对接和策划工作，得到上级和地方政府的充分认可和高度评价。

（二）为行业和会员服务

一年来，我会采取专场接待、现场办公、下点调查等常态工作方法，为行业和会员单位找问题，理思路，化解矛盾，破解瓶颈，办了大量的好事、实事。突出表现在：

第一，指导和支持龙岩市广告协会建设"红色广告教育基地"，宁德市海峡水产交易企业征地建设水产基地，锦绣集团建设广告产品制作基地和9家公司征地置业以及厦门、泉州两家广告企业拟征地建设广告园区等工作。

第二，为推动闽铁投资、环宇印务、863软件、福州建材等一大批企业发展做了大量服务工作。

第三，帮助福州乾承集团与联合国在福州投资30亿建设"龙祥新世纪"项目审定、标识设计和企业注册以及各项协调工作。

第四，做好曙光三面翻、金太阳太阳能、吉德龙LED大屏等广告设备和德诚黄金、鼎仁酒业等产品的推广工作。

第五，解决了唐码新奥、立达、特视、指南针、德光等30多家会员单位广告牌审批的协调和年检问题。

第六，做好泉州艺林、福建指南针、西岸传媒等会员单位在广告招标拍卖中的协调工作。

其第七，为"大闽堂"、金仕顿、福州素食第一家、连城名匠竹艺、福州茶厂等60多家企业注册登记、产品策划、标识设计、广告宣传等办实事。

第八，解决了台湾新视纪广告企业在厦门设立分公司的注册问题，为金门金水企业来闽洽谈大宗业务提供了服务。

第九，为方便业界人士保健和体检工作，我会积极与有关医院协调，不但解决业界专场体检问题，还为我会驻福州地区副会长进行高待遇的免费体检。

第十，继续与四川大学和武汉理工大学联办广告专业研究生学历和大学本科学历班，60多名广告人获得毕业证书。同时，与福建电视大学开展广告专业岗位继续教育，近2 000人获取证书。

第十一，支持漳州师范学院和厦门东帝士广告公司举办第二届"东帝士"

广告艺术节，黄应寿会长出席大会并为院校师生作了专题演讲。

第十二，支持福建师范大学、福建美术馆、海呐天成广告公司举办以先锋艺术、国际平面设计作品和国际品牌标志设计大赛获奖作品为内容的福州创意周活动。

第十三，举办规模盛大、气势恢宏的全省广告界新春团拜会和福建省广告界书画摄影笔会，4名省领导，33名厅局级领导和中国广告协会秘书长助理、会员部韩胜东主任和刘晓晴同志出席年会，为先进人物颁发奖状证书。来自法院、公安、建设、人事、财政、税务、工商、物价、统计等机关和高校、小学、医院等单位的80多名领导、专家和社会名流与400多名广告精英欢聚一堂，拜年、祝贺、叙旧、交流，气氛热烈，精彩纷呈。20多位福建书画界大师（其中，3名省级领导和1名省军区少将司令员）为业界泼墨献艺，96名福建省杂技团演员为业界巨献一场国际顶级的杂技节目，为团拜会增添光彩。

三、抓建设

一年来，我们着力在建规矩，练队伍，打基础等方面加强协会自身建设，进一步夯实了协会工作基础，提高了工作队伍知大局、务长远、干实事本领，为把协会建设成为业界靠得住、用得着、信得过、离不开的广告人之家而不懈努力。

1. 加强了对基层协会的指导工作

为基层协会在理清工作思路，抓准工作切入点和着力点等方面给予指导和支持，利用召开全省广告协会工作会议之机，就做好广告协会工作进行专题培训。

2. 加强协会机构建设

根据工作需要，报经上级批准，我会成立"广告书画摄影专业委员会"和"广告学术委员会"，组成"广告职称评审办事机构"和"扶贫工作小组"，将内设机构办公室更名为"综合事务部"，会员部更名为"会员管理部"，咨询部更名为"培训交流部"，为全面推进协会工作打下基础。

3. 加强了广告理论研究工作

除抓紧推进设立"广告学术委员会"工作外，拟筹建"广告发展理论研究小组"，使指导广告业发展工作更具针对性和可行性。同时，我会开展福建省优秀广告论文评选活动，将站位高远，思路前位，具有前瞻性、指导性、实践性的获奖论文编撰成《福建省广告论文选》正式出版发行，不仅为业界和高校师生提供了学习资料，也为广告人今后申评职称和广告企业认定资质等级创造条件。

4. 加强了协会内部管理工作

一是建立和完善协会机关部分规章制度。二是提高《福建广告通讯》和我会网站的办刊办站水平。三是加强了协会工作队伍的传帮带，提高工作人员办事水平和工作效率。四是规范会员管理工作，全年在吸纳会员近50家的同时，开除未缴纳会费13家会员单位。

5. 加强史书编写力量投入

工程浩大的《福建广告史》编撰工作几经易稿，取得实质性进展。目前，整体工作已进入"精雕细刻"阶段。计划2013年下半年，第一部承载着福建广告珍贵史实，记载着福建广告人辉煌与骄傲、光荣与梦想的《福建广告史》与世人见面。

6. 加强协会办公条件改善工作

随着海峡AD创意园的落成，11月初，我会工作总部迁至园区新址，拥有近1 000平方米办公和会议场所，办公条件得到较大改善。

通过一年的努力，我会各项工作有明显进步，凝聚力和战斗力明显加强，"手上无权、脚下有路""小协会、大社会"和"协会工作重在运作"的工作思路和工作模式正显现出巨大的作用和活力。经福建省经社联和民政厅考核评估，我会以优异成绩被认定为"五星级"协会，成为最高等级和最具实力的行业协会之一。同时，我会与福州、漳州、泉州协会被认定为2011—2012年度全国广告行业先进协会，至此，我会连续十年蝉联此殊荣。

回顾和盘点一年来的工作，我们虽然运作上有作为、工作上有进步、事业上有发展，然而我们清醒看到，协会带领业界在前行的路上，阻力仍然很大，困难仍然不少，短板仍然很多，许多工作层面亟需拉高，工作活力亟需提升，工作队伍亟需加强，工作基础亟需夯实，工作本领亟需提高，特别在保护户外广告公司权益上，解决广告税收过高问题上，推动中小企业发展问题上，缺乏强有力的办法和手段。因此，必须花大气力来研究、破解和解决这些问题，为促进广告业健康稳定发展做出贡献。

2013年工作安排

2013年，我会将认真贯彻党的十八大关于创新社会管理精神，紧紧围绕省委省政府中心工作,以推动广告业发展为中心,以抓大事,办实事,做贡献为重点,在实现协会工作新思路、新举措、新突破、新跨越上下工夫,努力开拓,奋力进取,为创建百年协会打基础,为福建广告业发展做出新的更大的贡献。

一、抓住机遇,促进发展

抓好市场开拓,扩大市场占有率,是推动企业发展的关键举措,是给予企业最直接最有力的支持。我们要把贯彻落实十八大精神与推动广告业发展紧密结合起来,把服务发展作为第一要务,把会员满意作为第一标准,在国内市场投资增速"适度加快",消费保持"平稳增长",出口环境"有所改善",GDP增速"稳中有升"的新格局中,带领全省广告界围绕中心,服务大局,抓住机遇,主动作为,在创业思路上,政策运用上,增强实力上与新形势对接,唱响广告业科学发展、跨越发展的主旋律,构筑广告发展的"高速路",提升产业层次,延伸产业链条,推进产业集聚,增强产业整体实力。力争2013年全省广告产值达到180亿以上,促成2家广告企业在国外或境外设立分支机构,2家企业股权上市,3家企业成立集团公司,更多公司进入全国百强企业,更多公司被认定为福建和中国等级资质企业,更多企业在创新经营理念,转变经营模式,提高策划、创意和执行能力等方面迈开更大步伐。

二、正确站位,促进发展

当前,数字化普及,科技化运用,代理制生成,资本化运作,广告业态发生深刻变化,广告市场不断裂变和洗牌,我们要积极引导和推动产业转型升级,提高企业自主创新水平和竞争能力。

第一,指导广告企业正确定位,力求在做专的基础上做强,在做强的基础上做大。

第二,支持业界开展广告信息互动和广告资源整合活动,促进企业资源共享,优势互补,逐步形成沿海之间、沿海与山区业界抱团经营,携手共赢,共同发展的格局。同时,抓好省外和境外广告资源和其他项目的吸纳,承接政府职能转移任务,承办购买服务和委托授权事项。

第三,积极推动行业经营方式转变,摆脱长期"无户外难生存"的单一经营模式,向多元化、实体化和高精尖方向发展。

第四,提高广告运作水平,扩大省内品牌广告和重大项目广告的代理量,增大广告经营总值。

三、加强指导，促进发展

第一，及时掌握政府有关促进广告业发展政策，进一步做好政策指导和传达宣传工作。

第二，举办广告高峰论坛，开展学术交流和广告论文评比活动，提高业界广告理论和业务知识水平。

第三，开展"下基层，解忧愁、办实事、促发展"活动，我会领导和秘书处月均一次下基层调研和指导工作。

第四，为针对性地解决会员单位经营中存在的问题和困难，以问卷方法向会员单位开展摸底调查，研究和制定解决办法。

第五，指导市级协会做好与当地政府部门沟通协调工作，注重户外广告发展研究和权益保护，促进户外广告健康发展。

第六，积极向政府反映行业诉求，从行业最关心、最直接、最现实的利益入手，推动行业热点难点问题的解决。邀请政府机关、人大代表、政协委员、社会知名人士考察和走访广告企业，与广告界进行座谈和互动，倾听广告人的建议和意见，增强广告界与社会联系，提高社会各界对广告业的认知和理解，争取社会各界关注和支持广告业发展。

四、办好实事，促进发展

（一）突出平台建设

强化协会素质培养和能力建设，建立和完善广告资源整合和信息共享平台，实现与省经社联8个服务平台对接，把协会建设成为行业的资源总调度和服务大管家。

（二）突出项目带动

第一，做好"福建广告传媒大厦"建成后的接收工作，确保20多家我省骨干广告企业办好产权、入驻大厦。

第二，积极筹建"海峡广告动漫城"；筹建"海峡AD创意园"二期工程和"海峡广告高新技术市场"。支持龙岩市广告界开建龙岩"红色广告教育基地"；支持厦门、泉州两地广告园区征地和规划工作。

第三，与金融机构建立战略合作关系，设立福建广告互助基金，做好行业融资授信，企业小额贷款工作，为行业项目投资服务。

第四，依靠行业力量，拟在厦门或金门建立广告人交流中心，为两岸广告界交流互动建立服务平台。同时积极推动我省广告企业在金门发布户外广告。

第五，认真落实省政府扶贫工作精神，发挥业界智力，凝聚行业力量，积极为扶贫点光泽县李坊乡上观村乡亲脱贫致富办实事做贡献；为光泽县实施灯光工程、配置医疗设备、建设文化基地和上观村粮油策划、包装、销售等方面做好服务工作。

（三）突出人才培养

第一，继续与四川大学、武汉理工大学开办广告专业研究生学历和本科学历教育。实现与台湾高校联合办学，组织部分广告界赴台湾高校深造，改善广告队伍学历结构，提高广告从业人员实战水平和国际市场运作能力。

第二，发挥福建广告人才服务中心作用，建立广告人才推荐机制，定期举办广告人才招聘会，与部分高校建立广告人才实训基地，解决广告企业招人难，应届广告专业毕业生找工难的问题。继续与福建广播电视大学合作，开展广告从业人员专业技术岗位继续教育工作。

第三，开展广告企业资质认定和年检工作，推荐一批企业申报中国广告资质等级。

第四，开展广告设计"工艺美术员""助理工艺美术师""工艺美术师"和"高级工艺美术师"的职称评审工作。

第五，开展福建省2012年广告先进企业和优秀广告工作者评选活动。

第六，开展第16届福建省优秀广告作品评选，举办广告作品展示和广告科技产品展销会。设立服务窗口展示会员单位广告产品。

第七，组织业界开展省内外、国内外考察，主要有：3月份在泰国举办的亚太广告节；4月台湾广告考察；6月在法国戛纳举办的国际广告节；10月在南京举办的20届中国国际广告节；11月香港、澳门、珠海广告交流考察；组织广告界赴美国、澳大利亚、德国进行广告业务培训；组织广告界赴湖南、吉林和西北等地区开展交流互动和项目对接。

第八，支持漳州师范学院和东帝士公司举办的第三届学生艺术节活动。

第九，开展书画摄影交流活动，建立广告艺术互动和展示平台。

2013年工作总结和2014年工作安排

2013年工作总结

2013年,在全省广告界和各地广告协会支持下,我会以广告业发展为主线,以抓大事、办实事、做贡献为重点,在突出自主创新,突出项目抓手,突出工作成效上下工夫,努力开拓,辛勤耕耘,超额完成年初确定的各项工作任务,许多工作实现突破和新的发展。我会被省民政厅认定为5A级协会,会长被中国广告协会授予"中国最具影响力广告人物"荣誉称号,30多位省厅级领导和中国广告协会领导莅临我会视察指导,多家省级主流媒体对我会工作进行了专题报道。一年来,我们主要抓住了三大重点:

一、抓发展

培育和壮大广告市场,促进广告业发展,是广告协会工作永恒的出发点和落脚点。2013年,我会把贯彻落实党的十八大精神与推动广告业发展紧密结合起来,带领全省广告界抓机遇,抢商机,拓新路,在推动行业转型,促进行业集聚,鼓励行业创新,延伸行业链条,整合行业力量,增强行业实力等方面取得一定成绩,广告业的服务水平、经营能力、整体实力明显提高,作用力、影响力、贡献力明显加强。目前,全省拥有300多亿广告资源,近200亿广告年产值;拥有1.5万家广告企业,18万广告产业大军;拥有中国一级资质企业18家,二级5家,福建一级49家,二级56家,三级62家;拥有年产值亿元以上广告企业29家,5 000万元以上60多家,32家公司进入了全国广告百强企业行列,其年产值达87.6亿,占全省广告经营额43%。一批站位高、规模大、实力强、贡献多的广告企业脱颖而出,凭借自身优势和优异的市场表现,赢得客户,赢得市场,成为我省广告业第一方阵。可以说，福建广告军团已成为中国广告业中的一支重要力量。广告业的进步和发展，不仅催生大批本土品牌，而且推动闽牌响亮全国、走向世界。广告记录着时代前进步伐，在改变生活，引导消费，繁荣市场，促进两个文明发展中，彰显出巨大的魅力和力量，福建广告界为我省经济建设和社会进步做出重大贡献。

（一）指导工作方面

一是在搭建广告政策采集平台、宣传平台和对接平台上花了大力气。比如，我会利用《福建广告通讯》、福建省广告协会网站及时发布政策信息，深入基层传达政策信息，多次以办班和会议形式宣传和解读政策信息，实现了与省经社联九大政策平台和与政府有关部门信息平台对接，为企业掌握政策信息建立了广阔渠道。

二是引导企业紧靠政府，利用政策，增强实力，促进惠企政策在会员单位落位。一年来，在我会策划、指导和支持下，闽江学院中文系的"福建品牌企划与人才培养基地"、希望文化创意基地、桥头堡文化创意园、大自然创意园、汽车文化创意园等10多个项目纷纷崭露头角。一批广告企业在用地、融资和申报专利、商标、科技产品方面获得成功。部分企业获得中央和省财政的支持，获得出口项目补助。南平市广告协会依靠政府支持，在解决广告企业资质作为户外广告位拍卖必备条件的基础上，今年又争取到持有广告资质企业才能承揽政府机关广告项目的政策，同时积极与政府协调，确保其市户外广告稳定发展。

三是积极"下基层、解忧愁、办实事、促发展"，为企业做了大量有效的工作。比如，我会领导陪同中国广告协会庹登夫副秘书长深入宁德地区指导工作，在龙岩召开广告界现场办公会，在南平召开广告企业座谈会，在福州多次召开广告企业发展和广告创意园区论证会，与世界华人企业促进会共同举办"企业大时代"的沙龙活动等等，为企业发展答疑解惑、把脉就诊，做了大量工作。

四是针对我省广告业出现的热点难点问题，我会与九地市广告协会领导深入企业具体指导，帮助企业理清思路，转变观念，整合资源，破解难题。指导企业摆脱"户外当家"和"万企一面"的单一经营模式，向多元化、实体化方向发展。

五是为全面了解行业发展情况，我会于2月19日下发通知，以问卷形式，在业界展开行情调查，发放问卷3 000份，收回2 568份。许多企业领导重视，行动迅速，表现出色，特别是福建号百信息、海润万通、厦门路桥、泉州电视台、三明七彩、艺友、东南电视台、《海峡都市报》等单位，认真作答，材料翔实，反映了大量行业信息，提供了大量行业资料，提出了大量很有价值和很有分量的建议和意见，为协会掌握行情，制定对策提供了依据。

六是做好日常指导。一年来，我会日均接待8家企业上门联系、研讨和求助工作。据不完全统计，全年接待到访企业2 300多家次，共7 000人次，为企业解决了大量最关心、最直接、最现实的问题。

（二）资源整合方面

一是3月21日，在我会领导带领下和在泉州市广告协会支持下，宁德市广告协会组织了24家广告企业到泉州进行业务交流，考察了泉州广告创意园，金太阳LED生产线和部分广告企业，并与当地20多家骨干企业进行了经验交流、业务洽谈和项目对接，取得良好效果。

二是6月26日，福建广告代表团一行十五人赴湖南省进行考察交流活动，受到了湖南省工商局、湖南省广告协会和湖南省广告界的热情接待。代表团先后与《湖南日报》、湖南广电中心、湖南新闻传播学院、湖南北纬国际传媒、高速广告、新广联巴士广告、东文新锐传媒、众益传媒和长达达美、凌云等广告企业进行业务交流，达成多项合作意向。随后，闽湘两地企业深化项目合作成果，至今3项合作项目已露出水面。

三是组织200多家企业参加在南京举行的第20届中国国际广告节和组织20多家企业参加在哈尔滨举行的2013（第九届）中国广告论坛暨中国品牌与广告影响力大会。两会期间，我省广告界分别与黑龙江省和江苏省广告企业进行了互动和交流。会后，我会调集曙光、鹏宏广告企业前往南京进行高铁广告站牌的业务洽谈，与南京广告企业建立了关系。

四是12月中旬，我会利用召开六届四次理事会之机，以"抱团打天下"为主题，举办了广告企业资源整合会，来自全省各地广告企业参加了联合、联盟、联姻活动，深受业界欢迎。同时，举办了会员单位产品展销交流和省内外、国内外书画作品展销活动。

五是先后接待了江苏、山东、新疆、黑龙江、台湾和南京、苏州、济南、上饶等广告考察团；接待了江西上饶、江苏淮安、河北鸡泽、河南济源等地政府招商团；接待了来自北京、湖南、上海、浙江、深圳等地广告企业23批次；组团赴湖南、内蒙古、陕西、广东、江西考察；承担了由中国广告协会主办200多人参加的全国广告企业资质认定工作会议。不管接待省外客人，还是参与省外活动，我会都把广告资源整合当作一项重要工作紧抓不放，有力地促成了我省一批广告企业与省外同行的业务合作。比如，九龙宝典和希望传播与新疆卫视，湖南北纬国际传媒与漳州、泉州地区多家企业建立了广告代理业务。

六是积极扶持德诚、建侨黄金、金太阳照明、曙光三面翻、吉德龙LED、光能科技、中诺服饰、鼎能酒业、尚本鸡蛋、光泽大米、购味蔬菜、健康树食品等企业产品闯市场、拓销路，收获颇丰。

七是为了提高我省广告摄影技术水平，我会黄应寿会长、林敏副秘书长与漳州市广告协会陈肇基会长、林国雄秘书长和天成广告企业老总前往汕头市考察学习，汕头市广告协会给予了周到安排和热情接待。

（三）促进企业转型方面

一年来，我会积极引导企业以广告为主业，不断拓展产业链，拓宽经营渠道，迈开转型步伐，走出一条用智慧、智能、智力赚钱，靠资本、资产、资源说话的路子，使部分户外广告企业摆脱了困境，增强了企业自主创新水平和市场竞争能力。一批企业发展势头良好，路子越走越宽。其中有厦门根深置业、泉州希望传播、综艺、肖厝、漳州天成、金天、东方，福州海呐天成、锦绣集团、环宇集团、西岸传媒、九龙宝典、号百信息，南平光辉，宁德曙光，三明新动力等。

二、抓服务

协会工作，在某种意义上讲，就是服务工作，这既是协会重要职能，更是协会办会宗旨。一年来，我会紧紧抓住业界需求，把业界满意作为协会工作第一标准，不断延长服务"手臂"，延伸服务"触角"，在服务政府、服务社会、服务业界工作方面，取得丰硕成果。

（一）服务政府和社会方面

一是认真落实省政府下达的扶贫工作任务，积极为光泽县脱贫致富办实事，做贡献。为此，我会成立扶贫工作办公室，定期分析研究扶贫工作，提出落实四大扶贫项目，办好五项扶贫实事的工作思路。我会领导先后三次到扶贫点现场办公，为扶贫点解决了许多难题，办了许多实事，主要有：为两家企业到扶贫县置业牵线搭桥；积极协调中国扶贫基金会支持光泽县建设；赠给光泽县医院价值16万元的医疗设备；捐助5 000万元对口扶贫村建设文化活动中心；免费为对口扶贫村改造全村路灯设备；帮助对口扶贫村建立农副产品销售渠道等。我们的工作受到省委常委、副省长陈桦和省政协副主席李川的高度评价，《福建日报》《海峡都市报》等主流媒体和《光泽县扶贫开发简报》多次对我会扶贫工作进行专题报道。省民间组织管理局、省经社联、光泽县领导在我会召开扶贫工作会，总结和表扬了我会扶贫工作。光泽县主要领导先后五次到我会互访，对我会支持光泽县建设表示感谢。在11月28日全省对口帮扶光泽县贫困村工作会议上，我会扶贫工作再次受到省里表扬。

二是为地方政府招商引资、创建园区、推广品牌做了大量有益的工作，也为我省业界提供了大量置业商机，其中：应江西瑞金市政府邀请，我会黄应寿会长、赵公霖常务副会长到该市进行实地考察，为其机电工业园区和食品深加工园区创建、招商工作献计献策，协调我省食品工业协会、小商品协会和福安市电机同业工会以及部分企业，在福州与该市人大常委会朱主任为团长的招商团，进行了项目对接，得到瑞金市领导的充分认可。我会领导与来访的省委文明办、民政厅、司法厅、科技厅、法制局、食品药品监督管理局等省直机关，福州市人大常委会，福州市委宣传部，晋安区委，长乐市，光泽县，将乐县政府等领导，就有关工作进行了沟通与协调，为地方经济发展献计献策。应江西省上饶市工商局和景德镇市广告协会邀请，我会黄应寿会长、廖云明秘书长前往两地进行广告园区创建指导。应福州市晋安区委宣传部的邀请，我会黄应寿会长和廖云明秘书长前往福州鼎鑫建筑设计创意园指导工作。此外，在支持体育文化创意园、汽车文化创意园、大自然文化创意园、福田工业设计创意园、桥头堡文化创意园、海峡广告动漫城、福州物流创意园和小商品市场、水产市场等一批项目创建中，我会做出巨大贡献，赢得社会赞誉。

三是在支持福建省中小企业商会、服装协会、小商品协会、住宅产业商会和宁化福州商会、建阳福州商会、浙江丽水福州商会等社团组织工作中提供了大量的服务。比如，成功为福建省中小企业商会、福建省医疗器械协会完成会标设计任务；担任了由通信、石材、宝玉石等17家4A级以上协会组成的联谊会组长单位；促成新疆广告协会与福建电视大学的业务合作；促成福建中小企业商会与武汉理工大学教育业务合作等等。

四是发挥自身优势，积极为社会贡献力量。比如，我会对闽江航运公司广告代理，鼓楼丞相幼儿园LED设置，福州大戏院LED建设，福建智恒工程、朗宇集团征地等项目给予了大力支持，深受社会的好评。

五是为了助推校企合作，培养广告实战人才，我会牵头建立了十个"广告专业实战基地"，指定18名业界骨干担任高校客座教授，全年完成68次授课任务。其中，我会会长承担省内7所高校的授课任务，受到高校的高度评价。12月7日，我会领导参加福建农林大金山学院教学研讨会，就培养广告实用型人才提出建议与对策。12月16日，组织我省部分广告企业参加在福建农林大学举办的应届广告毕业生人才招聘会。

（二）服务业界方面

一是继续与四川大学和武汉理工大学联办广告专业研究生和大学本科学历班。

二是开展"工艺美术系列"初、中、高级广告职称的评审工作，取得了开门红。此外，还有28名申报职称人员转到2014年上半年开评。

三是组织广告界参加中国广告协会组织的广告专业技术人员职业水平考试工作，在做好动员工作的同时，分别在福州和宁德两地召开了考试工作座谈会，40多家实力广告企业老总以及福建农林大学、福建工程学院、福建信息技术学院、福建师范大学、闽江学院等高校负责人参加了座谈会。全年报考181人，通过54人，通过率达29%。

四是开展了福建省16届优秀广告作品赛事，征集1 700件广告作品，成为历届征集广告作品最多，种类最全，取材最广，进步最大的一次赛事。293件作品分获金、银、铜和优秀奖，厦门、漳州、三明、龙岩市广告协会和西岸传媒，新恒基广告，威扬广告，路桥广告，大峡谷影视，恒雕装饰，太古广告，鹭光广告，品尚世纪，新龙装潢，泉州晚报社，闽江学院，农林大学，闽南师大等33个单位获得组织奖。《海峡都市报》用半版篇幅刊登了本次大赛消息和获奖单位和个人名单。

五是与闽南师范大学、厦门东帝士广告企业联合举办第三届"东帝士杯"广告艺术节，开展了全省性高校的优秀广告作品大赛，表彰了优秀广告获奖单位获奖者，举办了广告学术论坛。

六是积极发挥我会分支机构"福建广告人才服务中心"作用，做好广告人才吸纳和推荐工作，全年共向业界推荐广告人才388人，储存广告毕业档案3 000多份。

七是4月8日我会接待了到访的台湾政治大学、台湾科技大学、树德大学和台湾海峡文经教育推广协会领导，就联合建立闽台广告人才培训和两岸广告界互动机制，以及在金门设立广告交流中心事宜进行了磋商，达成合作意向。

八是积极开展广告企业诚信建设，推荐一批企业参加全国认定，其中，西岸传媒、唐码博美、新联合、倚天传媒等19家企业被认定为全国广告诚信经营单位。开展了2012年全省广告行业先进单位和先进广告个人的评比表彰活动，九龙宝典、希望传播、光辉传媒、闽南日报、唐码博美、闽江学院、金融杂志等73家企业榜上有名，蔡耿新、尤文书、倪一峰、林峰、邹平、蔡恒庆、蔡万燕等99名个人受到表彰。

九是我会策划创建的闽台广告创意园已圆满完成建园任务，以崭新面目展现在世人面前。26层3.8万平方米"福建广告传媒大厦"成功落成，将于近期交付使用。与福建海峡动漫促进会联合创建的"海峡广告动漫城"已通过立项，将于2014年上半年开建。广告创意园的落成，对我省广告业集聚、广告企业资源整合等方面都将产生积极作用，同时，为业界低价购房、廉价承租"安居乐业"办了件好事、实事。

十是福州桥头堡文化创意园在我会支持下，招商工作开展顺利。我会分支机构"福建广告书画摄影专业委员会"将近期入驻该园，目前，正紧锣密鼓地做好"福建广告摄影基地"的策划和筹备工作。

十一是我会与闽江学院共建的"广告人才培训基地"有望在省发改委、省财政厅的支持下取得成功。

十二是积极做好广告企业融资工作，先后与建设、兴业、民生、光大等银行广泛接触，探讨广告业融资项目和广告基金设立事宜，力争尽快"露脸"。

十三是在户外广告发展受阻的情况下，我会积极推动户外广告立法工作，与省政府法制局领导进行多次协调，专家们先后两次到我会进行调研。

十四是积极帮助企业寻资源，找业务，解难题，办实事。比如，为海峡卫视、南平电视台扩展业务、鹭光广告在金门设立广告牌等进行了具体指导和业务整合。促成海呐天成广告与漳州天成广告，绿野广告与福建游轮公司，鹏宏广告与智恒水务、环宇集团，特视、曙光与印象客家等单位的业务合作，为企业申报驰名、著名商标，申请专利，企业注册登记，办理税证等提供了帮助，尽力解决了业界及其亲属在省城的就医、就学、就业和建房、购房、租房等大量事务，努力为业界"打好工"，当好"保姆"，受到热棒。

"尽责任，赢信任"，我会服务业界的举动，得到业界的充分肯定和拥护，广大会员单位积极响应协会号召，支持协会工作，资援协会建设，完成协会任务，出现多家会员单位年底前提前缴纳次年会费和许多企业积极要求入会现象，全年共吸收会员单位62家。

三、抓基础

一年来，我会依靠顾问团队、业界团队的支持，依靠省市两级广告协会工作团队的努力，不断推进协会建设和协会工作上档次、上台阶。

第一，加强工作队伍建设，着力在建规矩、练队伍、促战力上下工夫，培养工作队伍"知大局、务长远、干实事"本领，扩大了协会工作内涵，提高了协会工作质量，夯实了协会工作基础。

第二，加强向名誉会长、高级顾问、顾问的请示汇报工作，使许多工作得到顾问团队的帮助和党政机关的支持。一年来，有6位省部级、32位厅局级领导来我会视察指导工作，均对我会工作给予了充分肯定，其中，我会名誉会长、省军区原司令员陈明端，省人大常委会原副主任方忠炳、王美香，省政府原副省长潘心城，中国扶贫基金会常务副会长林嘉騋等，对我会工作给予了充分肯定，要求我会再接再厉，多出成绩，多出经验，多做贡献。省民政厅周瑛副厅长带领省民间组织管理局汪洁生局长等一行来我会考察，听取我会工作汇报后指出：福建省广告协会工作定位明确，思路清晰，成绩突出，发展势头良好，主要有一个好的领导班子，有一支素质高的工作队伍，有一条清晰的办会思路。领导的关怀和期望，给了我会极大的鼓舞和鞭策。

第三，加强对基层协会工作指导。一年来，我会月均两次深入基层协会调研工作，积极帮助基层协会理清工作思路，解决具体困难，以会代培形式，对基层协会工作人员进行业务培训。同时，想方设法为地市协会解决具体困难和问题。比如，支持漳州市广告协会做好户外广告设置标准和监理程序设定工作，无偿支持龙岩市广告协会七辆汽车等。

第四，加强项目带动，增强协会工作力度和向心力。一年来，成功完成"福建广告传媒大厦""闽台广告创意园""海峡广告动漫城"等项目，开展广告职称评审，广告专业本科和研究生学历班教育等等，不但为业界解难事、办好事，而且提高协会实力，增强协会凝聚力。

第五，加强协会制度化建设，促进会员管理、财务管理、档案管理、行政管理等工作进一步规范。

第六，加强分支机构建设。

一是加强对"福建广告人才服务中心"工作指导，促进工作 深化改革、转型进步。

二是"福建广告书画摄影专业委员会"对外挂牌开张，来自全省广告书画专家和社会各界人士150多人参加了成立大会，省领导和福州市，科技厅，社团组织管理局，仓山区委，区政府，台江区政府领导以及中国书画研究院，香港书画院秘书长出席了开幕式。成立大会上，举行了规模盛大的广告人书画笔会和书画展。

第七，加强会员发展和管理工作。

一是严格把住入会关，在申请入会72家企业中，吸纳了较具实力的62家企业入会。

二是做好接收广告主入会工作，扩大了队伍覆盖面，增加了队伍代表性，优化了队伍结构，壮大了队伍实力。目前，我会广告主单位中，多数是我省著名企业，分布在房地产业、制造业、金融业、宝玉石业、医疗业、印刷业、服饰业、汽车业、旅游业、种植业和服务业等。

三是境外和省外来闽投资企业纷纷要求加入我会，其中有香港、广东、浙江、上海等地企业。

第八，积极做好《福建广告史》一书的修改和编辑工作，做好《福建广告通讯》和福建广告协会网站建设。

第九，开展先进广告协会和先进广告工作者评选表彰工作，福州、厦门、漳州、泉州、龙岩广告协会被评为先进单位，林光辉等7名协会工作人员被评为先进广告工作者。

一年来，我们充满自信的勇气和大爱的胸怀，在解决广告业发展一系列突出矛盾和挑战中，有所创造，有所前进，充分彰显了"小协会大社会""协会工作重在运作"的正确办会理念，彰显了省市两级协会队伍的实战能力，彰显了省市两级协会青春和活力。回顾总结和梳理盘点过去一年工作，我们很艰辛，但很快乐，我们很自豪，但不自满，协会在带领业界前行的路上，阻力仍然很大，困难仍然不小，短板仍然很多，必须花大力气来研究和破解存在的问题，才能确保协会青春常在、活力永驻，才能为促进广告业健康稳定发展做出更大贡献。

2014年工作安排

2014年，是广告业转型升级的重要一年，也是协会体系深刻变革的一年，我会将紧紧围绕党的十八届三中全会关于全面深化改革和加强社会组织建设精神，紧紧围绕福建省委九届十次全会关于推进社会组织管理体制改革，实施行业协会商会与行政机关脱钩的精神，以推动广告业发展和提高广告企业实力为主线，以争创全国先进协会为目标，在扩张工作领域，扩建工作平台，扩大工作战果,扩充工作队伍,扩展工作新局面上下工夫,为创造一流工作、一流业绩和一流协会而努力。

一、在促进行业发展上力求新突破

调结构、抓转型、促升级、增实力是促进广告业发展的重要课题和主要任务。我们要针对广告市场越来越细分,竞争越来越激烈,企业越来越专业的新形势,理清新思路,提出新举措,解决新问题,力求新突破。

第一,当前,福建生态、对台、海洋、闽侨、民营经济以及品牌等优势,都是广告业发展转型的内生动力和良好条件,我们要立足行业前沿,透视经济形势和市场环境变局,加大对广告业走势和广告企业现状的研究,突破瓶颈,激活动力,尽力给企业提供有效的帮助和支持,促进产业向集约型、外向型转变,向拥有自主创新能力和核心竞争力转型,形成经营多元化、服务优质化、运作科技化的新格局。

第二,构筑更大更好的政策信息集散地和首发平台,通过多渠道、多层面采集和传递最新、最快、最权威政策资讯,使会员单位在掌握政策和运用政策上捷足先登。同时,协助企业做好行业政策的落实工作,建立与政府沟通渠道,积极对接政府职能部门,促进惠企政策落位。

第三,引导企业用好、用活、用足中央和省里扶持广告业发展政策,把政策化为生产力,把政策化为经济效益,用政策化解矛盾,排除行业发展中的困难和瓶颈。

第四,加大区域性广告资源整合,支持广告企业在人才、资源、技术等方面互动合作,增强行业竞争力和抗风险能力。不定期召开业界联谊会、业务代理会,工作互动会,片区交流会,项目论证会,探寻合作道路,促进产业转型,逐步改变"户外当家"的被动局面。形成以大带小,以强带弱,以沿海带山区和优势互补、经验互学、发展互利的战略联盟和抱团发展格局。

第五,支持广告企业改革创新,培育一批拥有自主品牌、技术先进、主业突出、特色明显、竞争力强大的广告企业,力争到2014年年底,我省广告业结构明显改善,一批企业转型成功,一批企业取得明显业绩,50家企业年广告经营额达到亿元以上,2家企业股权上市进入程序,35家公司分别进入全国同行100强企业行列。全省广告经营额达到220亿元以上。

第六,推进《福建省户外广告发展与规范条例》出台,协调地方政府搞好城市景观规划,使户外广告与城市景观和谐共生。

第七,研究和制定《福建省城市公共交通车辆车身广告技术规范》《福建省立杆挂旗广告设置技术规范》《福建省灯箱广告安全设置技术规范》《福建省显示屏安全设置技术规范》等广告产业技术标准。

第八，拟与有关单位合作，策划创建"海峡广告高新技术市场"，引进国内外 LED 大屏、互动感应技术、3D 打印技术，激光投影技术、多媒体信息终端技术，广告影像技术和雕刻艺术等广告新技术、新设备、新工艺、新媒体，力争于 2015 年建成初具规模的广告高新技术市场。同时，于 11 月举办福建省广告高科技产品展示展销会。

第九，以广告书画摄影专业委员会为依托，力争建成福州、厦门广告摄影创作基地，逐步改变我省品牌创作依附外省的历史，并于下半年向社会展示广告界摄影、书画成果。

第十，为辅佐我省名牌产品生产，提高广告人才实战能力，与高校共同创办"福建广告企划和人才培养基地"，以实力广告客户为服务对象，组织业界精英和应届毕业生开展广告实战演练、品牌策划和包装展示活动，为催生品牌和培养人才服务。

第十一，建立广告基金机构，做好广告产业融资工作，支持中小广告企业发展，支持行业龙头企业和重点企业做大做强。

第十二，广泛开展建形象、创品牌、树标兵活动，开展广告先进单位和先进个人评选和表彰活动；大力推广实力广告企业和广告战线突出人物的宣传表彰活动，拟在省级媒体设立宣扬平台，在《福建广告通讯》和福建省广告协会网上设立专栏，使广告企业和广告人物在电视里有影、广播中有声，报纸上有形，使社会理解广告业，认知广告人，提高广告企业家地位。积极举荐业界骨干加入各级人大、政协和社会团体队伍，增加广告界的话语权。

二、在服务会员工作上力求新作为

"有求必应，方能一呼百应"、"把服务做到心坎上"，依然是 2014 年我会凝心聚力、服务会员的着力点和落脚点。

第一，完成"福建广告传媒大厦"挂牌开张任务。

第二，推进"海峡广告动漫城"项目生成，力争 2015 年上半年落成。

第三，深化金门"闽台广告接待中心"项目的用地谈判和策划工作。

第四，支持企业承接政府重要广告项目，如：城市景观改造和设计，区域广告发规策划，重点企业项目策划。帮助企业做好 2015 年在福州举办的全国城市运动会和一年一度的"5.18""6.18""9.8"等各类大型经贸洽谈会、交易会广告项目的承接工作。

第五，支持香港中诺集团、光能科技和曙光、金太阳、德诚、建侨、亚通、盛世开元、健康树等企业产品推向全国市场。

第六，组织开展广告考察交流活动，积极组团参加在北京召开的第43届世界广告大会，在贵州召开的第21届中国国际广告节和戛纳、亚太、伦敦、纽约等国际广告赛事活动。组织广告界赴国内和港、澳、台交流考察，使企业在活动中拓宽视野，打开思路，获得商机，增加本领。

第七，配合中国广告协会做好广告师职业水平考试工作，做好工艺美术师职称的评审工作，商请省公务局支持，力争建立福建省广告协会职称领导小组。

第八，继续推进广告本科学历和广告研究生学历教育；继续推进广告继续教育暨广告专业技术岗位培训工作。

第九，做好广告企业资质评审、年审工作，推荐一批实力强、信誉好、影响力大的企业申报中国广告企业资质等级；发布福建省十大实力广告企业榜，为提升广告精典企业知名度、增加附加值办实事。

第十，组织入驻"福建广告传媒大厦"和"闽台广告创意园"的广告企业业务交流和资源整合活动。

第十一，开展第17届福建省优秀广告作品大赛，将"广告语""标识标牌"和"广告策划案"项目纳入大赛范围。同时，向社会公布获奖结果，展示获奖作品，推动我省广告精品生产。

第十二，鼓励广告企业骨干到协会挂职锻炼，提高企业综合协调素质和公文处理能力。

三、在承担社会责任上力求新贡献

第一，按照省政府部署，尽力做好光泽县的扶贫工作，力争取得新成绩。

第二，继续支持江西省瑞金市、河南省济源市等一批地方政府在闽开展资源整合活动。

第三，整合行业力量，融合行业资金，为扩大会员单位盈利模式服务。与福建省中小企业商会、住宅产业商会、小商品协会、企业艺术协会等社团组织合作，开展为民办实事活动，如，与福建省小商品协会合作，为县域创办小商品市场做贡献；建设"广告人幸福小镇"，推进行业养老事业发展；拟与福建万通汇锦投资企业合作，在全省建立抗震环保型全自动地下停车库，为解决城镇停车难给力等等。为福建八方海上旅游客运公司打品牌、扩业务办实事。

第四，继续支持桥头堡文化创意园、体育文化创意园、丞源天下品牌企业平台、汽车文化创意园、大自然文化创意园等园区的创建工作。

第五，与相关单位联手创办"福建广告人之家"。

第六，与主流媒体合作开展好产品、好广告评选和推广活动，为百家企业打造品牌服务。

四、在加强协会建设上力求新进步

第一，为了适应社会组织发展形势，加强对协会服务模式创新、业务拓展和发展战略的研究，为增强协会实力、创建百年协会打基础

第二，组织省地两级协会领导参加民政部培训中心于1月8日在海口中心举办的"政府向社会购买服务与社会组织管理制度改革政策解析培训班"，提高管理工作能力和业务知识水平。

第三，争创"全国先进广告协会"和"全国先进社会组织"。

第四，加强与省级兄弟协会抱团整合，在与省通信、宝玉石、石材等17家协会联姻、联盟的基础上，进一步扩大合作阵营，学习经验，取之优势，凝聚力量，广纳资源，为会员单位提供更广泛、更优质、更实用的服务。

第五，吸纳实力强、信誉好、影响大，热心于协会工作的企业入会，尤其重视和发展广告主入会，壮大队伍实力，力争年内发展50家广告主入会，形成强大的广告主会员阵容，把广告企业力量与广告主的资源有效地结合起来，使之产生出巨大的正能量，逐步解决我省广告产出与收入均衡的内需问题。

第六，支持会员单位在协会授权前提下，以协会名义开展市场活动，分别给予副会长单位"主办单位"，常务理事单位"支持单位"，理事单位"指导单位"，会员单位"协助单位"挂名权，扩大会员单位在市场竞争中主动权和影响力。

第七，拟成立"标牌标识专业委员会""影视专业委员会""报刊专业委员会""户外广告专业委员会"，形成若干个广告专业平台，强化专业指导，提高行业专业水平和市场竞争力。

第八，加强全省广告协会工作队伍培养，提高队伍的思考力，领导力和执行力，逐步向专业化、职业化方向发展。

第九，健全本会各项规章制度，做到工作程序清楚，运作合规，有章可循。

第十，努力办好《福建广告通讯》和"福建省广告协会网"，力争质量上档次，服务上水平，以崭新面貌展现在世人面前。出版发行《福建广告史》。

2014年工作总结和2015年工作安排

2014年工作总结

2014年,在中国广告协会和福建省社团组织管理局指导下,在全省广告界和各地广告协会支持下,我会以改革应变革,以富业强会为目标,以抓大事,办实事,做贡献为主线,紧紧围绕协会改革、创新、发展课题,依靠团队努力和集体智慧,解放思想,攻坚克难,积极作为,实现建会以来多项工作零的突破,形成广告工程建设,广告职称评审,广告资质认定,广告学历教育和项目策划、资源整合等几大抓手,闯出一条"手上无权、脚下有路"的创新发展路子,工作广度、深度和力度不断加强,协会的作用力、贡献力不断显现,影响力、向心力不断扩大。我们主要抓好几方面工作:

一、工作定位上

一年来,面对经济发展新常态和广告业发展新要求,我会立足大视野、大格局、大平台的办会层面,使协会工作定位更加清晰,工作目标更加明确,工作运营更加顺畅,有力地推进了协会建设上档次、上水平。

其一,确立"小协会、大社会"和"小行业、大事业"和"该干什么,能干什么,会干什么"的工作站位。

其二,坚持办实事,做好事,干大事的工作模式。

其三,把握一流工作水平,一流工作业绩的工作标准。

二、在办会思路上

其一,跳出僵化的行政的办会框框,改变就协会而协会的工作思维,使鲜活的办会理念贯穿于协会工作全过程,在实践中得到充分体现和有力验证。

其二,以变革、创新、发展和"特色取胜"、"出路在于个性化"的工作方略,在突出自主创新,突出项目抓手,突出特色优势,突出工作成效上下工夫,使协会工作与时俱进,永立潮头。

其三,始终把"抓发展、抓服务、抓自律、抓基础"作为促进行业发展和协会工作的着眼点和着力点,确保协会工作中心突出,成效明显,全面发展。

三、在工作运作上

(一)抓发展

1. 指导行业发展工作,取得新成果

一年来,我会根据形势变化和企业要求,不定期派员深入地方协会和广告企业,以召开座谈会,举办培训班,发放"调查问卷"和个别走访,实地查看,现场办公等方式,积极做好广告业发展的指导工作。在引导企业把握市场动态,增强应变能力,加强自主创新,促进资源整合,实现抱团发展方面,在帮助企业出点子、想办法,解决发展中瓶颈方面,都做了大量的有益工作,为促进广告业发展贡献了力量。

目前,福建已成为中国广告重要的"粮仓"和"基地",成为中国广告大省。全省拥有350亿以上广告资源,拥有1.5万家广告企业,20万广告产业大军,230多亿广告年产值;拥有中国一级资质企业15家,二级2家,福建一级63家,二级60家,三级69家;拥有年产值亿元以上广告企业60家,其中,15家以上企业有望再次进入2014年全国广告百强行列。一批站位高、规模大、实力强、进步快、贡献多的广告企业脱颖而出,成为我省乃至中国广告业的骨干力量。

2. 加强广告园区建设,取得新突破

一是我会成功策划的6万平方米的闽台广告创意园,在升格为国家级优质产业园的同时,已成为广告界对外交流、内部互动、资源整合、转型升级的大平台和孵化器。一年来,我会在园区内开展各类活动20多场,先后接待各地广告考察团18批次,接待美国、台湾、港澳和省内外嘉宾2 000多人次。

二是在当地政府的支持下,我会创建的26层2.6万平方米的"福建广告传媒大厦",成为国内首座广告总部大厦。2015年上半年,我省20多家实力企业将乔迁入驻。

三是我会与福建省中小企业商会共同创建的"中国将军文化创作基地"

项目，正紧锣密鼓地做好方案设计和征地工作。

四是完成建设福建广告人"幸福小镇"的征地和设计工作。

五是为创建全国第一个广告高新技术产品交易市场，推动我省广告企业运用、研发和创新广告先进技术，我会组成专家队伍做了大量的市场调研、项目评估、看点选址工作，形成项目方案，制作了影视专题片，取得当地政府的认可和支持。

六是为在金门岛建设"海峡两岸广告交流中心"，继续与台湾广告界进行项目评估、市场分析、征用土地等方面工作。

3. 推动行业交流整合，取得新收获

一是我会先后组织广告界参加在北京召开的国际广告大会、在贵州召开的中国国际广告节、在广州举行的广告高新技术展会等。

二是组团前往广东、湖南、广西、重庆、上海等地进行业务考察和项目对接活动。

三是接待了18批次省内外业界来我会交流互动，其中：3月10—13日湖北省广告考察团在我省进行为期四天的考察访问和两省广告资源整合活动，促成福建电视大学与湖北省广告协会线上培训合作项目；武汉珂灵广告有限公司与德化进步陶瓷有限公司、德化锦华陶瓷有限公司达成合作意向；我会还为湖北荆州天下广告产业园建设提供可行性建议，得到充分认可。11月13—15日广州市广告考察团一行八人来我省进行考察交流。闽穗两地广告人在我会会议室举行由30多家企业参加的广告资源整合交流会，深入海纳天成、九龙宝典和新思维广告企业进行点对点的交流洽谈，收获颇丰。

四是为实施省委省政府关于"建设了21世纪海上丝绸之路"战略，组织业界开展"广告先行、广告下南洋"活动，于2014年12月7日组织福建广告与闽商考察团一行二十六人，随副省长郑晓松率领的经贸考察团，下南洋印尼为期七天考察，与100多名侨领和当地企业家进行了交流，受到热情接待。中国驻印尼使馆、印尼中华总商会、印尼福建社团联谊商会等机构举行盛大的欢迎大会。考察团参加了"中国福建—印度尼西亚经贸推介会"，考察了印尼的影视、平面、户外广告创作和发布情况，考察了雅加达、巴厘岛地区的创业园区、贸易、运输、珠宝、咖啡等企业，为闽货、闽牌下南洋，提高在南洋市场占有率，为福建广告界全面开展南洋考察打下基础。

五是支持漳州、南平两市广告考察团和邵武市广告协会班子成员到福州考察交流活动，安排三个团队先后考察闽台广告创意园和福建省广告传媒大厦，分别与驻榕的海纳天成、唐码设计、盛世开元、九龙宝典、好视传媒、闽商杂志、新思维、锦绣集团和瑞坤书法院等企业进行业务交流与资源整合。

六是我会在《福建广告通讯》和我会网站开办"资源整合 招商合作"专栏，为会员单位拓展业务牵线搭桥。先后为海峡卫视、桥头堡文化创意园、天赋酒业、光彩传媒、光能科技、闽商杂志、泰和茶叶、宝丰管桩、南方商标、飞博文化传媒等60多家会员单位免费发布资源整合广告。

4. 加强人才培养，取得新进展。

一是与四川大学、武汉理工大学等高校联合举办广告专业网络学历教育，93名广告从业人员获取广告专业本科生和研究生学历。

二是与福建电视大学联合推行线上广告技术岗位专业培训暨广告继续教育，对提高从业人员素质，改变行业知识结构起到推动作用，为广告专业技术人员职称评定创造条件。

三是与台湾《新生报》、台湾政治大学、科技大学、树德大学和台湾海峡文经教育推广协会，就联手开展闽台广告人才培训，建立两岸广告界交流互动机制，达成合作意向。

四是开展职称评审和职称考试工作，21名广告从业人员分别获得高、中、初级广告职称。

五是建立了校企合作八个训练基地，使"在校学生实践，从业人员充电"工作得到落实。我会会长担任了10所高校客座教授，经常深入高校授课指导和学术交流，为培养广告人才做出贡献。

六是与《海峡都市报》联合开展福建省第17届优秀广告作品大赛，共征集1 600多件作品，为历届征集广告作品数量最多、项目最全、取材最广、质量最高的一次赛事。经过角逐，208件作品分获金、银、铜和优秀奖，13单位等获得组织奖。《海峡都市报》专题报道了赛况和公布了获奖名单。

七是与福建省经贸委、教育厅、人保厅、商务厅、科技厅、总工会和共青团、福建省委举办了规模浩大、影响广泛、效益明显、万人参赛的"海峡两岸信息服务创新大赛"。其中我会主创的微电影广告大赛首次亮相，夺人眼球，引人瞩目，成为赛事亮点和热点。海峡卫视等20多个单位分获微电影等级奖项，10多家主流媒体作了专题报道。

（二）抓服务。

协会工作某种意义上讲，就是服务工作，这既是协会重要的一项职能，更是协会永恒的办会宗旨和生命力所在。一年来，我们坚守"有求必应，才能一呼百应""尽责任，赢信任""实力加卖力，才有凝聚力"的服务理念，从大事着眼,小事着手,把业界满意作为协会工作第一标准,把业界需求作为服务工作第一要素,不断延长服务"手臂",延伸服务"触角",在服务政府、服务社会、服务业界中,扮演重要角色,不但产生出巨大的社会效益和经济效益,协会作用、地位与价值得以充分展示。

1. 为政府和社会服务方面

一是配合省委宣传部、省文明办等机关联合开展全省公益广告评选和各类宣传活动。我会会长多次受邀主持各级政府、院校和企业开展的广告大赛评选工作。

二是积极参与和承担政府委托的服务项目,在协助各级政府举办的商品交易会、经贸洽谈会、庆典大会、招商引资会等大型活动中,做出应有贡献。比如,应邀参与省环保厅中国国际生态环境技术与装备博览会"福建馆"和"海峡交易会环保项目"的评估和议标;参与省体育局"2015年全国青年运动会"有关项目策划和运作;受省发改委委托,担负"6.18中国·海峡项目成果交易会"的策划推广任务;应福州市城市地铁部门委托,开展对福州地铁一号线各站点广告价值专业评估工作;配合中国广告协会交办的第43届世界广告大会的推广工作,推荐广告企业完成大会会场5面LED大屏的设置和管理任务;应中共莆田市委市政府邀请,我会黄应寿会长一行三人,作为演讲嘉宾出席"海峡两岸文化创意产业高峰论坛",对莆田市创建文化产业园区建设,提出了融合"历史—文化—创意"三大要素,在"正确定位,政策优惠,价格实惠,重在落位"上做好文章,做大文章等方面的建议,获得当地领导和与会专家学者的高度评价;应晋安区委邀请配合晋安区广告与夜景工程的策划工作;应邵武市政府邀请,前往邵武对和平古镇建设进行策划工作;应邀参与晋江市文化艺术周活动指导和策划工作等等。

三是为促进我省书画家与广告界携手合作,提高福建书画水平,塑造书画名家形象,融合广告与书画文化,为福建经济发展和社会进步服务,我省部分书画名家委托我会筹备成立福建省书画名家协会,目前已上报省民政厅审批。从下半年开始,我会在《闽商杂志》上开辟的"名家与作品"专栏,宣传推介邱瑞坤、肖元旺等一大批名家与佳作,受到书画界高度赞誉。

四是应上海相关单位邀请,10月10日我会黄应寿会长、廖云明秘书长应邀前往上海,为上海市闵行区开发韩湘水博园出谋划献策。针对上海韩湘水博园实际情况,我会提出的项目定位、项目版块、项目运营、项目成果等策划思路,获得充分认可。10月13日上海相关单位回访我会,10月18日我会派员再次前往上海作好方案细化工作。目前,此项目正在实施中。

五是根据省政府要求，我会承担了光泽县扶贫任务，在抓好扶贫点"输血"工作的同时，努力在"造血"功能上做文章，除为该县医院赠送先进医疗设备，解决部分项目建筑材料，进行城镇路灯改造，筹集部分赞助资金外，积极帮助扶贫点做好招商引资，策划项目，农副产品加工，项目成果包装，产品品牌推广等工作，取得阶段性战果，受到省里的多次表扬，省主流媒体多次报道了我会扶贫事迹。

六是应福建省中小企业商会、住宅产业商会、医疗器械协会、技术市场协会、服装协会、宝玉石协会、登山协会、小商品协会等一批社会组织邀请，我会帮助项目策划16项，设计标志12件和进行业务指导工作，受到了好评。

七是根据省有关部门要求，担任了18家省级协会（商会）联谊组长，产生良好的组合效益。比如，与福建省小商品协会合作，策划建立"抹布市场"，为我省县域创办小商品市场做贡献；与福建省中小企业商会合作，建设自助养老基地；与福建省商业联合会合作，策划开展"福建老字号"文化的研究和推广工作，运用广告力量改善"老字号"品牌等。

八是充分发挥本会团队策划项目优势，积极为政府和社会做好服务工作，取得令人瞩目的成绩。一年来，我会应邀为福州房车基地、福州体育文化创意园、中国将军文化艺术创作基地、书画名家创作基地、大自然创意园、服装创意园、鑫鼎工业设计园、桥头堡文化创意园、福州新店茶叶园、莆田市木兰文创园、汽车文化创意园，晋江市广告创意园，云霄古文化创意馆，以及湖北荆州广告创意园等40多个项目出点子、出案子、结果子。

九是围绕福建省政府实施的品牌战略，我会以"广告搭台、借船出海"为主题，为提高闽企、闽牌知名度和提高闽品市场占有率做出卓越贡献。

第一，支持中央电视台、海峡卫视、《海峡都市报》等主流媒体开辟福建品牌宣传平台。指导帮助一批广告主做好互联网和传统媒体广告投放工作，受到了欢迎。

第二，组织《闽商杂志》和新思维企划公司开展全球"闽人、闽企、闽品"评选和推广活动。

第三，推荐我省部分产品参与台湾举办的"海峡两岸产品评鉴活动"。福建健康树、福建日月信等5家食品企业产品，分别获取"金奖"和"银奖"，提高产品在国内外市场占有率，对福建产品进入台湾市场起到积极作用。

第四，在帮助美国、台湾、香港企业来闽投资置业，金门企业到大陆经商，我会给予牵线搭桥和提供多方面服务工作。

2. 为业界服务方面

一年来，我会立足行业前沿，透视经济形势和市场变局，加大对广告业现状和发展的研究，从大视野、大范围、高层面的高度，尽力为业界提供多方面、全方位的有效支持，推动行业转型升级。

一是构筑政策信息集散地和首发平台，通过多渠道、多层面采集和传递最新、最快、最权威政策资讯，使会员单位在掌握政策和运用政策上捷足先登。

第一，取得福建省政府办公厅许可，我会成为《福建省人民政府公报》等政府刊物发送单位，实现与政府有关部门九大政策平台对接，为掌握政策信息建立了广阔渠道。

第二，积极运用我会刊物、网站及时发布政策信息，深入基层传达和解读政策信息，采用办班和会议形式宣传政策信息，促成了企业学政策，懂政策，用政策的良好氛围。

第三，引导企业用好、用活、用足中央和省里扶持广告业发展政策，把政策化为生产力和经济效益，用政策化解企业发展中的困难和矛盾，使许多企业尝到利企惠企政策的甜头。比如，支持部分广告企业在申报项目，争取财政资金，盘活资产，转换用地性质，减免税收等方面都付出艰辛的努力。

二是针对经济下行、电商冲击、融资困难、"拆牌"严重的情况，我会加强对企业发展的指导工作，积极帮助企业理思路，破瓶颈，增强应变能力。一年来，我会派员深入基层60多批次，接待来访企业3 600多人次，解决了大批企业最关心、最直接、最现实的热点难点问题，积极探寻业界战略联盟和抱团发展新模式，使企业尝到优势互补、经验互学、发展互利和转型升级的甜头。比如，深入龙岩、漳州、南平等地市和邵武、云霄、永定、石狮等20多个县市广告企业开展现场办公，业务整合，举办讲座等活动；在晋江举办了"广告企业逆境突围"的高峰论坛，我会黄应寿会长、厦门大家新闻传播学院广告系主任罗萍、教授和福建新思维企划公司策划长苏国锋，就当前解决广告企业发展中面临的困境和破题对策进行了专题演讲和指导，企业反映很好。

三是支持CCTV-6（央视6频道）、海峡卫视、《海峡都市报》、《闽商杂志》等媒体成功举办档次高、规模大、效果好的广告合作推荐交流会，推进广告发布单位和经营单位以及广告主的资源整合。

四是支持企业运用广告新技术、新设备、新工艺、新材料、新媒体，努力提高行业科技含量。支持企业研发广告互联网、广告光电等高科技和广告专利产品，在省内组织举办多场广告高新技术和科技产品展销会和推荐会。

同时，我会会长还亲自带领光能科技、曙光三面翻、南广传媒、石狮雪峰、福建秒银等广告企业分别深入湖南、广西、广东、重庆和省内地市开展闯市场、拓销路等业务对接活动，为我省广告企业在中国国际广告节上展销产品提供便利条件。此外，在本会办公场所内，为会员单位开设珠宝、酒类、保健品、广告产品等展销区。其中，仅酒类一项年交易额就高达300多万元。

五是坚持"马上就办"和"私人订制"的服务原则，努力当好业界的"勤务兵"和"办事员"，对业界请求办理的事情，不分事大事小，不讲分内分外，不论好办难办，做到事事有着落，件件有回音，都力争把"慢工细活"做到位。特别在帮助企业降本赢利、扩大生意、建厂征地、办理商标专利、企业登记和就医、就学、就业等方面出大力帮大忙，受到业界高度赞誉，许多企业称道协会有"家的感觉"和"家的温暖"，"是会员心中的家"。

我会"尽责任，赢信任"，热心服务，无私奉献的实际行动，得到业界的认可和回报：

第一，广大会员单位关心协会工作，支持协会建设，完成协会交办任务已蔚然成风。

第二，极大地吸引着企业入会热情，今年要求入会企业达百家左右，是建会以来入会比例最高的时期。同时，出现广告主入会热潮，广告主队伍中，涉及金融、保险、制造、机电、印刷、养殖、影视、餐饮、旅游、珠宝、医疗、建筑、服装、茶业、酒业、养老等20多个行业。目前，协会阵营中拥有实力广告企业和强大广告主两大骨干力量，推动着协会工作进步和发展。

第三，大大激发了会员参加协会活动积极性和缴纳会费主动性，还有一些企业于10月份提前缴纳次年会费的现象。

（三）抓自律

规范广告市场秩序，加强行业内部管理，推动行业公平竞争，维权行业合法权益，是协会工作的重要环节，也是推动广告业健康发展的重要任务。

1. 开展广告法律法规的宣传做了大量工作

其中，编辑出版了2万册《广告法律法规及广告政策汇编》，发给业界和院校供学习和运用；通过媒体专访，发表文章，向社会宣传广告法律和广告知识。比如，今年，我会在媒体上发表《为广告扬名》等文章；国家发布《广告法》修订案，我会第一时间内，在《东南快报》上解读了法律修订意义和内容。

2. 负责起草相关规范

正在起草制定《福建省城市公共交通车辆车身广告技术规范》《福建省

立杆挂旗广告设置技术规范》《福建省灯箱广告安全设置技术规范》《福建省显示屏安全设置技术规范》等标准化行规。

3. 积极做好广告企业资质等级认定和管理工作

一是为适应形势和行业发展需要，及时对资质认定办法进行修订。

二是加强了对认定企业申报资料的指导服务工作。

三是推动认定工作向合理化、制度化、规范化方向发展。

四是一年来，年检资质企业15家。认定一级企业9家，二级企业10家，三级企业15家，向国家推荐认定企业7家。

目前，此项工作无论在"市场"还是在"官场"，其权威性、需求性、适用性已经突显。有的政府和许多企业把广告资质作为导入广告拍卖和代理的重要条件，使户外广告拍卖更具公开、公平、公正，深受社会和业界的拥护。

4. 协调业内业外纠纷，营造良好氛围

针对地方侵害会员单位利益行为，我会先后向当地市政府致函，阐明观点，提出建议，使一些行政乱象得到纠正，维护了会员合法权益。同时，积极做好业界间矛盾的处理和调研工作，化解了许多业内纠纷。

5. 重点解决户外广告问题

为了促进户外广告与城市建设相互融合、和谐共生，阻止拆牌乱象，一方面我会领导积极与部分城市主管部门进行沟通协调，建议当地政府重视户外广告工作，做好规划，出台规章，拆建并举，规范工作。另一方面要求业界积极创新户外广告载体，提高户外广告质量水平。再一方面，要求市级广告协会积极与当地有关部门做好协调工作。

6. 促进行业参政议事

积极倡导和推荐广告人担任各级人大代表和政协委员以及各部门行风廉政监督员，目前，全省人大代表和政协委员中拥有60多名广告人席位，虽然人数不多，然而作用很大，对提高广告人地位，增加广告人话语权起到积极作用。

三、抓基础建设上

要成为不可代替、不可复制和强大实力的行业组织，必须要有"小协会、大社会"的工作站位，要有"小团队、大智慧"的工作团队，要有"小单位、大经费"的造血功能。

（一）建队伍

协会工作充满智慧、充满创造和充满活力。我会认为，一支激情四溢的团队,不需要多少政策扶持,只要有公平、公正的宽松市场环境,就能开拓出有为、有位、有威的大局面,就能打造出闪亮的大品牌。

1. 工作团队

一是为适应协会科学发展、跨越发展需要,我会在建规矩、练队伍、促战力上下工夫,努力培养队伍的思考力,领导力和执行力,逐步向专业化、职业化方向发展。努力培养一支想干事、肯干事、会干事和干实事的工作团队。实践证明,省市两级广告协会已经形成勤于思考,乐于奉献,勇于创新,敢于担当和饱满热情,昂扬斗志的战斗集体。2014年,全省广告协会工作进步大,发展势头好,特色明显,亮点纷呈。

二是积极创造条件,为秘书处工作人员解决好薪酬、劳保等待遇,解决好生活和工作上的困难,充分调动大家的积极性和创造性,提高全员爱岗敬业的光荣感和责任感,"使命所在,乐在其中"和"贡献协会,不畏苦累",已经成为我会全员的共识和行为,大家都默默地为广告业发展贡献着智慧和力量。

2. 基层团队

一是积极支持和指导地方协会建设,帮助地方协会工作把脉梳理,解惑答疑,排忧解难,创新工作,力所能及地为地方协会解决工作难点,比如,下拨经费,下放权限,赠送龙岩市广告协会商务车等等。

二是加强队伍素质培训,多次以会代训办法,进行全员实战演练,不但提高了队伍工作技能和处事本领,而且增强了做好广告协会工作的信心和斗志。目前,省、市两级广告协会已经形成上下呼应,密切配合,团结战斗,全盘联动,同步发力,整体进步的良好态势。

三是深入福安、邵武、晋江、石狮等县级协会调研和指导工作,一起分析工作规律,研究县域协会工作办法,深受欢迎。

四是编印"社团换届、变更、增补、年检、注销文件范本",发给地方协会,规范办事行为。

3. 业界团队

一是在业界中积极倡导和贯彻"协会是业界之家""业界事业界办"的理念,凝聚业界力量,建设好广告人之家。

二是积极发展大企业、好企业和热心协会工作的企业入会,尤其重视和发展广告主入会,壮大队伍实力。目前,我会400多家会员中,实力广告企业占70%以上。

三是制定优惠会员的等级标准,使各级别的会员单位在享受《章程》中权利外,享有其他不同待遇。比如,支持会员单位在协会授权前提下,以协会名义开展市场活动,分别给予副会长单位"主办单位",常务理事单位"支持单位",理事单位"指导单位",会员单位"协助单位"挂名权,扩大会员单位在市场竞争中主动权和影响力;副会长单位优先廉价购买"福建广告传媒大厦"办公楼;理事单位可免费在协会通讯、网上和部分省级主流媒体推广企业形象和品牌;会员单位拥有购买"幸福小镇"住房的优先权等等。

4. 顾问团队

我会邀请4位省领导和1位全国政协委员担任名誉会长,聘请了35位厅级领导担任顾问,组成一支强大的协会顾问团队,搭建了政策信息资源、人脉资源、智力资源的大平台、大通道,使协会工作有了坚强靠山和支撑力量。一年来,顾问团队为协会发展倾注大量的心血,对促进我会工作进步和我省广告业健康发展起到重大作用。按有关规定精神,虽然大部分领导不再担任我会名誉会长和顾问,但依然关怀、关注和关心广告企业成长和协会建设发展,经常到我会视察和指导工作。

(二)创条件

我会在"一穷二白"基础上,运用"无中生有"法则,依靠出色的服务和科学运作,协会有了老本和底气,协会工作基础得到夯实,为打造百年协会创造了条件。

第一,拥有广泛的人脉和社会资源,具备运用优势资源激活协会工作的能力,对推动协会全面发展起到积极作用。

第二,拥有2 000平方的办公场所;其中,在我会创建的"福建广告传媒大厦"内,拥有1 000平方米协会独立产权的办公室;

在闽台广告创意园内,拥有600多平方米免租和免物业10年的花园式的工作环境;在福州桥头堡创意园内,拥有该园区为我会提供的四间长期免费办公室。

第三,拥有满足工作需求的办事用车和办公设备等硬件。

第四,拥有正在创建的"中国将军书画创作基地"和广告人"幸福小镇"等项目。这批项目成功落地,将大大提高协会造血功能,对解决协会"钱袋子""米袋子",过上"好日子"起到积极作用。

第五,拥有大批社会组织机构和部分媒体建立起来的战略联盟单位,大大扩展和激活了协会工作。

第六,我会会标已经国家工商总局商标局批准注册成功,填补了空白。

（三）抓制度

为了使协会工作逐步正常化、规范化、制度化，我会先后建立和完善会长办公会议制度、工作例会制度、工作运营制度、工作审批制度，建立了秘书处文件办理、车辆管理、账务管理、薪资管理、文档管理以及请销假管理等制度，基本上形成廉洁、高效、规范的运行机制，保证协会工作正常有序开展。

一年来，我会充满自信的勇气和大爱的胸怀，依靠全省广告界的力量，创造性地开展工作，出色和超额完成年初确定的各项任务，取得骄人的业绩，充分验证了"小协会大社会""协会工作重在运作"的正确办会理念，充分彰显全省协会队伍的实战能力和团队活力。工作很艰辛，但很快乐，我们很自豪，但不自满，协会在带领业界前行的路上，虽然有阻力，有困难，有短板，而我们靠信心、靠智慧、靠实力，推动着协会工作向更好、更高、更强的方向发展，为促进广告业健康稳定发展做出了新的贡献。

2015年工作安排

2015年，我会紧紧围绕省委省政府确定的经济工作中心任务，积极贯彻民政机关关于协会商会"去行政化"的要求，以"新思路、新作为、新发展、新格局"为主线，开拓创新工作，打破常规模式，实现竞争优势，立足中心地位，为行业发展推出系列难以复制、不可复制的新项目和好项目，为会员提供更加实用、实在、实惠的服务成果，带领全省广告界攻难关、破困局、在竞争中检验实力，体现本领，为富业强会和打造百年协会而不懈努力。主要抓好以下工作。

第一，组织业界学习和贯彻即将修订出台的新《广告法》，在业内形成学法、用法、守法的新氛围。

第二，积极引导广告界把握发展新机遇，适应发展新常态，以"更新观念、修正定位、整合资源、创新发展"为课题，在促进行业变革、创新上做文章，努力破解广告业面临的新挑战、新问题。定期派员深入地方协会和广告企业，开展调研指导，现场办公，业务整合活动。

第三，为实施中央和省委省政府"建设新世纪海上丝绸之路"战略，组织业界深入开展"广告先行、广告下南洋"活动，在2014年组团考察印尼站基础上，逐步延伸到东南亚各国，推动广告在开辟海丝之路和促进我省外向型经济中起先导作用，在进行广告界与闽商大联盟，大交流、大整合的同时，与当地国家广告界进行业务交流和项目对接，为外资入闽和闽货下南洋、闯市场做好服务工作。

第四，为响应省委省政府关于加快"安居工程"建设号召，引进和吸纳广告骨干力量，解决年轻广告人租房难、买房难的问题，我会加快建设广告人"幸福小镇"工程项目，计划建设用房800多套，力争4月动工，2016年底竣工。该项目位于福州市三环旁，规划新区内，交通便捷，区位优势突出。功能全，配套齐，价位低，性价比高，产权独立，项目设计新颖，办公、居住双宜。我会会员拥有优先优惠购房权。项目成功实施，不但为广告界改善生活和办公条件办了一件实事、好事，而且是我省广告行业中史无前例、意义深远的一件大事。

第五，完成26层"福建广告传媒大厦"的接收和安置工作。大厦的建成，不仅成为实力广告企业的集聚地、聚力地，成为与福州软件园1 000多家企业形成业务互动、资源整合平台，推动产业跨界发展，弥补了福建广告史上的空白，将产生巨大的社会影响力和贡献力，大大改善福建广告业和福建广告人在福建社会乃至中国广告界中的品牌和形象。

第六，举广告界之力和联合有关单位，积极推进"海峡两岸广告人金门交流中心"项目，拟于1月份邀请金门业界前来福州，3月份我会再次派员赴金门，进行项目投资协商工作，力争项目尽快签约落地。

第七，组织广告企业配合省发改委做好"6.18"项目成果交易会的策划和广告运营工作。同时，举办福建省第十五届广告"新设备、新材料、新工艺、新媒体"交易会。

第八，组织广告企业配合省体育局做好首届全国青年运动会广告项目和运营工作。

第九，组织部分企业参与在台湾举办的海峡两岸食品评鉴会，为更多福建产品及其广告占领国内市场和进军台湾市场作出努力。

第十，积极完成省里交办的光泽县扶贫任务，在继续做好原有支援项目基础上，努力提供和解决造血功能项目，为当地社会经济进步做出新贡献。

第十一，积极开展广告对外交流活动，通过交流、考察、学习，使业界打开新视野，形成新思维，整合新资源，实现新发展。我会主要安排以下活动：

（1）国外交流。组织广告界参加在泰国举行的亚太广告节，在法国戛纳举行的国际广告节，在美国举行的国际广告先进科技展，在澳大利亚举办的广告专业培训班和开展新世纪海上丝绸之路交流考察活动。

（2）境外交流。组织业界分赴台湾和香港、澳门考察交流，赴金门进行"海峡广告交流中心"项目的协商和对接。

（3）国内交流。组团参加中国国际广告节，拟组团赴华东、华南、西北、东北等片区考察交流。

（4）省内交流。除利用本会大型活动进行业界资源整合外，指导和支持省内广告界间交流互动工作。

（4）接待境外和省外广告考察团来闽考察交流和项目对接。

（5）继续与兄弟社会组织和团体合作，结对子、寻商机、拓市场，促进优势互补，抱团发展。比如，与兄弟协会商会联手，开展广告、文化、科技下乡活动，组织科技项目、小商品、球类、笔会、演艺等为民服务内容，深入部分地市和县区进行交流演出和展览展销，为丰富基层和百姓生活服务；与省技术市场协会联合开展广告技术市场优秀项目评选活动，推进广告科技成果研发和提高；做好邵武桂林文化景区等10多个项目的策划工作；与江西省广告协会结对子，实施工作联动等等。

第十二，做好福建省广告协会成立30周年筹备工作，重点抓好几大版块：

（1）评选表彰福建广告实力企业、百强企业和文明企业。

（2）评选表彰推动福建广告业发展贡献者、专家和先进个人。

（3）表彰福建老广告人。

（4）出版发行福建史上第一本《福建广告史》。该书从古到今全面反映和翔实记载福建广告发展不平凡历程，其信息量和工程量之大，编辑难度不言而喻。《福建省广告史》的出版发行为福建乃至中国史库中增加了新的亮点。

（5）举行福建省广告作品大赛、表彰和展示。

（6）做好大型笔会、表彰会、展览会等各项筹备工作。

第十三，继续抓好广告职称评审、广告企业资质认定、广告学历教育、广告高峰论坛、广告业务指导、广告项目策划等工作。

第十四，做好会员服务和发展工作，扩大会员队伍阵容，建设更加强大的实力团队。

第十五，加强基础建设，进一步改善和优化协会办公条件，提高协会办公效率和服务水平，提升协会战斗力，增强协会凝聚力和影响力，靠办法取胜，靠实力说话，靠能力办会，确保协会站在时代前沿，立足中心地位，真正成为信得过、靠得住、用得着、离不开的广告界心中真正的家。

第十六，筹备协会换届工作。

第十七，完成上级交办的各项工作任务。

新年祝辞

福建省广告协会黄应寿会长

2015 年 12 月 30 日

全省广告界同仁们：

在我们正忙于盘点和分享 2015 年丰收果实，举行庆功盛典的时刻，新年的脚步款款而至，新年的钟声即将敲响。在这辞旧迎新的日子里，福建省广告协会秘书处全体工作人员向全省广告协会同志们和全省广告人拜年！并致以节日的问候和新年的祝福！向关心支持福建广告业发展的各级政府机关和社会各界人士表示崇高的敬意和衷心的感谢！

2015 年，经济下行、网上冲击、单量减少、成本攀升，户外拆牌涛声依旧，广告市场进一步碎片化、专业化，广告业态发生了深刻的变化，彻底颠覆了传统的广告运作惯性思维和经营模式，给广告业的生存和发展提出新的挑战，业界不适应、跟不上和经营难、难经营的问题日益突显，大家都在"忆甜思苦"，探寻"路在何方"，"难"字成为行业目前使用频率最高的字眼。然而，形势也倒逼我们这支智慧型、创新型的广告军团，面对新业态带来的阵痛，积极应变，重新布局，创新发展，形成了"转变观念、转型升级、整合资源、抱团发展"共识，一批触角灵敏的公司创新招，走新路，迈开了新的步伐，一批优势企业在逆境中成功突围，一批新锐力量脱颖而出，亮点频频。因此，2015 年，是福建广告界的探路之年、改革之年、创新之年，反逆为顺之年。我们遇到的困难非往日可比，然而，依靠全省广告界的不懈努力，我省广告业不但经营总量增加，服务质量提高，而且产业逐渐升级换代，广告界创业思路更加鲜活，经营模式更加灵活，产业结构更加合理，整体实力更加抢眼，福建广告军团已成为中国广告队伍中的一支重要力量。

一年来，我会在中国广告协会和民政厅的指导下，在全省广告界支持下，在省市两级广告协会共同努力下，以"小协会、大社会""小行业、大事业"的办会思路，以"抓发展、抓服务、抓自律、抓基础"为主线，突出自主创新，突出跨界整合，突出办会特色，突出项目带动，带领全省广告界取得建会以来最成功和最好的成绩。国家民政部派员到我会专题调研，分别四次在《社会组织报》和《社会组织杂志》推广我会工作。福建电视台、《福建日报》、《海峡都市报》、中华网、新浪网、央广网、中国广告协会网、闽商网、泰国五大纸媒、泰华网、台湾《新生报》等20多家媒体报道我会事迹。福建省民政厅先后两次指定我会在全省社团工作会上介绍经验，多次肯定和表扬我会所取得的成绩。我会连续14年被认定为全国广告先进协会。可以说，2015年，我会办会思维鲜活，定位精准，路径科学，成绩明显，是建会以来工作动作最大，工作跨度最大，工作项目最多，工作突破最快的一年；是我会工作大提升、大跃进、大发展的一年；也是凝聚全省广告界和广告协会力量，开拓创新，充满活力，大爱奉献的一年；更是福建省广告协会秘书处工作最忙，干得最累，贡献最大，收获最大的一年。

一年来，我会支持各级政府和企事业单位有关工作，取得优异成绩，得到充分认可。比如，"6·18"海峡项目成果交易会、厦门工业博览会、首届全国青年运动会、福建省环保展馆项目、福建省十三五软件和信息技术规划、福建省公益广告、福州地铁广告项目、漳州生态走廊、泉州市广告规划、湖北武汉文创园、晋江文化周等20多个项目策划论证和评估评选工作。有效开展对光泽县的扶贫工作。为支持屏南县打造农产品品牌办实事，我会为其完成"鸿梨洋"商标设计，6月24日，《福建日报》专此进行了报道；担任了20多家福建经济社团组织的组长单位，开展了5次联谊活动。承担了省社团组织管理局交办的召开省级会长联谊会工作；与福建省模特文化产业协会联合举办了海峡两岸广告模特大赛；与省经信委、科技厅、省团委等10多家省直机关联合主办了福建省软件和信息技术大赛；与东南电视台、中国经济网、福建新思维企划公司主办了由恒安、利郎、盼盼、紫山、金鹿、万利达、亲亲等30多家品牌企业参加的"创媒体、走新路"企业发展论坛等等。

一年来，我会带领广告界积极开展资源整合，跨界交流，不但层面高，范围广，次数多，而且影响广泛，硕果累累。比如，多次举行广告资源整合会、推介会、项目对接会（年初项目对接会，央视和《海峡都市报》广告资源推荐会，朗宇和安明斯产品推介会）等。为践行"一带一路"战略，继去年带领闽商赴印度尼西亚成功考察之后，今年又率领16位闽商下南洋，赴泰国进行考察交流，进行广告、水产、水果、莲子、纺织品等项目对接活动，取得可喜的成绩，受到当地侨领和中华人民共和国驻泰王国大使馆的热情接待。泰国侨界很快回访我会，就有关项目落位问题进行对接，省政协原副主席叶继革接见了泰方企业家。应香港和澳门广告界邀请，我省广告界赴港澳进行为期五天的考察交流，参加了香港广告界庆祝中华人民共和国成立66周年活动，考察了香港2家创意设计园区，考察了港澳多家广告企业，拜访了两地广告行业组织。接待了澳门广告界来闽考察访问，安排了澳门广告考察团与厦门、漳州两市广告界开展交流活动。接待了台湾《新生报》刘长裕社长率领的台湾广告考察团。接待了美国教育专家学者来访，帮助解决了在福州设立教学机构事宜。由我会发起召开了50多位广告界老总参加的"闽、湘、赣三省广告联谊会"，订立了三省广告协会互动互助的合作意向。参加了由江西省广告协会牵头，召开的"部分省市广告协会工作会议"。我会黄应寿会长和福建新思维企划公司苏国锋董事长应邀参加了湖南省广告协会组织的"品牌与广告"高峰论坛和怀化文化广告产业园民族与品牌高峰论坛，分别进行了"创媒体走新路"和"如何开创广告产业园区品牌"的演讲。先后接待湖南、江西、湖北、上海、广东和武汉、广州等10多个省市广告协会率领的广告代表团来闽考察交流。接待了一大批来自北京、上海、广东、山西、江西、湖南、广西、湖北等企业老总。一年来，黄应寿会长五次率领漳州市广告界赴外交流和专程带领企业赴广东、湖南、广西等地进行产品推荐活动，史无前例。促成了副会长单位桥亭企业与福州水产商会鱼类项目，丰华企业与省模特文化产业促进会培训颁证项目，新思维企划与"6·18"等众多项目对接。

一年来，我会坚守"有求必应，才能一呼百应"和"尽责任、赢信任"的服务理念，服务水平大大提高，效率大大提高，为企业排忧解难，服务企业、助力企业发展，服务会员切身利益等方面做了大量富有成效的工作，每天平均接待10个单位、20人次和处理大量的会员需求事务。可以说，2015年，我会服务会员工作进入了高峰期，来访企业越来越多，接待量越来越大，服务范围越来越广，政府、社会、企业邀请我会参与各类活动频率越来越高，协会作用与贡献日益突显，在社会和业界中"小有名气"。由于愿意服务，能够服务，有效服务，给企业带来极大的社会效益和经济效益，我会的作用和地位越来越突出，企业入会数量不断增加，已经形成体验入会，自愿入会，上门入会的格局。

一年来，我会以大视野、大格局办会站位，在抓大手笔项目上取得重大突破。其中，完成26层2.8万平方米中国广告第一楼的"福建广告传媒大厦"

验收接管工作，15家中国一级广告企业和我会副会长单位入驻大厦；我会策划创建的3.5万平方米大自然创意园交付使用；我会策划创建的国家级闽台创意园"生意兴隆"，成为福建乃至全国优质广告园区。两座100米高，拥有800套住房的"广告人幸福小镇"已经完成各项筹备工作，将于2016年上半年破土动工；一年来，我们先后设立福建广告人健康服务中心、福建广告人接待中心、福建广告活动中心和广告书画院、广告影视院、广告策划院，配备了广告法务和医务人员，正在解决广告人包装饮用水等问题，为多方位便利广告界工作和生活事务用心尽力；我会与福建省技术市场协会开展我省广告科技项目认定工作，6个单位的8个项目获得广告技术科技奖项，弥补了广告科技产品认定的空白。

一年来，我会在积极做好广告职称评审、广告人学历教育、校企"产学研"基地建设方面也有了新的突破，为培养广告人才做了大量工作；积极做好广告企业资质认定，广告实力企业评选，广告优秀人物选拔，《福建广告史》和《手上无权，脚下有路》等广告书籍的撰写和出版工作。

一年来，我会运用"无中生有、有中生优"和"重在创新、贵在运作"办法，依靠出色服务和科学经营，夯实了协会基础建设，拥有了良好的工作机制和人文环境；拥有了广泛的社会资源；拥有了众多的联盟力量；拥有了一支充满智慧、充满创造、充满活力的工作团队、基层团队、业界团队、顾问团队；拥有了2 600多平方米的办公场所和员工食堂。其中，拥有近1 000平方米协会固定资产，在全国同行中尚属首例。拟组建"福建广告人物业管理机构"，承担"福建广告传媒大厦"和"广告人幸福小镇"管理和服务任务，为解决协会"米袋子"和"钱袋子"，让广告人过上"好日子"和打造百年协会打下坚实基础。

"雄关漫道真如铁，而今迈步从头越"，实践使我们深深领悟到，改革、创新、发展是协会工作永恒的课题，建设强大协会必须要有大目标、大思路、大动作、大格局，要有躬身为会员办大事、办实事、办好事、办成事的本领和能力，必须不断地延伸服务"手臂"，延伸服务触角，努力打造有用、管用、好用的广告人之家，才能"有位、有威"，才能"够威、够力"，才能成为政府信任、社会认同、业界信赖的社会组织。一句话，协会工作大有可为，大有作为，大有干头，大有奔头。

2016年，我们将迎来福建省广告协会成立30周年，将召开福建省广告协会第七届会员代表大会，在"6•18"海峡成果展览会举办广告产业馆，带领广告界再行"海上丝绸之路"，并迎来"福建广告传媒大厦"挂牌开张，"广告人幸福小镇"破土动工,"福建省广告人健康服务中心""福建广告人接待中心""福建广告人活动中心""福建广告人影视书画创作中心"等许多项目投入运营,将大大增加了协会服务会员、服务业界的平台和力量。

  2016年,是危机与商机、改革与创新、竞争与整合、瓶颈与路径、困难与发展并存的一年。"互联网+"的出现,PC互联网、移动互联网广告的快速崛起,将赋予广告业无限的想象空间,将为广告转型升级提供新的路径,在新营销、新传播、新模式的新常态下,谁把握了市场主动权,谁就有了发言权。无疑,在这节点上,是考验广告界创新能力和变革力量的关键时期。因此,作为广告行业组织—广告协会责任重大,任务繁重,使命光荣。我们有信心、有能力、有办法依靠强大内力,集合业界势力,坚持抓发展、抓服务、抓自律、抓基础主旋律不动摇,用脑袋经营,靠智力发展,努力整合行业力量,加大行业交流,推动行业转型,鼓励行业创新,促进行业发展,带领广告界立足新起点,站在新高度,联合、破局、创新和打造核心竞争力,以"广告+"的融合模式,开拓新思路、新门路、新套路、新财路,为富业强会而不懈努力,延续着打造百年协会的重要使命。

  祝全省广告界在新的一年里家庭幸福,家人平安!家业兴旺!

福建省广告界 20 年大事记

1995 年

7月　福建省工商行政管理局确定黄应寿、赵公霖、孙焕组成福建省广告协会换届领导小组，开展协会换届的筹备工作。

8月11日　龙岩市广告协会成立。

10月5月　福建省广告协会第三次会员代表大会在福州召开。会议选举产生了以黄应寿为会长、赵公霖为秘书长的新一届协会领导班子，审议通过了《福建省广告协会自律规则》。

10月上旬　经省教委、省人事厅批准，福建省广告协会与厦门大学联办的广告大专专业证书班开课，首批招生60名。

11月20日　福建省广告协会组织会员单位赴广州参加"中国国际广告新技术暨第四届全国优秀广告作品展"。福建省选送的75件作品有18件获奖，获奖总数居全国第五位。

福建省广告公司被国家工商行政管理局指定为首批全国9家代理境外广告业务公司之一。

福建省广告协会迁址至福州市五四北路省工商行政管理局大楼6层。

1996 年

1月16日　南平市广告协会成立。

福建省电视台举办第一届广告招标会。福建省鼓山涌泉寺方丈普法大师，斥资29万元人民币买断福建电视台早晨8时广告特别段位广告权。

1月18—25日　由福建省广告协会，台湾文化大学广告系、动脑杂志社、旅行家杂志社主办，台湾财团法人海峡交流基金会、动脑广告人俱乐部协办的'96两岸广告研讨会在台北举行。这是两岸相隔40多年，大陆第一个广告代表团赴台参加大会。福建省广告协会顾问、省工商行政管理局局长苍震华为团长、厦门市工商行政管理局局长刘励为副团长、福建省广告协会赵公霖为秘书长的福建广告代表团一行二十人出席了研讨会，实现海峡两岸广告界双向交流零的突破。

2月1日　《中华人民共和国广告法》实施，福建省广告协会与福建省工商行政管理局、福建日报等单位联合举办大型《广告法》知识有奖征答活动，全省15万人参加了竞赛活动。

4月　经福建省职改办、福建省文化厅批准，"福建省广告协会广告专业中级技术职称评审委员会"正式成立，黄应寿会长首任评审委主任。

6月7—15日　福建省广告协会组团11人，由黄应寿会长带领，随中国广告代表团赴韩国汉城参加第35届世界广告大会，实现了福建省广告界参加世界广告大会零的突破。

6月下旬　福建省广告协会顾问苍震华等率福建广告代表团赴法国参加第43届戛纳国际广告节。

8月21日　福建省广告协会首次召开1994—1996年度广告行业"十佳会员单位""十佳广告工作者"表彰大会。

9月26日　厦门市人民政府发布《厦门市户外广告管理办法》。

10月23日　福建省广告协会组织福建省户外广告考察团赴成都、重庆、武汉等地考察交流。

12月　福建省广告协会与福建经济报社在《福建经济报》上联合开辟"广告天地"专栏。

由福建省广告协会黄应寿会长主编的《发展中的福建广告业》一书出版发行。

1997年

5月　福建省广告协会举办第四届全省优秀广告作品评选活动。

5月　福建省广告协会向省工商行政管理局报送了《关于促进我省广告业持续快速发展的10条建议》。

6月　福建省广告协会派员参与中国广告协会组织赴黑龙江、江西开展精神文明先进单位检查工作；组织广告界赴内蒙古自治区考察。同时接待了北京、江西、湖北、浙江等省、市广告协会来闽交流活动。

6月 福建省广告协会组织广告界一行十三人赴法国参加第44届戛纳国际广告节。

7月 福建省广告协会组织广告界一行三人赴美国参加广告专业培训。

8月 福建省广告协会选送60件作品参加在广州市举办的第五届全国优秀广告作品展,福建有17件作品获奖。广告节上举行福建省广告协会负责的"福建广告业绩展"。

10月 福建省广告协会与福建奥恩传播有限公司在福州西湖宾馆联合举办"国际品牌战略研讨会",160多名国内外嘉宾出席。

10月 福建省广告协会召开三届三次理事会,通过了《关于开展学习十五大精神,加强行业自律,为新一轮创业服务系列活动的决议》。

11月 福建省广告协会职称评定委员会首次开展广告美术、广告管理职称评审工作。28名广告从业人员获得初级和中级广告职称,开创了我国广告职称评定的先河。

12月17日 莆田市广告协会成立。

厦门大学陈培爱教授编写的《中外广告史》正式出版发行。

福建省广告协会开展首届福建省广告论文征集评比活动,编辑出版第二册《福建广告论文选》。

福建省广告协会与厦门大学联合开办的首届广告研究生班,招收学员35名。

中国广告协会授予福建省铁路广告公司、福建省广告公司、福建日报广告总公司、厦门广告公司"全国广告业文明单位"称号。

福建省广告协会与中共福建省委组织部电教中心等单位合作,完成《福建户外广告》专题片的拍摄和制作任务。

1998年

3月 为纪念《广告法》实施三周年,福建省广告协会开展首届广告业书画、摄影评展活动。

3月 福建省广告协会组织广告界12人赴泰国清迈参加首届"亚太广告节"活动。

4月 福建省广告协会下发《关于组织发布国有企业下岗职工就业公益广告作品》通知。

4月—5月　福建省广告协会会同各地市广告协会,深入全省各地对广告经营单位自律情况进行交叉检查和评议。

5月　由福建省工商行政管理局黄耀梅副局长和黄应寿会长率领福建省广告界一行18人赴埃及出席第36届世界广告大会。

6月　福建省广告协会派员赴上海参加"上海国际广告节暨新技术、新材料、新媒体、新设备展"。

6月　福建省广告协会组织广告界11人赴法国参加第45届戛纳国际广告节。

7月25日　泉州市广告协会成立。

8月　福建省广告协会召开第二届(1997—1998年)"十佳会员单位""十佳广告工作者"表彰大会。

9月　福建省广告协会迁至福州市江厝路福建省工商行政管理干部学校将军楼办公。

10月　福建省广告协会派员到新疆参加中国广告协会组织的广告业自律交叉检查活动,并组织部分地市广告协会专职工作人员赴沈阳、大连、济南等地学习考察。

福建省广告协会组织秘书处工作人员和各地市广告协会秘书长,分三个调研组深入全省九个地市,围绕在新形势下如何拓展协会职能,为促进全省广告业发展主题开展调研活动。

11月　福建省广告协会接待新疆、青海、陕西、甘肃、西安等省市、自治区广告协会代表团来闽检查工作。

11月　福建省广告协会与福建电视台联合举办"广告饕餮之夜"电视片鉴赏活动,吸引了福建省3 000多名广告界人士观摩。

11月　福建省广告协会举办首届"'98福州国际广告新技术、新材料、新媒体、新设备展销会"。

12月　福建省广告协会组织广告业赴黑龙江考察。

12月　福建省广告协会开展第二届广告美术、广告管理专业技术职称评审工作。

福建省工商行政管理局颁布《福建省广告业1998—2000年发展意见》。

福建省广告协会与厦门大学联办的第二届广告研究生班,录取学生80名。

1999 年

1月1日—2月5日 福建省广告协会与福建邮电部门联合举办纪念《广告法》实施四周年有奖征答活动。

5月21日 福建省广告协会广告主委员会成立。

5月21日 福建省广告协会举办福建省第五届广告作品暨第二届"广告人"摄影书画广告展览,选送118件优秀广告作品参加全国第6届优秀广告作品评展活动。

5月23日 福建电视台新闻频道开播,以"新闻创造价值,新锐引领主流"定位,成为中国大陆第一家专业新闻频道。

9月1—11日 福建省广告协会首次组织广告主35人赴香港参加'99亚洲广告展活动,并赴澳门、泰国进行户外广告考察。

9月16日 由福建省工商行政管理局、福建省广告协会联合举办第二届'99福州广告新技术、新材料、新设备、新媒体展销会。

福建省广告协会颁布了《福建省广告业自律工作考评标准》。

福建省广告协会召开两次广告专业技术职称评审会,对申报初级、中级职称的人员进行审核评定,16人获得中级职称,23人获得初级职称。

福建省广告协会组织广告论文征集活动,42篇论文入编第三册《福建省广告论文选》。

福建省广告协会组织业内人士参加在法国举办的第46届戛纳国际广告节。

福建省广告协会组织业内人士分赴黑龙江、西安、重庆、武汉等地参观考察。

福建省广告协会在认真总结前两届"双十佳"评选表彰活动的基础上,开展了争创广告行业精神文明先进单位、先进个人的活动,并把该活动与中国广告协会开展的"争创广告行业精神文明先进单位、先进个人"活动相衔接。

福建省广告协会为从事广告工作30年11名、20年38名、15年以上61名人员颁发"荣誉证书"。

福建省广告协会组织开展闽货闽牌宣传活动。其中,为南靖旅游景点免费发布200多万元广告。

2000 年

1月22日 福建省电视台2000年黄金段位投标,鼓山涌泉寺参加"福建新闻联播"前15秒广告竞标,宣传禁毒和保护野生动物公益广告,以80万元买断本年度第二、三季"新闻联播"前最后一条广告播出权。该新闻入选"2000年中国广告业十大新闻"。

2月 福建省广告协会被评为省级先进社团组织。

3月 福建省广告协会组织业界人士赴泰国参加第三届亚太广告节。

3月 福建省广告协会召开全省广告协会秘书长会议。

5月 福建省广告协会组织业界人士赴美国参加第41届"克里奥广告节"。

6月初 福建省广告协会组织业界人士赴英国参加第37届世界广告大会。

6月上旬 福建省广告协会组织业界人士赴法国参加第47届戛纳国际广告节。

6月中旬 福建省广告协会组织业界人士赴香港参加广告展。

7月 福建省广告协会派员参加中国广告协会组织的《关于加强广告行业自律的办法》(试行稿)的研究论证工作。

8月 福建省广告协会三届四次理事会在福州召开。

9月 全国城市电视广告信息交流会在厦门举办。

10月—12月 福建省广告协会先后组织两批广告界人士赴俄罗斯进行广告考察,分别考察了符拉迪、沃斯托克、莫斯科和圣彼得堡广告市场。

11月16日 福建省广告协会第四次会员代表大会召开,大会选举产生新一届协会领导班子。

12月 福建省广告协会组织业界5人赴德国汉堡大学培训。

福建省广告协会组织开展福建省第六届优秀广告作品暨第三届"广告人"书画摄影作品评选活动,从中选出90件作品参加全国第七届广告节评比活动,其中40件作品获奖。

福建省广告协会开展《广告法》实施五周年纪念活动。

福建省广告协会组织业界人士分赴西北地区和黑龙江省进行广告考察。

福建省广告协会组织全省广告界126人参加在吉林省举办的全国广告研讨会。

福建省广告协会组织全省广告从业人员参加在无锡举办的第七届中国广告节活动。

福建省广告协会出台《广告界运用广告策略服务国企改革和"两个文明"建设的意见》。

共青团福建省委、福建省环保局、福建省工商行政管理局、福建省广告协会、福建省电视台联合举办"保护母亲河、共造美好福建"公益广告大赛。

福建省广告协会起草《福建省广告经营单位资质认定工作方案》、《福建省广告经营单位资质认定工作领导机构及办事机构设置方案》和《福建省广告经营单位资质认定暂行办法》（征求意见稿），组织有关专家和广告经营单位论证修改，为日后开展此项工作打下基础。

福建省广告协会策划设计了面向广告主委员会和拥有驰名商标企业以及省重点扶持的100家重点企业等单位的调查问卷，了解企业在争创名牌、开拓市场中对广告业的新需求，指导广告经营单位更好地服务企业。

福建省6家广告经营单位进入全国百强行列，5家会员单位中国广告协会被授予为"全国广告行业文明单位"称号，4家受到表彰。

福建省广告协会制定《市级广告协会秘书长工作规范》。

福建省广告协会职称评定委员会开展第五次广告职称评审，认定8名从业人员初级广告职称，17名从业人员中级广告职称。

2001年

1月 由福建省广告协会承办的全国广告协会秘书长会议在泉州召开。国家工商行政管理局惠鲁生副局长、国家工商行政管理局广告司司长王晋杰、中国广告协会秘书长时学志等出席了会议。

2月 福建省广告协会在龙岩召开全省广告协会秘书长会议。

3月 福建省广告协会被省民政厅评为省级先进社团。

3月25日 福建省广告协会组织广告界20人赴泰国参加第四届亚太广告节。

4月 福建省广告协会积极组织会员单位参加监管部门开展的"重合同、守信用"活动，有7家省级广告企业获此殊荣。

4月 福建省广告协会组织业界6人参加德国汉堡广告专业培训。

4月 福建省广告协会主办，无锡广博广告公司承办的福州第三届国际广告"新技术、新材料、新设备、新媒体"展活动拉开序幕。

4月28日 福州市人民政府颁布实施《福州市户外广告位设置使用权拍卖暂行办法》。

6月　福建省广告协会组织业界人士赴法国参加第48届戛纳国际广告节。

6月　福建省广告协会在继续与厦门大学举办广告专业研究生班的同时，与福建师范大学网络学院举办高升本和专升本广告学历教育，招生106人。

由福建师范大学牵头，福建省广告协会与美国林肯大学联合开展广告博士生招生工作，首批招生3名。

7月　《莆田晚报》正式创刊。

7月　福建省广告协会组织业界30人分赴广西、越南进行广告考察交流活动。

7月　福建省广告协会职称评定委员会开展第6次广告专业初、中级职称评审工作，认定23名从业人员中级职称，21名从业人员初级职称。

8月　福建省广告协会组织广告界赴俄罗斯进行考察交流活动。

9月　福建省广告协会开展福建省第七届广告作品评选工作。

9月　福建省广告协会在广告业中开展"清除广告杂草，让广告百花园更加绚丽多彩"活动。

为规范广告活动，福建省广告协会配合省工商行政管理局在全省广告业内推行"广告合同示范文本"工作。

针对药品、药械等违法广告存在的突出问题，福建省广告协会与医药行政管理部门联合举办医药广告人员培训班，以提高医药审查广告人员业务水平。

福建省广告协会开展"广告为闽货增光辉"活动。

10月　由中国广告协会和厦门市政府主办，厦门市工商行政管理局和厦门市广告协会承办的"第8届中国国际广告节"在厦门举行。

11月7日　宁德市广告协会第一次会员代表大会在宁德召开，至此全省地市级广告协会全部成立。

福建省广告协会与有关部门联合举力"WTO门前——中国企业营销突围"新视角论坛。

福建省广告协会表彰2000—2001年度全省广告文明先进单位38家，先进广告工作者28人。

针对福州市有关部门《取消公交车发布广告》的决定，为维护会员单位福州市公交广告公司合法权益，福建省广告协会致函福州市政府要求给予妥善处理，得到市政府支持，使问题得到妥善的解决。

2002 年

1 月 福建省广告协会举行"福建省广告界新春团拜会"。

2 月 《福州市户外广告位置使用权挂牌交易暂行规定》出台。

4 月 福建省广告协会举办第四届福州国际广告"新技术、新设备、新媒体、新工艺"展销会,同时举办福建省第七届优秀广告作品展。

8 月 1 日 Tom(汤姆)户外传媒集团并购厦门博美广告公司和福建奥华广告有限公司,成立唐码博美广告有限公司和福建新奥光明传媒有限公司。

8 月 1 日 福建省广告协会创建的福建广告网(www.fjad.com)试行开通,《福建广告通讯》改为《福建广告》。

12 月 福建省广告协会组织编印的《福建广告媒体》大型工具书正式出版发行。

12 月 福建省广告协会第四届三次理事会在福州召开。

经省人事厅批准和省编委登记,福建省广告协会成立"福建广告人才服务中心"。

福建省广告协会组织广告界参加亚太广告节、法国戛纳国际广告节,赴美国、德国汉堡广告专业培训及俄罗斯考察交流。

福建省广告协会开展广告专业技术岗位培训工作,1 500 名广告从业人员获得了上岗资格证书。

福建省广告协会 9 家会员单位被福建省工商行政管理局评为 2002 年度省级"重合同,守信用"单位。

福建省广告协会与福州晚报社、福州市广告协会等单位联合举办"福州地区房地产广告创意、制作大赛"。

福建省广告协会组织广告界参加第 9 届中国国际广告节活动,选送近百件优秀广告作品参加广告节评选,获奖 25 件。其中,银奖 1 件、铜奖 3 件、入围奖 21 件。

福建省广告协会被省民政厅评为先进社团。

2003 年

3 月 福建省广告协会首次举办全省广告协会秘书长和骨干培训班。

4 月 福建省广告协会人才服务中心在福州经贸展览中心成功举办福建

首届广告人才交流会，2万多人参加了供需见面会。

4月 福建省广告协会举办第五届福州国际广告"新技术、新设备、新媒体、新工艺"展销会。

5月 《厦门市户外广告设施设置准则（试行）》出台。

6月 福建省广告协会正式出台《福建省广告企业资质认定办法》。

8月 "福建·香港周"活动在福州召开，福建省广告协会黄应寿会长会见了香港广告界朋友，共同探讨两地广告交流事宜。

10月 福建省广告协会组织200名业内人士参加南京市举办的第10届中国国际广告节。在广告节上，我省一批作品获入围奖，5件作品分获银奖和铜奖。

11月 福建省广告协会组织广告界参加美国艾菲广告节活动和广告业务培训。

11月20日 福建省广告协会以"交流、整合、发展"为主题的福建沿海户外广告协作会议在泉州南安水头镇召开，近百家企业参会。

12月 福建省广告协会开展广告专业职称评审工作，20多名广告界同人获得初、中级广告专业技术职称。

福建省广告协会开办广告审查员培训班，共培训广告审查员700多名。

福建省广告协会开展全省行业文明单位和先进广告工作者评比表彰活动。

福建省广告协会组织开展第八届优秀广告作品和优秀广告语大奖赛。

福建省广告协会配合福建省工商行政管理局开展"守合同、重信用"活动，全省9家会员单位被评为2002年度省级"守合同、重信用"单位，一批广告企业被当地政府评为"守合同、重信用"单位。

福建省广告协会先后接待黑龙江、吉林、云南、四川、重庆、贵州等省市广告考察团来闽考察交流。

应黑龙江省政府邀请，福建省广告协会黄应寿会长带领广告界一行十八人赴黑龙江考察和洽谈投资项目。

福建工程学院开办广告本科专业。

福建省广告协会与福建省师范大学联办工商管理、计算机运用、中文、传播学、广告学本科学历网络教育，全省800多名从业人员报考，录取率达98.6%。

福建省广告协会派员参加中国广告协会西南片区广告检查和西北广告研讨会。

福建省广告协会接待中国广告协会组织的西南地区五省市广告检查团，

对福建广告行业"双先单位"进行为期七天的检查工作。

晋江市在中央电视台投放广告企业达44家，三年来为中央电视台贡献广告费用达10亿元以上人民币。

福建省广告协会在突如其来的"非典"灾难中，组织广告界利用广告媒体优势，大力宣传卫生科普知识，讴歌战斗在抗"非典"第一线的"白衣天使"，为防治"非典"、战胜"非典"贡献力量。

福建省广告协会被中国广告协会评为"全国先进广告协会"。

2004 年

2月 由福建省广告公司策划运作的《福建专刊》首次刊登于台湾《自立晚报》上，配发有邓小平同志照片的大陆专版在国民党机关报"中央日报"上刊发。此举被中国广告协会列为中国广告业20年发展史上100个重大事件之一。

3月 福建省广告协会成立广告企业资质评定委员会，首次开展广告企业资质评定工作。

4月 福建省广告协会依托分支机构福建广告人才服务中心，在福建经贸会展中心举办第二届福建广告人才交流会。

4月 福建省广告协会举办广告审查员培训班，培训广告审查员600多名。

7月1日 《厦门经济特区户外广告管理办法》开始施行。

7月 福建省广告协会与福建省消费者委员会联合开展福建省首届"好产品、好广告"评选活动。

7月 福建省广告协会开展第二次广告企业资质评定工作。

10月1日 福建省广播影视集团广告经营总公司成立。

11月 福建省广告协会组织广告企业参加"全国首届反腐倡廉公益广告大赛"。

11月26日 福建省广告协会在福州国际会展中心举办"做大做强本土品牌广告论坛会"。

12月 美国《福布斯》中文版评选出福建晋江361°鞋业、匹克鞋业为中国最具潜力品牌，沃尔玛将其作为向全球供货的品牌。

福建省广告协会在福建省经贸会展中心举办第六届福州国际广告"新技术、新设备、新媒体、新工艺"展销会。

福建省广告协会组织广告界参加在北京举办的第39届世界广告大会。

福建省广告协会征集200多件广告作品参加第11届中国国际广告节评选活动。

福建省广告协会先后组织广告界赴亚太广告节、法国戛纳国际广告节、美国艾菲广告节活动。

福建省广告协会组织地市广告协会秘书长分赴北京、天津、河北、山西、陕西和云南、广东、海南、四川、重庆等省市考察交流。

福建省广告协会与福建师范大学在福州、漳州设立广告专业本科学历教育学习中心。

福建奥华和新恒基广告公司分别被认定为中国一级广告企业，为福建省第一批获得国家级广告企业。

福建省广告协会和漳州、福州市广告协会分别被中国广告协会评为全国先进广告协会，漳州市广告协会在全国广告协会工作会议上作典型发言。

福建省广告协会被福建省民政厅授予"十佳协会"和"先进社团"称号。

2005年

1月 福建省广告协会在福州举办广告界新春团拜会暨年度双先表彰会。

5月 福建省广告协会首卷《福建广告年鉴》出版。

5月中旬 中国广告协会在福州召开全国部分省、市广告协会秘书长工作会议。

11月 福建省广告协会在福州举办首届"魅力海峡"广告模特大赛，来自大陆、台湾、香港和乌克兰等国家和地区的1 000多名广告模特登台献技，争夺奖牌。

福建省广告协会先后开展了第三、四次广告企业资质认定工作，认定一级广告资质企业16家，二级13家；5家企业被中国广告协会认定为中国一级资质企业。

福建省广告协会在福建省经贸会展中心举办第七届福州国际广告"新技术、新设备、新媒体、新工艺"展销会。

福建省广告协会积极引导广告界参与工商行政管理机关开展的争创"重合同、守信用"单位活动。

福建省广告协会进行第九次广告专业技术职称评定工作，认定中级职称14人，初级1人。

福建省广告协会举办福建省第10届优秀广告作品评选活动。

福建省广告协会开展福建省广告论文大赛。

福建省广告协会召开第九届工作理事会议。

福建省广告协会黄应寿会长当选为中国广告协会副会长。福建省广告协会和福州市、漳州市广告协会被中国广告协会评为全国广告协会先进单位。

福建省15家广告企业获得2004—2005年度全国广告行业文明单位殊荣。

福建省广告协会举办福建首届"好产品、好广告"获奖广告作品展示活动。

福建省广告协会组织业界人士参加在海南举办的第12届中国国际广告节。

福建省广告协会组织广告界参加在北京举办的2005年中国广告论坛和优秀（品牌）企业展览推介会。

福建省广告协会组织业界参加亚太广告节、戛纳国际广告节和澳大利亚培训。

2006年

1月 福建省广告协会在福州举办全省广告界新春团拜会。会上表彰了从事广告工作15年以上150名老广告人，为获得福建省第九届优秀广告作品大赛获奖者颁发奖牌。

2月16日 以福建省广告协会黄应寿会长为团长的中国广告代表团一行13人前往澳大利亚进行为期十八天的广告培训和实地考察。

厦门大学创办《广告学报》。

3月 厦门大学陈培爱教授荣获"中国广告25周年贡献大奖"。

4月 由福建省广告协会编写的《光辉历程——福建广告20周年》一书出版。

福建省广告协会召开四届六次理事会议。

福建省广告协会召开第三次全省广告协会秘书长会议。

4月 福建省广告协会举办第七届福州国际广告"新技术、新设备、新媒体、新工艺"展销会。

6月下旬 福建省广告协会广告代表团一行4人参加法国戛纳国际广告节活动。

福建省广告协会开展广告审查员和广告技术岗位培训工作，共培训517名。

7月 福建省广告协会与中共福建省委宣传部、福建省委文明办、福建省工商行政管理局等部门和单位联合开展以社会主义荣辱观为主题的电视公益广告比赛，从中选送 10 件作品参加全国大赛。

7 月　福建省广告协会与福建师范大学完成了 03、04 届专升本和高升本广告新闻专业 300 名学员入学工作，97 名学员毕业工作。

12 月　第三册《福建广告论文集》出版。

福建省广告协会举办协会成立 20 周年活动。

福建省广告协会组织广告界 160 多人参加在昆明举办的第 13 届中国国际广告节。

福建省广告协会开展广告企业资质认定工作，认定一级企业 6 家，二级企业 2 家。

福建省广告协会开展全省广告业文明单位和先进工作者以及先进广告协会和先进广告协会工作者的评选活动。

福建省广告协会举办第 10 届福建优秀广告作品评选活动。

12 月 26 日　福建省广告协会与福州市广告协会、福建师范大学、福州大学、福建工程学院、闽江学院等单位联合主办，《海峡广告》杂志社承办的"高校广告人才交流会"在福建师范大学校区举行。

2007 年

2 月　福建省广告协会举办全省广告界新春团拜会，会上表彰了"十大杰出公司""十大杰出广告人""十大杰出广告业推动人物""十大杰出广告作品"和"十大杰出广告品牌策划案"。

3 月　福建省广告协会组织广告界参加第 10 届亚太广告节，考察了泰国、新加坡、马来西亚广告业发展情况，访问了新加坡、马来西亚广告行业组织。

4 月　福建省广告协会组织广告界赴美国密执安州立大学参加广告培训。

4 月　福建省广告协会由江晓岚秘书长率领广告界代表团一行 16 人赴台湾进行广告考察交流活动。

6 月　福建省广告协会组织参加第 54 届法国戛纳国际广告节。

6 月　福建省广告协会组织广告界赴英国开展广告考察。

6 月　福建省广告协会赠送武夷山市工商行政管理局一辆东南得利卡七座面包车。

6 月　福建省广告协会组织广告界同仁参加美国艾菲广告效果奖。

7 月　福建省广告协会与福建省消费者委员会联合开展"好产品、好广告"评选活动。

7月　福建省广告协会与市委文明办、省工商局等联合举办社会主义公益广告征集比赛。

9月　福建省广告协会组织广告界参加德国广告培训。

10月　福建省广告协会主办第九届福州国际广告"新技术、新设备、新媒体、新工艺"展销会，国内外100多家企业参展，两万多名各界人士到会参观、洽谈业务。

10月　福建省广告协会迁至福州华林路屏东大厦6层。

11月　福建省广告协会组织广告界赴英国广告考察学习。

11月　福建省广告协会在闽江学院和闽南科技大学建立广告专业人才实训基地。

11月　福建省广告协会召开四届八次理事会议。

11月　福建省广告协会职称评定委员会开展广告职称评审，11名从业人员获得初、中级广告专业职称。

11月　福建省广告协会与中共福建省委宣传部、省工商行政管理局、省文明办、省广电局、省新闻出版局、省广播影视集团等单位联合开展"迎奥运、讲文明、树新风"公益广告比赛。

11月　福建省广告界6个团组200多人参加在青岛举行的第14届中国国际广告节。

11月　福建省广告协会与省纪委、省委宣传部等组织开展"党风廉政建设"公益广告大赛。

12月　福建省广告协会开展广告企业资质认定工作，认定7家福建一级广告企业、8家二级广告企业，6家三级广告企业；对58家到期资质企业进行核查验证。推荐成功认定中国一级9家、二级2家。

12月　福建省广告协会与团省委、省残联共同举办"助残献爱心"公益广告大赛。

12月　福建省广告协会组织福建广告代表团参加湖北省广告协作交流会。

12月　福建省广告协会培训广告审查员和广告上岗人员300名。

12月　宁德市人民政府颁布《宁德市中心城市户外广告设置管理规定》。

12月　福建省广告协会第五次代表大会召开，选举了新一届协会领导班子。

12月　福建省广告协会与福建师范大学联办的广告专业学历教育218名从业人员学习期满，经福建师范大学考核，获得广告专业大学本科文凭。

12月　福建省广告协会举办第8届全省优秀广告作品评奖活动。

2008 年

2月 福建省广告协会举办全省广告界新春团拜会,为全省第11届广告优秀作品金、银、铜奖获得者及组织奖获得者进行颁奖。

2月和6月 福建省广告协会分别在福州、南平召开全省广告协会秘书长会议,传达全国广告协会秘书长会议精神,交流各地工作经验,研究部署支援四川抗震救灾等具体工作。

3月 厦门大学陈培爱教授荣获"中国广告30年历史贡献奖"。

8月 福建省工商行政管理局、福建省发展改革委员会联合出台《关于促进福建省广告业发展的指导意见》。

福建省广告协会召开五届二次理事会议。

受政府委托,漳州天成广告传媒有限公司精心策划制作的经典——《土楼建造秘史》动画片,作为福建土楼向联合国教、科、文、卫组织申报世界文化遗产的重要文献,为土楼成功申报世界文化遗产做出重要贡献。

为提高福建省广告企业知名度、塑造广告行业品牌,福建省广告协会与福建省电视台经济频道联合推出的《海峡广告先锋——福建省优秀广告企业》系列电视专题片在福建省电视台经济频道播出。

福建省广告协会举办第12届全省优秀广告作品评奖活动。

福建省广告协会与厦门博群展览有限公司合作在福建经贸会展中心举办第15届福建省"新技术、新设备、新媒体、新工艺"展销活动。

福建省广告协会组织开展2007—2008年度广告业文明单位和先进工作者评比活动。

福建省广告协会根据省工商行政管理局部署,完成《福建省工商志》(第2卷)福建省广告协会史内容的编写工作,为反映福建广告协会发展历史留下宝贵资料。

福建省广告协会认真组织修订《福建省广告企业资质认定规定》,使之更具针对性、规范性和可操作性。

福建省广告协会与漳州市工商行政管理局协调,将该市户外广告审批手续年限由一年延长为三年。

福建省广告协会组织广告界赴安徽合肥参加第15届中国国际广告节。

福建省广告协会与省纪委、省委宣传部等联合举办"党风廉政建设"公益广告大赛。

福建省广告协会举办第15届福建广告"新技术、新设备、新媒体、新工艺"展销活动。

福建省广告协会与团省委、省残联联合举办"助残献爱心"公益广告大赛。

福建省广告协会主办"闽商在行动"高峰论坛，300多家企业和央视、东南卫视、湖南卫视、《海峡都市报》等主流媒体跟踪报道。

福建省广告协会与省企业与企业家联合会共同举办最具影响力企业家品牌传播峰会暨"海西品牌盛典"。七匹狼、三棵树、金鹿等100多家品牌企业与会展示实力，中央电视台、香港卫视等30多家媒体对盛会进行报道。

福建省广告协会组织两批人员分别到甘肃和黑龙江、吉林等地进行考察。

2009年

2月 福建省广告协会举办以全省广告界团聚、交流、祝福、庆功、拜年为主题的新春团拜会。

3月 福建省广告协会配合福建省工商行政管理局制定《福建省广告业发展2009—2012年规划》和《2009年福建省广告业发展工作计划》。

福建省广告协会向福建省工商行政管理局提出解决广告业准入、融资、税收、奖励、用电、用地以及扶持15家年经营额10亿元以上广告龙头企业，50家年经营额亿元以上重点广告企业发展优惠政策等建议均被采用。

3月 福建省广告协会组织广告界参加在泰国举办的第12届亚太广告节。

6月 福建省广告协会组织参加在法国举办的戛纳国际广告节。

7月 福建省广告协会黄应寿会长率领21家广告骨干企业老总赴上海进行为期五天的学习考察和业务对接工作。

8月 上海市广告协会薛九委秘书长和邵巧珍副秘书长率领的上海广告考察团一行十人来闽进行9天的回访考察活动。

9月 福建省广告协会组织广告界赴广西南宁参加第16届中国国际广告节。

11月 由国家工商总局指导，福建省人民政府支持，中国广告协会和省工商管理局主办，福建广告协会与泉州市工商行政管理局承办的首届海西广告高层论坛在泉州举办。来自闽台两岸广告界400多人参加会议，国家工商总局刘凡副局长、福建省政府叶双瑜副省长、省工商局陈乙熙局长到会指导。

福建省广告协会带领广告界赴上海对"8号桥"等三大创意园进行实地考察，向政府有关部门提出在福、厦、泉创立广告创意园的建议。

福建省广告协会与中共福建省委宣传部、省文明办等七部委办局联合举办"迎国庆、讲文明'树新风'"公益广告大赛。

福建省广告协会开展广告企业资质认定工作，认定一级6家，二级9家，推荐成功认定中国一级2家，二级1家。

福建省广告协会以自评662分、复评666分成绩，被省民政厅认定为福建省一级协会。

福建省广告协会与省物价局协调，理顺了户外广告收费标准问题。

福建省广告协会开展福建省第13届广告作品大赛。

福建省广告协会指导和帮助3家广告企业完成征地100多亩工业用地。

2010年

由中国广告协会主办，厦门大学新闻传播学院具体执行的《现代广告》（学术季刊）创刊，为广告界搭建了高端学术交流平台。

3月 福建省工商行政管理局发布《福建省广告业发展2010—2012年发展规划》。

5月 福州市人民政府发布《福州市市区户外广告设置与管理办法》。

6月30日 福建省广告协会与主管单位福建省工商局行政管理局脱钩，12月30日召开福建省广告协会第六次会员代表大会，选举产生了新一届理事会。大会通过了协会章程修改草案，聘请了4名省级领导担任誉会长，36名厅局领导担任顾问。

7月 福建省广告协会与福建省文明办联合开展"讲文明、树新风"公益广告评选活动。

7月 福建省广告协会黄应寿会长率20多家会员单位到上海进行学习考察。

8月 莆田市出台《莆田市户外广告管理暂行规定》。

8月 福建省广告协会组建新一届福建省广告企业资质认定委员会，修订了《福建省广告企业资质认定办法》。

8月 福建省广告协会分别接待来闽考察交流的上海市和湖北省广告考察团一行。

9月 福建省广告协会组织广告界参加美国艾菲广告节。

10月中旬 福建省广告协会与武汉理工大学联合开办新闻与广告学大学本科学历教育，296名广告从业人员经考试及格，入校学习。

福建省广告协会黄应寿会长分别会见到访的台湾传播管理研究协会理事长杨志弘博士、台湾《新生报》社长刘长裕先生。

福建省广告协会组织业界28人赴法国参加戛纳国际广告节。

福建省广告协会组织业界人士赴德国、澳大利亚等地学习考察。

12月 南平市人民政府出台《户外广告受理暂行规定》。

12月 福建省广告协会迁址至福州市台江区金钻世家8楼。

福建省广告协会组织广告界23人和17人分赴上海、湖北等地进行学习交流。

福建省广告协会组织广告界187人赴南昌参加第17届"中国国际广告节"。福建省广告协会选送的优秀广告作品,分获1件银奖、3件铜奖、85件优秀奖和5件入围奖。

福建省广告协会接待由吉林省广告协会刘丽秘书长率领的吉林省广告代表团一行九十三人来闽考察交流。

截至2010年,福建全省广告经营单位达8 000多家,广告从业人员7万多人,广告经营额达100多亿人民币,位居全国第7位,人均占全国第4位;全省48家广告公司年广告经营额破亿元其中13家进入全国百强广告企业行列,中国一级广告资质企业19家,中国二级广告资质企业4家,福建一级广告资质企业65家,福建二级广告资质企业53家,福建三级广告资质企业67家。

2011年

1月 福建省广告协会黄晶晶副秘书长当选为福州市人大代表。

3月 福建省广告协会开展第14届优秀广告作品评选活动。

3月 福建省广告代表团随福建省委书记孙春兰和副省长叶双瑜率领的福建省经贸考察团赴香港、澳门考察和项目对接,与两地广告界签订"香港—福建海峡LED广告联播网"等8个项目。

3月 福建省广告协会黄应寿会长被推选为中国广告协会副会长。

4月 福建省广告协会开展福建省最具实力广告企业和优秀广告企业家评选,25家广告企业和75名业界精英获此殊荣。

4月 福建省广告协会开展"福建省广告业诚信先进单位"评选活动。

福建省政府办公厅为福建省广告协会免费提供《福建省人民政府公报》,便于协会工作和掌握政策,全年协会为会员单位提供政策文件65份,政策咨询89次。

5月　福建省广告协会出版发行第四册《福建省广告论文选》。

福建省广告协会编印2万册《广告法律法规及政策文件汇编》，下发全省会员单位和省内8所高校。

5月15日　福建省广告协会黄应寿会长会见来闽访问的香港广告业联会高丽娟主席和澳门广告商会毕志健理事长。

5月18日　在第13届海峡两岸经贸交易会上，福建省广告协会与香港广告业联会、澳门广告商会以及台湾旺报代表两岸四地广告业组织签署《举办两岸四地广告文化博览会框架协议》。

6月　福建省广告协会和福建省地税局联合举办"广告税收迎检培训班"。

6月23日　由福建省广告协会支持、上海东洋广告有限公司主办的"福建省城市活动广告资源整合会议"在莆田市召开，30多家户外广告公司参加会议。

7月　福建省广告协会被省经济社团联合会指定为20家省级经济类协会的组长单位。

7月18日　福建省广告协会黄应寿会长福建广告代表团一行十二人赴金门、澎湖、台湾本岛开展了为期10天的广告交流考察活动。

8月　福建省广告协会组织广告企业赴澳门、珠海考察，与两地广告企业进行业务交流。

9月　福建省广告协会开展福建省第14届优秀广告作品评展活动。

9月16日　福建省广告协会与福州软件园管理委员会、香港广告协会签订了《建立闽港澳台广告创意中心筹备组的框架协议》。

9月24日　福建广告协会组织全省广告界179人参加在沈阳举办的第18届中国国际广告节活动，我省广告界共获得各类奖项38件。

10月15日　福建省广告协会黄应寿会长率领闽商考察团赴柬埔寨进行项目考察。

10月29日　福建省广告协会黄应寿会长在福建省政府主办的第四届海峡两岸文化产业博览交易会上，代表福建广告界与福州市软件园管理委员会签订了建设"福建广告传媒大厦"的项目协议。

中国广告协会艺术委员会第七次委员大会暨2011年全国广告学术研讨会在厦门大学举办。

10月　福建省广告协会出版《福建广告精英》一书。

12月13日　盛大而隆重的省广告界新春团拜会、先进表彰会和书画笔会在福州举行，38名省厅领导和高校、小学、医院领导、来宾与400名广告界精英欢聚一堂。

福建省广告协会与福建广播电视大学联合开展广告从业人员继续教育暨广告专业技术岗位培训工作。

福建省广告协会黄应寿会长协调漳州市有关部门，促成漳州市政府将漳州市广告协会列入财政拨款单位，每年拨款 10 万元。

《福建广告论文选》第四辑出版发行。

福建省广告协会开展广告企业资质认定工作，认定福建一级企业 4 家、二级企业 3 家、推荐申报中国一级 6 家，年检 4 家。

厦门东帝士广告有限公司和漳州师范学院联合主办首届"东帝士杯"大学生广告艺术节。

福建省广告协会与四川大学联合开办广告专业硕士研究生班，首批 12 人入学。

南平市广告协会促成南平市政府出台户外广告牌位拍卖导入广告企业资质办法，在全国尚属首次。

福建省广告协会支持龙岩市广告协会在龙岩革命老区建设"红色广告教育基地"，得到当地政府和国家工商总局以及全国政协的支持。

2012 年

2 月 6 日 福建省广告协会广告书画摄影专业委员会在福州成立，大会通过《福建省广告协会书画摄影专业委员会工作条例》和成员名单。

3 月 1 日 福建省广告协会网站正式启用，域名为 http://ggxh.91open.com。

3 月 6 日 漳州师范学院新闻系和福建省广告协会举行产学研广告专业实习基地挂牌仪式，同时聘请福建省广告协会黄应寿会长为该系客座教授。

5 月 4—8 日 广州市广告协会金培武秘书长、珠海市广告协会吴潇秘书长以及广东省地市广告代表团来闽进行广告考察活动。

5 月上旬 福建省广告协会与来访的浙江杭州拱墅区广告考察团就广告创意园区建设进行了交流活动。

7 月 7 日 福建省广告协会黄应寿会长率领福建户外广告代表团一行四十一人，赴南京参加"2012（南京）中国户外广告论坛"，与南京市广告协会和江苏大贺集团等 10 多家广告企业进行广告交流业务对接活动。山东、深圳等部分广告企业闻讯后，也积极参与了交流活动。

9月　福建省广告协会被省政府确定为光泽县定点挂钩扶贫单位,成为国内同行首家开展扶贫工作的广告协会。

9月中旬　福建省广告协会黄应寿会长和中国广告协会户外广告分会王焕章秘书长带领漳州市城市执法、法制、规划、工商等部门领导赴天津、济南、成都等地就户外广告设置、发布和管理工作进行了为期九天的考察。

10月　福建省广告协会支持福建众杰投资公司用一年时间将位于福州市秀峰路溪里村的原旧厂房策划创建"闽台广告创意产业园"。该项目策划理念先进、定位准确、运营良好,成为全国最成功的广告园之一,现已升格为国家级优质广告创意产业园。

11月5日　福建省广告协会迁至10年免租金、免物业费的福州市秀峰路闽台广告产业创意园5幢4楼办公。

11月10日　第十一届中国广告教育学术年会在福建师范大学金山校区学术大讲堂召开。

11月17日　福建省广告协会黄应寿会长率领广告界38人出席首届"中国湖北洪湖清水螃蟹节"。

11月　福建省广告协会组织会员单位参加'98中国国际投资经贸洽谈会和广州、上海广告设备展等交流活动。

12月　福建省广告协会经福建省民政厅考核评估,以优异成绩和自身实力被认定为"5A"级协会。

12月　福建省广告协会与福州、漳州、泉州协会被中国广告协会认定为2011—2012年度全国广告业先进协会。这是福建省广告协会连续10年蝉联此项殊荣。

12月　全省18家广告企业被评为2012年度"全国广告行业诚信单位"。

12月　福建省广告协会开展广告企业资质认定工作,认定福建一级企业5家,二级企业2家。其中,《海峡都市报》被认定为省一级广告资质企业。这是全省第一家获此资质的广告媒体。

12月　福建省广告协会举办了福建省第15届优秀广告作品大奖赛。

12月　福建省60多名广告从业人员参加我会与武汉理工大学联办的学历班学习,获得武汉理工大学广告专业本科毕业证书。

12月　福建省广告协会组织业界分赴天津参加第19届中国国际广告节和广州、上海广告设备展参观考察。

12月　福建省广告协会免费为副会长进行专场体检。

12月　福建省广告协会组织会员单位参加吉林松源、湖北洪湖、河南唐河、浙江苍南、江苏宿迁、河北鸡泽等地政府来闽招商活动，成功签约16个合作项目。

12月 《福建省广告精英集》一书出版。

12月 福建省广告协会策划创建"广告人幸福小镇"项目进入征地审批程序。

12月 福建省广告协会策划创建"海峡广告高新技术市场"评估和设计工作全面展开，同时拍摄了策划专题片。

12月 厦门市唐码博美广告公司陈茂盛总经理和福州天下美传广告公司黄礼华（女）董事长，克服种种困难，分别赴南极、北极进行广告摄影和考察，成为我省资深广告人和女广告人赴南北极考察第一人。

2013年

1月 福建省广告协会黄应寿会长被中国广告协会认定为"中国广告风云人物"。

福建省广告协会组织20多家企业参加在哈尔滨举行的2013（第九届）中国广告论坛暨中国品牌与广告影响力大会。

4月8日 福建省广告协会接待到访的台湾政治大学、台湾科技大学、树德大学和台湾海峡文经教育推广协会领导，就联合建立闽台广告人才培训和两岸广告界互动机制，在金门设立广告交流中心事宜进行了榷商，达成初步合作意向。

6月26日 福建省广告代表团一行十五人赴湖南省进行考察交流，受到湖南省工商局、湖南省广告协会和湖南省广告界的热情接待。代表团先后与《湖南日报》、湖南广电中心、湖南新闻传播学院、湖南北纬国际传媒、高速广告、新广联巴士广告、东文新锐传媒和长达达美、凌云等广告企业进行业务交流，达成了多项合作意向。

10月 福建省广告协会组织200多家广告企业赴南京参加第20届中国国际广告节。

12月中旬 福建省广告协会召开第六届四次理事会，以"抱团打天下"为主题，举办广告企业资源整合会。

12月底 "福建广告传媒大厦"成功落成。

福建省广告协会开展福建省第16届优秀广告作品大奖赛，征集到1700件广告作品，系历届征集广告作品最多，种类最全，取材最广，进步最大的一次赛事。其中293件作品分获金、银、铜和优秀奖。

福建省广告协会与闽南师范大学、厦门东帝士广告企业联合举办第三届"东帝士"杯广告艺术节，开展全省性高校的优秀广告作品大赛。

福建省广告协会开展2012年全省广告业先进单位和先进广告个人的评比表彰活动。

福建省广告协会为推进校企合作，相继成立10个"广告实践基地"，指定18名企业骨干担任高校客座教授。

福建省广告协会为省内外策划各类文化创意园区23个。

福建省广告协会黄应寿会长、林敏副秘书长率领漳州市广告协会陈肇基会长、林国雄秘书长前往广东汕头市考察学习。

福建省广告协会先后接待了江苏、山东、新疆、黑龙江、台湾等省和太原、苏州、济南、上饶等地市的广告考察团，接待了江西上饶、江苏淮安、河北鸡泽、河南济源等地政府招商团；接待了北京、湖南、上海、浙江、深圳等地广告23批次，并组织省内业界先后赴湖南、内蒙、江西、广东、江西等地学习考察。

"福建广告书画摄影专业委员会"对外挂牌开张，来自全省广告书画专家和社会各界人士150多人参加成立大会，省领导和福州市、科技厅、社团组织管理局、仓山区委区政府、台江区政府领导以及中国书画研究院、香港书画院秘书长出席了开幕式。

福建省广告协会承接了中国广告协会举办的有200多人参加的全国广告企业资质认定工作会议在福州市美伦大酒店召开。

应江西省瑞金市政府邀请，福建省广告协会黄应寿会长、赵公霖常务副会长前往瑞金，为该市机电工业园区和食品深加工园区出谋献策。

2014 年

2月 为了推动全省广告业高新技术应用和快速发展，福建省广告协会黄应寿会长率领广告业负责人和政府有关部门工作人员及海峡都市报记者一行十七人，考察了中国（广州）国际广告交易会，受到广交会领导和广州市广告协会，广州市新科技园区等单位热情接待。

3月 福建省广告协会赠送龙岩市广告协会一部小车。

3月8日 福建省广告协会接待湖北省考察团为期四天的考来闽察活动。

5月 福建省广告协会组织广告界参加在北京召开的国际广告大会。

5月 福建省广告协会先后支持CCTV-6（央视6频道）、海峡卫视、《海峡都市报》、《闽商杂志》等媒体成功举办档次高、规模大、效果好的广告合作推荐交流会，对推进广告媒体大融合、大整合起到积极作用。

8月 福建省广告协会开展评选表彰2013年福建广告先进单位和先进广告工作者活动。

8月 福建省广告协会组织会员单位参加中国广告协会在大连举办的"中国户外广告论坛"。

9月 应上海华米实业有限公司邀请，广告协会黄应寿会长与廖云明秘书长考察了上海韩湘水博园。

10月 福建省广告协会组织业界参加在贵阳举办的第21届"中国国际广告节"。

10月26日 由福建省经贸委、教育厅、人社厅、商务厅、科技厅、总工会、共青团福建省委主办；福建省广告协会、信息产业协会、软件国际会议联盟、台北市电脑商业同业公会、福州大学国家科技园等单位承办的"第四届海峡西岸信息服务创新大赛"在福州师范大学举行。

11月13日 广州市广告考察团一行八人来福建省广告协会进行考察交流。

11月下旬 福建省广告协会黄应寿会长等26名广告界人士随福建省副省长郑晓华率领的经贸考察团赴印尼进行为期七天的闽商下南洋考察。

12月 福建省广告协会协调有关单位完成"福建广告人幸福小镇"的征地工作。

福建省广告协会组团前往广东、湖南、广西、重庆、上海等地进行业务交流和项目对接活动。

福建省广告协会开展广告资质企业认定工作，认定福建一级9家，二级10家。

福建省广告协会与《海峡都市报》联合开展福建省第17届优秀广告作品大赛。

93名广告从业人员参与福建省广告协会组织的广告专业学历教育，经考试合格，分别获得四川大学、武汉理工大学广告专业本科和研究生学历。

福建省广告协会参与省环保厅有关环保展会设计项目的评估和议标。

福建省广告协会受省发改委委托，组织业界担负"6·18中国海峡项目成果交易会"的策划任务。

应莆田市政府邀请，福建省广告协会黄应寿会长一行三人，参加莆田市文创园的筹划工作。

加入福建省广告协会的广告主单位越来越多，至 2014 年底达 68 家企业。

2015 年

1 月 7—8 日　福建省广告协会六届五次理事会暨广告资源整合交流会在福州美伦大饭店隆重举行。会议期间还举行互联网＋重庆秒银公司推介会。全省广告界同仁和广告先进单位、先进个人代表共 328 人出席了会议。

3 月 2 日　福建省广告协会黄应寿会长率福建广告考察团一行七人赴广东考察交流，广州市广告协会、佛山市广告协会、广交会展览公司等单位热情接待。

3 月 15 日　福建省广告协会主办和支持的首届中华美食文化产业高峰论坛会和首届全国青年运动会签约仪式在福州隆重举行。我会副会长单位福建桥亭集团为青运会赞助 1 000 万元。黄应寿会长和福建省体育局徐正国局长、陈忠和副局长等领导出席了大会。

3 月 17 日　广告协会黄应寿会长等与厦门市政府招展局领导和厦门飞驰展务公司老总就合作举办"海峡广告交易会"事宜进行商议，形成初步方案。

3 月 20—21 日　由福建省广告协会承办的闽浙赣三省广告协作会第一次会议在福建省福州市隆重召开。各省 30 多位代表出席了会议。

3 月 30 日　由福建省广告协会和福建省建筑科技研究院、福建省建筑设计院等单位支持，福建省建筑工业化产业联盟、福建省绿色建筑产业创新联盟主办，福建省广告协会副会长单位——福泰高科环保新材料有限公司承办的"绿色建筑产业暨福泰高装配式墙体产品推介会"在福州美伦大酒店举行。

福建省广告协会黄应寿会长率领"闽商下南洋"考察团一行十三人赴泰国进行为期七天的考察交流活动，受到中国驻泰王国大使馆、中华总商会、福建会馆、罗勇工业区、燕窝企业等领导和侨领的热情接待，对接了水产、水果、莲子、广告太阳能等项目，取得圆满成功。泰国多家媒体对考察团活动进行了专题报道。

4 月上旬　福建省广告协会黄应寿会长、林连忠副会长、廖云明秘书长和邱瑞坤大师等一行八人到四个地市十二个单位进行工作指导，应邀为武夷山景区的壹街商贸区和三明沙县马岩山庄景区出谋献策；应邀出席泉州市广告业发展五年规划座谈论证会；走访了泉州秒银、意林广告、立达广告、南广传媒、恒雕装饰等单位；参加了厦门"2·15"厦门工业博览会暨印刷广告技术设备展览会开幕式。

4月19日 福建省广告协会黄应寿会长率业界5人前往永泰县葛岭农庄,为农庄的建设与发展提供思路与办法。

4月20日 台湾《新生报》刘长裕社长一行,来福建省广告协会与黄应寿会长就闽台广告界在金门建设"广告交流基地"和提高福建省广告协会书画院书画家在台影响力等事宜进行了磋商,达成共识。

4月24—28日 福建省广告协会黄应寿会长带领福建省广告界一行十七人赴广东学习考察交流,与广东广告界开展业务互动和项目合作,受到佛山和珠海广告协会和广告界热情款待。

5月6日 根据福建省经社联的统一安排,福建省广告协会作为省经社联组长单位主持了由省石材协会主办的福建省经济社团行业协会跨界整合活动。

5月13日 福建省书画院成立启动仪式在福州长乐碧海山庄举行。

6月 占地面积12万平方米,建筑面积6万平方米的福建"广告人幸福小镇"开始动工建设。

6月2日 福建省广告协会黄应寿会长带领三家会员单位应邀前往东山岛,就在东山岛建设"广告人幸福港湾"事宜进行了调研。

6月5日 福建省广告协会影视院成立启动仪式在福州闽台广告创意园举行。

6月13日 中国广告协会第六次会员代表大会在北京召开,福建省广告协会黄应寿会长、九龙宝典林劲松董事长等全国65位业界精英当选为中国广告协会副会长。

6月18日 受省发改委委托,福建省广告协会组织业界精兵强将全案策划的"6·18"交易会,"以科技点亮产业之光"定位,以"'6·18'创新领航"为口号,以"五年内打造成国际型科技展会"为目标,成为交易会鲜活的卖点、亮点和特点,为打造交易会新形象、新格局、新品牌,作出了努力。

7月28日 福建省广告协会同省技术市场协会等单位联合开展2014年福建技术市场优秀项目评选。福建省广告协会会员单位曙光三面翻广告牌、九龙宝典地产电商精准投放系统——"爱房"(I house)地产网站、智慧社区O2O系统、上品(福建)数码科技有限公司虚拟建筑三维动画、福建新传文化传播有限公司新媒体车载wifi广告运营系统等5个项目,获得广告技术市场科技成果奖。

8月14日 福建省广告协会秘书长会议在漳州东山岛召开。会议总结了2015年上半年工作,部署了下半年工作安排。

8月29日 为了迎接第22届中国国际广告节,福建省广告协会和《海峡都市报》联合举办福建广告优秀作品评选活动。

8月 福建省广告协会廖云明秘书长先后赴漳州、龙岩、莆田、泉州、三明、南平等地宣讲新修订的《广告法》。

8月 福建省广告协会开展广告企业资质认定工作，认定福建一级企业12家、二级企业6家。

8月14日 福建省广告协会开展2013—2014年度广告先进单位和先进工作者评比活动。

9月 福建省广告协会举行"福建广告传媒大厦"业主签约仪式，19家广告界骨干企业与协会入驻"福建广告传媒大厦"。福建省广告协会拥有近1 000平方米产权的办公场所和800平方米的活动场所。

9月2日 黄应寿会长出席在南昌召开的部分省市广告协会工作座谈会。

9月22日 福建省广告协会派员参加山东省第15届广告节。

10月8日 应香港和澳门广告组织邀请，福建省广告协会黄应寿会长、廖云明秘书长、陈旻副秘书长率领广告考察团前往港澳进行为期五天的考察访问。

10月13日 为庆祝福建省广告协会成立30周年，协会开展十大实力广告企业、实力广告媒体、十大金牌会员单位、十大杰出广告业推动人物、十大广告业领军人物、广告忠诚创业者、十大杰出广告作品、十大杰出策划案评选活动。

10月15日 应晋江市政府要求，福建省广告协会支持创办"广告企业逆境突围"高峰论坛。黄应寿会长、厦门大学罗萍主任、教授和福建新思维苏国锋总裁到会主讲。

10月17日 福建省广告协会开展2013—2014年度"先进广告协会"和"先进工作者"表彰活动。

10月18日 福建省广告协会黄应寿会长应邀出席首届全国青年运动会开幕式。

10月20日 福建省广告协会黄应寿会长应组委会邀请，出席由福建省模特文化产业协会、闽南师范大学、福建丰华传媒有限公司举行的"培养人才"和"美丽事业"省地的授牌仪式和新闻发布会。

10月21日 漳州市开发区政府邀请福建省广告协会黄应寿会长就其建设生态长廊和园区项目进行考察和策划。

10月22日 福建省广告协会作为支持单位之一，向第14届上海国际大学生广告节组委会发出贺信。

10月24日 福建省广告协会黄维国副秘书长率福建广告代表团赴西安参加第22届中国广告节。

10月25日 福建省广告协会协办的第五届海峡两岸信息服务创新大赛暨福建省第九届计算机软件设计大赛和2016年IT行业毕业生专场招聘会以及众创空间成果展暨海峡创业论坛在福建农林大学拉开帷幕。黄应寿会长担任评委组长,为获奖者颁奖。

10月30日 福建省广告协会黄应寿会长应邀出席深圳通普科技公司10周年庆典,向该公司赠送由我省著名书法家陈若航书写的"通科技之路,普广告之光"条幅,分别与广州、深圳、顺德市广告协会和部分企业交流。

10月31日 由福建省广告协会与福建省模特文化产业等单位联合举办的"海峡两岸模特大奖赛"决赛的序幕在厦门拉开,福建省广告协会黄应寿会长、廖云明秘书长出席颁奖大会为获奖佳丽颁奖。

10月31日 澳门广告商会考察团一行十四人在毕志健理事长、周中余监事长率领下来闽进行为期四天的广告考察交流活动,福建省广告协会黄应寿会长、廖云明秘书长接待了澳门客人。

福建省广告界开创全国同行第一项目

1. 1983年5月30日,厦门大学开办广告专业,开创全国先河。
2. 1983年7月19日,厦门市广告协会成立,为全国地市同行首家。
3. 1988年1月,福建省广告协会主编的《福建广告论文选》,由科学技术出版社出版发行,成为全国同行之最。
4. 1992年,厦门市广告公司吴连成总经理前往台湾考察,成为两岸隔绝43年后第一个访问台湾的大陆广告人。
5. 1993年10月25日,由福建省广告协会、福建电视台、中国广告杂志社两岸业界联合在福州第一次举办"海峡两岸电视广告研讨会"。台湾广告专家、学者和大陆广告界人士100多名参加了学术交流。
6. 1996年1月,福建省广告协会广告考察团一行十六人在福建省工商局长苍震华和福建省广告协会秘书长率领下,赴台湾进行广告交流考察,开辟了大陆与台湾广告界双向交流的先河。
7. 1996年,福建电视台举行广告招标会。会上,福州鼓山涌泉寺方丈普法大师,斥资20万元买断福建电视台早晨8时特别段位广告权,此举为全国首例。
8. 1996年4月,福建省广告协会在福建省人事厅和文化厅的支持下,在全国广告行业中首家成立广告专业技术中级职称评审委员会,负责全省广告界职称评审任务,黄应寿会长任首届主任委员。
9. 1996年6月开始,福建省广告协会先后与厦门大学、福建师范大学、武汉理工大学、四川大学、美国林肯大学联合办学,开展广告专业大专、本科、研究生、博士生学历教育。
10. 1996年9月,福建省广告协会与中央电视台联合举办广告战略推介会,80多家闽籍品牌企业参加,从此构筑了福建品牌在央视上的传播平台。

11. 广告协会黄应寿会长先后被福建师范大学、福州大学、厦门大学、福建农林大学、金山学院、闽南科技大学、福建信息技术学院、闽江学院、闽南师范大学、福建工程学院、福建经济学校等院校聘为客座教授，成为全国同类协会会长兼任学府客座职务最多的一位。

12. 1997年11月，福建省广告协会首次开展广告美术、广告管理职称评审工作，28名广告从业人员获得初级和中级广告职称，开创我国广告职称评定工作先河。

13. 2000年5月，国家民政部社团管理局在福建省广告协会召开现场会，推广福建省广告协会的工作。

14. 2001年，广告协会率先在全国广告行业中推广使用"广告合同文本"。

15. 2002年，广告协会经福建省人事厅和福建省编制委员会批准，"福建广告人才服务中心"成立并挂牌开张。

16. 2004年，广告协会在全国首开省级广告企业资质等级认定工作。

17. 2006年2月，中国广告协会指定福建省广告协会黄应寿会长为团长，率领中国广告代表团一行十二人赴澳大利亚进行为期二十天的访问和考察。

18. 2007年，广告协会向福建师范大学捐资25万元。

19. 2008年，为塑造广告行业品牌，广告协会与福建电视台联合推出《海峡广告先锋——福建省优秀广告企业》电视系列专题片，在福建电视台播出。

20. 2009年11月，广告协会与泉州市工商行政管理局联合承办由中国广告协会和福建省工商行政管理局主办的首届"海西广告高层论坛"，来自海西20个城市和台湾广告界400多人出席会议。此次活动得到国家工商行政管理总局、福建省人民政府的大力支持。国家工商总局刘凡副局长、福建省人民政府叶双瑜副省长出席大会。中央电视台、福建电视台、《人民日报》、《中国工商报》、《福建日报》、《海峡都市报》等多家媒体进行跟踪报道。

21. 2010—2014年，广告协会举行的全省广告界新春团拜会，中国广告协会和台湾、金门广告界均派员参加，福建省杂技团均派出100多位演职人员，为广告界免费献演。

22. 2010年，在南平市广告协会积极推动下，南平市人民政府出台有关法规，在全国首次将广告企业资质等级作为户外广告位招投标的必备条件。

23. 2010—2015年，广告协会组织福建食品企业参加在台北举行的海峡两岸食品评鉴会，福建省8种食品获得金奖。

24. 2011年1月，广告协会首次提出打造"百年广告协会"概念。

25. 2011—2012年，厦门市唐码博美广告公司陈茂盛总经理和福州天下美传广告公司黄礼华（女）董事长，克服种种困难，分别赴南、北极进行广告摄影和考察。

26. 2011年1月，广告协会提出创建"红色广告教育基地"设想，积极协调各方力量，推动龙岩市创建"红色广告基地"，全国政协通过提案，国家工商总局和龙岩市委市政府表态给予支持。

27. 2011年3月，福建省广告代表团一行十六人，在福建省委孙春兰书记、省政府叶双瑜副省长带领下，对香港、澳门和珠海进行八天的考察交流，闽港澳三地广告界签订8项合作协议。

28. 2011年4月，福建省广告协会在全国广告界中首开广告诚信单位评比活动。

29. 2011年5月18日，在第13届海峡两岸经贸交易会上，福建省广告协会与香港广告业联会、澳门广告商会以及台湾《旺报》代表两岸四地广告业组织签署《举办两岸四地广告文化博览会框架协议》。

30. 2011年7月，广告协会与福建电视大学开展网上广告继续教育，至2015年底，共发证3 769人次。同时，福建省广告协会促成新疆维吾尔族自治区广告协会与福建电视大学联会开展此项教育。

31. 2011年7月，中国将军书画协会12位将军来闽听取福建省广告协会工作汇报后，欣然为协会题词"手上无权，脚下有路""智耕典范""海纳百川"。

32. 2011年7月，广告协会被省里指定为省级20多家经济类社会组织联谊会的组长单位。

33. 2011年7月18日，广告协会黄应寿会长福建广告代表团一行二十人赴金门、澎湖、台湾本岛开展为期十天的广告交流考察活动。

34. 2011年8月，为了加强两岸广告交流，广告协会提出在金门筹建"海峡广告大厦"倡议，得到两岸广告界和金门企业家的热烈响应并已在金门选址。由于陆资入岛限制问题，使该项目停滞。

35. 2011年9月，福建省广告协会、福州软件园管委会、香港人广告协会三家签署"建立闽港澳台广告创意中心筹备组"的框架协议。

36. 2011年10月，广告协会黄应寿会长率领闽商考察团赴柬埔寨进行项目考察。

37. 2011年10月，广告协会黄应寿会长在福建省政府主办的第四届海峡两岸文化产业博览会上代表福建广告界与福建软件园管理委员会签订建设"福建广告传媒大厦"项目协议。

38. 2011年11月，广告协会组织福建广告企业到金门考察设置广告牌项目。

39. 2011年，由广告协会策划，福州众杰公司创办的5万多平方米的"闽台广告创意产业园"开建，2012年6月在福州圆满落成，2013年升格为国家级广告产业园区。

40. 2011年，省级《海峡都市报》被认定为省一级广告资质企业。这是第一家获此资质的广告媒体。

41. 2011年，经福建省广告协会和漳州市广告协会共同努力，漳州市政府给予与行政机关脱钩后的漳州市广告协会每年10万元财政拨款。

42. 2011年9月中旬，广告协会黄应寿会长和中国广告协会户外广告分会王焕章秘书长带领漳州市城市执法、法制、规划、公安、工商等部门领导赴天津、济南、成都等地就户外广告设置、发布和管理工作进行为期九天的考察。

43. 2012年11月，广告协会成为全国第一家进驻广告创意园区的广告行业组织。在闽台广告创意园中拥有1300平方米免费办公场所和会议室。

44. 2012年12月，广告协会为本会副会长和秘书处全体人员进行高规格免费体检。

45. 2012年12月，广告协会被政府机关确定为扶贫工作单位，承担光泽县李坊乡上官村扶贫任务，由于工作出色，得到政府及当地人民好评，多家媒体进行报道。

46. 2012年12月31日，福州市鼓楼区人民政府下达【2012】109号专题会议纪要，确定福建省广告协会在福州软件园创建"福建广告传媒大厦"项目。

47. 2012—2015年，福建省广告协会受邀参与福建省环保展会项目的评估和议标工作。

48. 2013年1月，广告协会黄应寿会长被中国广告协会授予"中国广告风云人物"称号，为同行首例。

49. 2013年2月，广告协会被福建省民政厅认定为5A级协会。

50. 2013年，广告协会黄应寿会长应福建省莆田市政府、邵武市政府和江西省瑞金市政府、上饶市工商局以及景德镇广告企业邀请前往参与园区项目策划。

51. 2013年，广告协会为解决广告人买房难、住房难的问题，在福州筹划创建"广告人幸福小镇"，建设两座20层、100米高、800套SOHO房，每套售价30万～40万元。该项目于2014年完成征地工作，计划2016年开建。

52. 2014年1月，广告协会再次被中国广告协会授予"全国先进广告协会"称号，在全国大会上介绍经验。至此，协会连续十四年获此殊荣。

53. 2014年1月，广告协会为了扩大会员单位在市场竞争中的主动权和影响力，允许会员单位在协会授权前提下，以协会名义开展业务，分别给予副会长单位"主办单位"，常务理事单位"支持单位"，理事单位"指导单位"，会员单位"协办单位"的冠名权。

54. 2014年5月，广告协会黄应寿会长应邀前往上海市闵行区参与策划韩湘水博园建设事宜。

55. 2014年8月，广告协会会徽商标注册成功，成为全国第一家拥有商标专用权的省级广告协会。

56. 福建省广告协会在"福建广告大厦"中拥有自主产权近1 800平方米的办公和活动场所，在福州桥头堡文化创意园、闽台广告创意园、大自然文化创意园内拥有1 600多平方米办公室和会议室，成为全国同行中拥有数量最多和面积最大，自主产权办公场所的协会。

57. 2014年，福建省广告协会与福建省技术市场协会开展广告科技产品认定工作，为全国首个广告科技产品认定项目。福建省广告协会会员单位曙光三面翻广告牌；九龙宝典地产电商精准投放系统——"爱房"（I house）买哪儿地产网站、智慧社区O2O系统；上品（福建）数码科技有限公司虚拟建筑三维动画；福建新传文化传播有限公司新媒体车载wifi广告运营系统等5个项目被认定为广告科技产品。

58. 从2014年开始，广告协会受福建省发改委委托，组织业界承担"中国6·18海峡项目成果交易会"的策划和组织工作。

59. 2015年10月，广告协会于2013年动工创建的26层2.8万平方米的中国广告第一楼——"福建广告传媒大厦"交付使用。大厦具有独立产权，每平方米均价6 000多元，一批福建省广告协会副会长单位和国家一级广告资质企业优先入驻。

60. 至2015年10月，广告协会拥有广告主会员86家，为全国同行广告主入会最多的行业组织。

61. 广告协会为秘书处全体工作人员按国家规定办理了所有社保手续。

62. 2014年10月，广告协会、软件国际会议联盟、台北市电脑商业同业公会、福州大学、信息产业协会等单位承办的由福建省经资委、教育厅、人社厅、商务厅、科技厅、总工会、共青团福建省委主办的"海峡两岸信息服务创新大赛"正式开始，闽台2万名选手参赛，黄应寿会长担任广告创意作品评审委组长。

63. 2014年11月，为响应党中央实施"一带一路"战略，福建省广告协会黄应寿会长、廖云明秘书长率领闽商20名企业家，随副省长张晓松率领的福建省经贸考察团赴印度尼西亚进行商务和广告考察，受到当地侨领的热情接待和欢迎，对接了许多项目。

64. 2015年4月，福建省广告协会下设广告策划院、广告书画院、广告摄影院，使协会工作不断延伸。

65. 2015年6月6日，《中国社会组织》第11期杂志登载介绍福建省广告协会"贵在创新，重在运作"工作思路的文章。

66. 2015年7月，广告协会黄应寿会长率领"闽商下南洋"考察团一行十三人赴泰国进行为期七天的考察交流活动，受到中国驻泰王国大使馆、中华总商会、福建会馆热情欢迎和接待。考察团深入罗勇工业区、燕窝企业等10多家企业，开展水产、水果、莲子、广告技术、办展等业务对接。泰国多家媒体对考察团活动进行跟踪报道。

67. 2015年7月6日，《中国社会组织》第13期杂志刊发福建省广告协会建设"福建广告传媒大厦"的大幅照片。

68. 2015年8月6日，《中国社会组织》第15期杂志和8月26日《中国社会报》发表福建省广告协会创新发展纪实文章《脱钩——放飞万里长空》。

69. 2015年10月，广告协会副会长单位福建桥亭餐饮集团为首届中国青年运动会资助1000万元人民币。黄应寿会长出席了捐献大会。

70. 2015年10月，福建省广告协会副会长，福建桥亭餐饮董事长林成兰女士当选首届中国青年运动会火炬手。

71. 2015年10月8日，福建省广告考察团一行九人在黄应寿会长和廖云明秘书长的率领下，应邀参加香港广告界举行的庆祝中华人民共和国成立66周年活动和进行港澳两地广告考察。与香港、澳门20多家企业进行业务交流和洽谈合作项目，访问了香港广告联会、澳门广告商会、澳门数码印刷协会、澳门户外广告协会。澳门广告界一行十八人于10月底回访福建省广告协会，考察了厦门与漳州广告企业。

72. 2015年10月，在福建省广告协会支持下，由福建省模特文化产业协会授权，福建丰华广告传媒有限公司成立模特培训考证基地，担负全省"模特职业技能等级证书"颁证工作。

73. 2015年11月，福建省广告协会配备1名专职律师和2名保健医生。

74. 2015年11月，福建省广告协会牵头，澳门绿源与福建朗宇两家环保企业达成合作协议。

75. 2015年11月，福建省广告协会书画院15名著名书画家名作在台湾《新生报》刊载宣传。

76. 2015年11月，福建省广告协会在福州福能医院设立"福建广告人健康服务中心",为广告人提供体验和保健服务。

77. 2015年12月,福建省广告协会在厦门京闽中心大酒店设立"福建广告人接待服务中心",为广告人提供便捷和优质服务。

78. 2015年12月,选聘专兼职工作人员14名,成为全国与行政机关脱钩后省级广告协会工作队伍最庞大的行业组织。

79. 至2015年12月,黄应寿同志担任福建省广告协会会长22个春秋,为全国各级广告协会中任职最长的会长。

80. 2015年12月,福建省广告协会黄应寿会长主编的《福建广告史》《探索与创新》两书分别由中国传媒大学出版社和厦门大学出版社审核后出版发行。

感知和感悟

——我的心语

广告作用篇

广告业是服务型、轻资产、最具生机和活力的智力产业,其功能和作用多元性、广泛性、关联性任何产业难以替代。

广告业是年轻人的产业。

广告业具有作用隐形性、生存依附性、需求广泛性的特征。

广告无疆界,功能无限,"广告+"可以衔接任何产业。

广告天地大有可为。

广告连万家,受益你我他。

广告是一种看不见的强大力量,潜移默化地影响和左右着人们的世界观、价值观和处事行为。

没有广告的经济,是不完整的经济,没有户外广告的城市,是没有活力的城市。

广告是会说话的商品语言。

经济为船,广告是帆。

天下广告,广告天下。

广告是艺术高地、时尚地标、文化先锋、城市名片、经济先导、文明标志。

广告让人感知文化,享受艺术,触摸经典,激活创意,具有鲜明的时代性、艺术性和实用性。

阳光、空气、粮草、广告。

广告不能万能,没有广告万万不能。

广告长城永不倒,广告传承永不落幕。

广告如"味精",量小、质精、效能大,有了它"味道好极了"。

广告是人类的精神食粮。

广告是品牌的催化剂。

广告报国乃广告人追求之精、气、神。

广告无孔不入,无处不在,无所不有,无人不需。

广告字解:"厂"上加"点"成"广",寓意广告业在生产企业上多一个点子或加一个脑袋,是先导、智慧和点子产业。"土"加"口"不成"器",加"撇"成"告",唯口告知天下,助力企业牛气冲天。

粮草未动,广告先行。

不可小视广告作用,不可低估广告力量。

广告是大众传媒的"营养源""生命线""大支柱"。

虚假广告不是今天"专利",历史有之;违法广告不是今天"独品",是诚信缺失,假货泛滥,私利充盈的产物。

虚假违法广告污染了广告水源和空气。

广告业星星多,月亮少。

社会对广告印象不好,一个感到多,一个感到烦,一个感到虚,在理有之,误解有之,偏见有之。

为广告正名,消除"广告广告吹牛放炮""防火防盗防广告"等不公正评说。

广告企业小者为事,中者为市,大者为势。

一个公司经营不善是老总本事问题,一个行业不景气是政策和大环境问题。

改革不动摇,创新不止步。

资源整合,抱团发展是广告业强大而放之四海而皆准的真理。

广告人脑袋灵、思维新、知识广、点子多、活力足。

广告业核心竞争力在于智慧。

广告业是智者的天堂,强者的天下。

熊猫眼、猩猩腰、鸭子腿,喻之广告人创业艰辛不过分。

广告人必须具备投"机"取"巧"的本领。

广告业必须从低附加值向高附加值、开放型向集约型、旧模式向新模式转型升级。

更新观念,转型升级,整合资源,创新发展是当前广告行业发展的指导思想。

协会建设篇

在现有条件下，物色协会领导最佳标准为：官场经历、市场能力、相当出力。

市场经济没有行业协会，是不完整的市场经济。

好协会的重要标志：工作越来越多，路子越来越活，舞台越来越广，作用越来越大，地位越来越高。

协会是行业成员利益的代言人和维护者，是与政府沟通的联络人和协调人，是推动行业发展的驾驶员和导航员。

做好协会工作必须要有"该干什么、能干什么、会干好什么"的工作定位。

要有小协会、大社会的工作站位；要有小行业、大事业的工作谋略；要有小团队、大智慧的工作集体；要有小单位、大经费的造血功能。

协会建设站位也要高、大、上。

协会必须要有大目标、大思路、大动作，才能做大做强。

第一是困难的，第一也是勇敢的。

我们之所以成功，因为比别人付出更多的努力。

协会是聚力、交友、共享的平台。

政府给力，市场导向，自身作为。

政府信任，社会认同，行业信赖。

佛教协会最牛，模特协会最美，旅游协会最乐，餐饮协会最爽，广告协会最活。

广告协会需要兼容并蓄，广纳众长，取之经验，纳之人物，丰其资源，才能行得通，做得好。

建设协会必须有高远的梦想，鲜活的理念，不懈的努力。

协会工作大有可为，大有作为，大有所为，大有奔头，大有前途。

要努力打造广告环境美，广告企业富，广告行业强，广告协会好的局面。

做协会工作心要热，脑要冷，步要实。

改革、创新、发展是协会工作永恒的课题。

协会工作必须明白我是谁？依靠谁？为了谁？

不对路子，事与愿违。

协会资本三大板块——团队、实物、货币。

协会财源要广、财路要畅、财富要多。

加大行业交流，推动行业转型，鼓励行业创新，延伸行业链条，整合行业力量，促进行业发展，是协会常态化工作。

行业要大合唱，不演独角戏。

谁言社会组织无秀色。

协会工作充满智慧、充满创造、充满活力、充满激情。

要勤耕，更要智耕；要人力，更要人才。

放开思路，放宽眼界，放手大干。

视野宽度，决定工作高低。

爱才才会赢。

智谋无边，服务无限。

人最大的智慧，一是发明，二是发现。

靠智慧走社会。

社会组织是能人组织、智慧组织。

协会工作观易做难。

协会品牌，不是"评"出来的，而是"品"出来的。

成功的协会会议，会上很多声音，会后一种声音；失败的会议，会上一种声音，会后很多声音。

手上无权、脚下有路。

不怕无权，就怕无能。

无中生有、有中生优。

脑袋就是钱袋，人脉就是钱脉。

脑子天下第一。

聪明人看得懂，精明人看得准，高明人看得远。

没有智慧，干不好协会。

办会也是经营。

有的社会组织成立时"雄赳赳"，成立后"灰溜溜"；成立时轰轰烈烈，成立后冷冷清清。

协会不能像烟花，上去很灿烂，下来很难看。

协会诞生是容易的，长大是困难的。

协会不能做虎头蛇尾的事，不能做落位不了的事，不能做没有把握的事，不能做会员不愿意做的事。

协会是强者的舞台，弱者的苦地。

强者愈强，弱者破产。

有难度才好玩。

依仗行政办会，迟早出局。

要改变一间破房子，几张旧桌子，几个老头子，一天三件事，喝茶、吹牛、看报纸的"无为歇会"；门前挂大牌，天天没人来，只会收收费，开开会的"休闲歇会"；戴官帽，借着官场，行着官事，说着官话的"关绊协会"等不作为和不正常现象。

名协会，实歇会。

树立全局观念，市场观念，专业观念。

协会工作不靠官场，靠市场；不靠面子，靠路子；依赖官场被动，依靠市场主动；有本事的人靠市场，没本事的人靠官场。

协会工作要依靠政府，但不依赖政府。

协会工作靠智力、努力，不靠权力、势力。

鱼不脱钩会死，协会不脱钩不活。

靠权力越近，离市场越远。

靠政府"有形之手"牵引，靠市场"无形之手"发力。

协会只有从官场走市场，才能发展，才能强大，才能走得更快、走得更远。

协会从"官场"到"市场"角色变换和前行中，不但应对的挑战与压力非往日可比，遇到和需要解决的矛盾和困难前所未有，而且是对协会办会能力、工作本领、服务水平和创造力、社会贡献力的重大考验。

没爹没娘，断水断粮，才能寻水觅食，自食其力。

没有"枪"，没有"炮"，市场给我们造。

变"等米下锅"为"挑粮上门"。

以大平台、大境界、大格局的视野和站位建设协会。

跳出僵化的传统办会框框，改变就协会而协会的办会思维。

协会的生命力在于"动"，寓于"变"，融于"活"。

用超前的眼光，灵活的思维，好胜的心态去创新工作。

协会工作只要不违法，不违纪，按章程办事，都可以大胆突破，大胆开拓，大胆尝试。

要实现办会思路、工作方式、运营模式三大转变，使鲜活的办会观念贯穿协会建设全过程。

协会发展要走差异化、特色化、精品化的道路。

"与众不同""特色取胜""出路在于个性化"。

成长、成熟、成功，岂能一蹴而就；创业、创新、创造，哪能说行就行。

突出特点、优点、亮点。

聚业力，集业智。

汇众成大器，集思成大智。

能干事、干成事、干大事、不出事乃为本事。

特色就是招牌。

突出工作重点，突出项目抓手，突出特色优势，突出落位成效。

协会工作四大重点：抓发展、抓服务、抓自律、抓基础。

协会工作要做到目标清晰，任务具体，重点明确，措施有力。

协会具备为会员办大事、办实事、办好事、办成事的本领和能力。

协会处事要有出手就来，下手就成的工夫和力量。

要有张口就来，脱口便是，精通专业的口才。

要成为行业知情人、代言人、领路人。

成为政府、社会、企业优秀策划家。

成为促进行业发展和维护行业利益的指导者、组织者、参与者。

培养有理想、有追求、有激情、有强烈成功欲望的工作团队。

协会工作人员要知政策、知专业、知行情、知冷暖。

协会工作团队要三知：知势、知市、知事。

协会工作某种意义上就是协调、协助、协作。

要会指导、懂专业、善管理、能运作。

协会领导做什么？一决策，二用人。

协会工作做什么？一服务，二交友。

广告业核心竞争力在于服务。

没有执行力，就没有竞争力。

观念上要适应，认识上要到位，方法上要对路，执行上要得力。

建成一支想干事、肯干事、会干事、干好事的协会战斗集体。

协会工作人员要成为行业的专家、行家、管家和大家。

活力的协会团队重要标志：越干越想干，越干越肯干，越干越会干。

年年工作有主题，年年工作有抓手，年年工作有创新，年年工作有收获，年年工作有进步。

建设强大的协会，必须不断广纳信息，索取知识，积累经验，聚合智慧。

协会靠资源、资本、资产说话。

协会工作要有逢山开路、遇河架桥的气度，要有迎难而上、全力攻坚的气力，要有"决人所不决""为人所不为""成人所未成"的气魄。

协会要将服务进行到底。

全心全意为会员服务，是协会工作的出发点和落脚点。

提高为会员量身定做，私人订制，零距离服务的工作水平。

要提供立体化、多元化、需求化、个性化服务。

大事着眼、小事着手，把业界满意作为协会工作最高标准，把业界需求作为第一要素。

只有我们把会员放在心上，会员才会把我们放在心上，只有我们把会员当成亲人，会员才会把我们当成亲人。

酷不酷看服务，牛不牛靠需求。

有求必应，才能一呼百应。

协会协会，思路到位，服务到位，办法到位。

尽力帮会员做好每件"琐事"，解决好每件"小事"。

坚持有所为，有所不为，有所多为，有所少为，有所先为，有所后为。

协会工作要尽力而为，量力而行。

检验协会工作成效，看会员有否得到实惠，行业是否取得成果。

协会工作上联：支持行业发展系为本分。下联：做好会员服务理所应当。横批：使命所在。

只要是会员事不管大小，都要认真处理，只要会员来访不论远近，都要热情接待。

多谋会员之利，多解会员之忧，着力解决好行业最关心、最直接、最现实的问题。

要站高望远，全力支持业界完成想不到、看不到、做不到、做不了的事情。

协会服务会员的事无限多、面无限宽、量无限大。

战地服务分外香。

当好业界"勤务兵"和"办事员"。

延长服务"手臂"，延伸服务"触角"。

尽责任，赢信任。

责任就是方向，经历就是资本。

天赋＋努力＝实力

实力加卖力才有凝聚力。

干协会工作，没有金科玉律和复制范本，完全靠本领，凭本事。

上面没调子，周围无样子，主要靠脑子。

知道分子＋知识分子＝智慧分子

要做协会工作的改革者、创新者、成功者、奉献者。

我们因为专职、专注、专心，所以专业。

要争取输血渠道，更要创造供血渠道。

解决了"钱袋子"，拥有了"米袋子"，才能过上"好日子"。

好协会动力足，活力强，不怕竞争，甚至没有竞争。

协会竞争对手是谁？是自己。

先行一步，独步天下。

集智高飞，集才高远。

用智慧创造效益。

行者无疆，可以纵横天下；思者无涯，可以天马行空。

思路拓展，黄金万两。

协会不怕没事做，就怕不会做；不怕做不到，就怕想不到。

协会工作最怕不想为、不敢为、不会为、没得为。

协会成功永远在于敏锐性。

协会工作要突出实际、实在、实用、实效的原则。

协会工作等不及，等不起，等不了。

要把协会建设成为用得着、靠得住、信得过、离不开的广告人之家。

要努力成为可用、有用、管用、好用的社会组织。

园区建设要做到"正确定位，政策优惠，价格实惠，重在落位"，才能圆满成功。

协会工作起步不容易，做好不简单，发展不得了。

协会工作要有思路、门路、套路和财路，才有活路。

协会必须要自信、自爱、自立、自强。

协会领导必须有远见、有胸怀、有资源、有魄力、有本领、有爱心。

协会有为才能有位，有位才能有威。

政从正来，智从知来，财从才来，位从为来。

做好协会工作必须要有战略思维，精准定位，帅才领导，团队力量。

协会工作要有想法，更要有办法。

协会工作必须做到队伍同心，目标同向，行动同步。

选聘协会领导可以忽略官阶地位，不可忽略"德、能、勤、绩"，更要注重"德高望重"。

寻找得心应手、德才双馨的协会人才比找老婆还困难。

协会人才最好有官场经历，有市场能力，有实战实力。

协会要强大必须建立四大团队：工作团队、顾问团队、基层团队、骨干团队。

广告集聚造人才，人才聚集兴产业。

没有看到的差距是最大的差距。

用人品感动人，用行动带动人，用实力征服人。

方向比努力更重要。

协会工作要整体推进，重点突破，综合配套，分步实施。

协会工作贵在创新、重在运作。

逢山开路，遇水搭桥，谁也不靠，靠自身正道。

要注重破解协会工作重点、难点和热点，才能扩大协会工作外延，延伸协会工作内涵。

协会工作不日新则日退。

一个进步的协会必然与时俱进，一个与时俱进的协会，必然居安思危，增强忧患意识，才能推动长远发展。

面对标兵疾行，回视追兵渐进，释放能量，挥鞭奋起，勇于赶超。

沙漠丰收叫本事，海底捞针见工夫。

聚沙成塔方显英雄本色。

协会工作好与坏，由业界评说，社会评价，会员评判。

工作好不好靠领导，活不活靠运作，行不行靠经营。

协会工作要不断创意、创新、创造。

没有创新的人，永远只能是一个执行者。

协会办文如女人裙子越短越好。

创一流协会，谱百年华章。

协会工作要与政府匹配、社会匹配、企业匹配、会员匹配。

协会工作真金白银靠实力。

成功协会标志：会员云集、资源广进；有气场、有市场、有卖场；有呼声、有掌声。

广告协会有没有广告主入会、能不能吸收广告主入会，成为协会实力的试金石和分水岭。

谋事无中生有，做实脚踏实地，成事惠及行业。

连会费都难收的协会，肯定不是好协会；门可罗雀的协会，肯定不是好协会；没人入会的协会，肯定不是好协会。

协会工作前瞻与预见最具关键。

要不断变中求进，推陈出新。

思行并进，与时俱进。

想发展，要发展，快发展。

自加压力、自产动力。

会讲的人不一定做得好，会做的人不一定讲得好。

中国事情最难办，中国事情最好办，看你会不会办。

办法总比困难多，办法要比困难多。

对接资源，解决需求，体现价值。

大事坚持原则，小事可以变通。

我们工作很多，干得很累，贡献很大，过得很好。

我们的工作量大、事多、人少。

顺时而谋，逆时而变。

任何事物都要经历从认知到认可的过程。

协会前行路上，机遇与挑战同行，成功与风险同在，未知多于已知，永远都有故事。

发展是破解社会组织一切问题的总开关。

赢民心、集民智、聚民心，是社会组织走向成功的必经之路。

我们自豪而不自满。

任何事物都要经历从认知到认可的过程。

要改变政府对协会不放心、不信任、不放权现象。

广告搭台，"借船出海"。

协会路在何方，路在脚下。

硕果累累，掌声阵阵，亮点频频。

成功难以复制，唯有创新永恒。

协会工作平凡而伟大。

贡献协会、不畏苦累。

使命所在，乐在其中。

使命、情感是做好协会工作的"强激素"。

广告故事多，充满喜和乐。

原来有的，现在没有的叫历史；原来有的，现在有的叫文化；原来没有的，现在有的叫创意。

一个产品哪怕材质再好，不赋予创意，没有文化因子，充其量只体现一半价值，永远卖不出好价钱，这就是文化赋予物质的无穷力量。

草不值钱不要紧，只要能绑在螃蟹上，就与螃蟹一样价值，这叫"螃蟹理论"。

广告业的产品——作品 + 点子。

努力塑造一批有为、有名、有位的企业家。

努力塑造一批站位高，理念新，实力强，贡献大的企业家。

努力塑造一批"高高在上"的广告企业。

吹响广告人创业号角，掀起广告人创业高潮，点燃广告人创业激情，挖掘广告人创业潜能，发挥广告人创业本领。

当你感受和体验到为人帮人的喜悦，你的人生已经进入了崭新的境界。

要改变有文没有化，有工没有艺，有智没有力的状况。

广告人要纵观天下风云，了解人间烟火，上知天文地理，下知鸡毛蒜皮。

小胜靠力，中胜靠智，大胜靠德，全胜靠道，道乃德、智、力之和。

为人处事篇

有追求，有梦想，才有未来。

今天上班，明天还想上，叫事业；今天上班，明天还得上，叫职业。

多干、少说、大悟。

要运用忠、孝、仁做好本职工作。

激情工作，快乐生活。

无事多走动，有事好协调。

淡则无求，无欲则刚。

一个人成功需要高人指点，贵人相助，友人鼓励，亲人付出，旁人找茬。

心静智博，心慈智深。

不做老实人，要做诚实人。

认人比认钱好。

独乐乐，不如众乐乐。

行德积善，快乐坦荡。

用人不整人，严格不严厉。

人字一撇一捺，需要互相支撑，否则不是人。

高人如稻穗，越成熟，越低调。

企业家标准：一能赚钱、二能赚大钱、三能持续赚大钱，四能为社会赚大钱。

老板的价值，在于能支配多少社会资源。

人要为自己多鼓掌，多鼓励，多加油。

人若有志，事事可为。

要坚持一不骗人，二不害人，三不欺负人，四不为难人，五是帮助人的做人原则。

吃亏是福，舍得是福，平安是福。

退之宽逸，事缓则圆。

中国是熟人社会，人情民族。

过去就让它过去，不要和过去过不去。

英雄无语，历史有声。

做人正直，做事正道。

洋溢脸上的自信，融化血里的骨气，坚定灵魂的信念，充满大脑的智慧，蕴藏心中的梦想。

别人歪曲、攻击随他去，只要持着正直、正气、持着正能量，就坚如磐石，无懈可击。

不要小算计，否则必自毙。

摆脱人生困惑，一不比较，二不计较。

与人不比财力，比才华、比境界、比健康。

什么能赚钱，睁开眼睛看到的东西都能赚钱，关键你会不会赚这些钱。

周全事前，事后清闲。

世上一大规律：老强调和宣传什么，肯定就缺什么。

成功不要忘记过去，失败还有未来。

成功一定有方法，失败一定有原因。

当人人都看到机会时，就没有机会了。

选对人、做对事、走对路。

至臻修为。

要留住人才，一要有甜头，二要有盼头。

思路改变，一切改变；思路简单，一切简单。

创业必须合法、合理、合适。

做人不能触碰高压线，不能突破底线，不能放弃生命线。

复杂事情简单做—智者，简单事情复杂化—愚者。

复杂的事情简单做——专家；简单的事情重复做——行家；重复的事情用心做——赢家。

把简单的事情做好就不简单。

官大官小，钱多钱少，没完没了，一生匆匆而过，何须为此烦恼。

升官与发财，只为人增添了筹码，不是人生全部。

利人利己——智人；损人利己——小人；既不利己，又不利人——愚人。

人生要修炼到忍得过，看得破，拿得起，放得下。

一个人不一定有钱，但一定要值钱。

成功之门，向智者与愚者、富人与穷人同时敞开。

文化虽低能力强，笔头不硬口头硬，读书不多经验多。

得志不但莫忘形，更要莫离群。

当有人说你办傻事时，你可能就是成功者。

对事业处于心醉神迷的状态，就是人生成功的体现。

人生最大的浪费是拥有太多，享受太少。

做事有标准，做人有尺度。

忠诚、努力加积极。

宽容方见大，厚颜不言高。

人格凝聚力量，品位决定高度。

朋友与头发不一定成正比。

财富不是永远的朋友，朋友是永远的财富。

天天请客不会穷，夜夜盲干不会富。

没有如果，没有借口，只有结果。

履历比学历重要。

投资设备折旧开始，投资学习成长开始。

从军最值、从政最牛、当广告人最爽。

用劳动书写光荣，用智慧创造成就。

存平常心，行方便事，则天下无事。

与父母成仇的人，做朋友好不到哪去。

父母含辛茹苦，不孝猪狗不如。

经常听老板抱怨员工无能，经常听员工抱怨老板无情。

不近人情，举足都是危机。

是非天天有，不听自然无。

老说别人不行的人，自己肯定不行。

大家都说这个人不行，这个人肯定不行。

人为善，虽福未到但祸已远；人为恶，虽祸未至但福已远。

万事不求人，肯定不可能。

忘恩负义，人生没戏。

做人不成功，事业成功是暂时的；做人成功，事业不成功是暂时的。

高尚之人口中有德，目中有人，心中有爱，行中有善。

家中没病人，监狱没亲人，身边无恶人，到处有亲人。

三种人不能做：病人、犯人、没钱人。

善即智，智即福。

孝子贤孙，生子变子，添孙变孙。

喝醉了才知道你爱谁，生病了才知道谁爱你。

生活可以讲究，也可以将就。

养身在动，养心在静。

以微笑面对任何不公。

旅行切记：车前，船后，马中间。

先处理好心情，后处理好事情。

时间、机会、年龄一去不复返，因此，要倍加珍惜。

爱情、善良、友谊最无价。

做人心态要好，因为"态"字心朝阳光，一片光明。

忙时井然，闲时自然，捧之淡然，贬之泰然。

有老底、有老本、有老伴、有老屋、有老友，才算幸福老人。

什么叫幸福，解释再多，最终就是"高兴"二字。

人的快乐可分肉体、精神、灵魂快乐。

人可以没有学位，不可以没有品位。

人生成功不在你记住多少人，而是多少人记住你。

金钱为水，缺之渴死，贪之淹死。

有权有钱有成功，没有健康一场空；爱妻爱子爱家庭，不爱身体等于零。

健康要劳动、运动、活动和修养、保养、营养。

身无病，心无忧，便是天上神仙。

医院挂上"心中没有就好"牌匾，病人病情好一半。

躯体可以老化，脑袋不能僵化。

人活一辈子，只有健康、学问和花出去的钱属于自己。

拿得起，放得下，想得开，为心态健康表现；吃得下，拉得出，睡得着，为身体健康表现。

人老了，头发变白，皮肤变黑，肚子变大，肌肉变软，骨头变松，大腿变小属正常现象。

人生最大的遗憾不是过错，而是错过。

爱占小便宜，终生难大贵。经常吃小亏，日久必厚报。

常与高人交往，闲与友人相聚，乐与亲人分享。

人生像煎饼，翻够回合方成熟。

朋友是拼图，拼叠起来胜美景。

交一个朋友需要很长的时光和过程，得罪一个朋友只要很短的时间和一件小事。

你可能感觉自己生活十分一般，但许多人做梦都想过上你一样的生活。

把甜日子苦过，把苦日子甜过。

经常"忆苦思甜"，不能"忆甜思苦"。

生活有苦有甜乃正常，顺境逆境才完整。

得是本事，舍是智慧。

幸福因舍得，痛苦因舍不得。

少比较、少计较一身轻松。

人的痛苦来自过于比较，过多欲望，过分失常。

富在深山有远亲，贫居闹市无人问。

人贵贱本质无之，实际有之：表面上看是财富的差距，实际上是福报的差距；表面上看是人脉的差距，实际上是人品的差距；表面上看是气质的差距，实际上是涵养的差距；表面上看是容貌的差距，实际上是心地的差距；表面上看是人与人都差不多，内心境界却大不相同，心态决定命运。

人的气质不可伪装。

人命，平庸人为性命；优秀人为性命和生命；卓越人为性命、生命和使命。即生存、生活和责任！

一等人在位就明白，二等人退下才明白，三等人永远不明白。

选对老师，智慧一生；选对伴侣，幸福一生；选对朋友，亲密一生；选对事业，成就一生。

人在草木之间方健康，故喝茶健康。

"幸"字上为土，下为人民币符号，表明越土的东西，越有价值。

福建省广告协会

拾零文选

脱钩—放飞长空万里

——福建省广告协会创新发展纪实

福建省广告协会成立于1986年4月,2010年6月与行政机关实行"机构、人员、场所、财产"彻底脱钩,进入了自主创业、自谋生路、自我管理的市场运行轨道。四年来,我会以改革应变革,以富业强会为目标,以抓大事、办实事、做贡献为主线,紧紧围绕协会改革、创新、发展课题,依靠团队努力和集体智慧,解放思想,攻坚克难,积极作为,扫除了协会前进路上的障碍,确保了协会工作承上启下,平稳过渡,扭转了缺队伍、无场所和没财产的被动局面,形成了广告项目建设,广告职称评审,广告资质认定,广告学历教育和项目策划,业务指导,资源整合等几大抓手,实现了建会以来30多项工作零的突破,取得多项工作全国同行领先的业绩,闯出"手上无权、脚下有路"的创新发展路子,工作广度、深度和力度不断加强,协会的作用力、贡献力不断显现,影响力、向心力不断扩大。我会连续十四年被评为全国广告协会先进单位,获得首批中国社会组织评估5A等级协会殊荣,先后在全国广告工作会上和全省民政工作会上介绍经验,省主流媒体多次对我会工作进行了专题报道。中国广告协会授予我会会长"中国广告风云人物"。我会工作得到政府、社会和业界的充分肯定和大力支持。脱钩对协会来说是解放束缚,放飞万里长空。

近年来,协会宾客日益增多,入会企业日益增多,主动为协会给力的单位越来越多,委托协会办事的政府机关越来越多。年均40多位省、厅级领导和60多家兄弟协会来我会考察和交流工作,日均10家企业20人次前来我会"华山论剑"和求帮助、寻商机。全省广告界视协会为娘家,不但主动承担了协会许多工作任务,而且从财力、人力、物力上大力支持协会建设。从2011年开始,就有医疗保健机构免费给我会副会长以上领导和协会工作人员进行高标准的体检；3家企业为我会免费提供办公场所；6家企业给我会赠送6辆小汽车；福建省杂技团连续三年均派出100多名演员，免费为全省广告界新春团拜会精彩献演；一批会员单位下半年提前缴纳次年会费……可以说，政会脱钩的"红利"开始显山露水，彰显了我会的地位和魅力。担任我会名誉会长的4位省领导，对我会工作一直给予了极大的关心和支持，要求我会多创业绩，多出经验，多做贡献。省民政厅周瑛副厅长视察我会时指出：福建省广告协会工作之所以有特色、有成绩、有经验，主要有一条清晰的工作思路，有一个很好的领导班子，有一支高素质的工作队伍，有一套管用的运作办法。中国将军文化艺术协会10多位将军来闽考察我会工作后，欣然为我会作了"手上无权，脚下有路""精耕典范""海纳百川"等题词。领导的关怀和业界的支持，给了我们极大的鼓舞和鞭策，为协会发展和进步注入了强大的动力，更加坚定了我们做好工作的信心和斗志。我们主要抓好几方面工作：

一、在工作定位上

以大平台、大境界、大格局的建会视野和站位，加速了协会前行步伐，推进了协会全面建设。

（1）厘清广告协会所担负的工作使命和社会责任。

（2）明确"该干什么，能干什么，会干什么"的工作职能。

（3）确立"小协会、大社会"和"小行业、大事业"的工作格局。

（4）制定争创全国先进协会、"5A级"协会、百年协会的工作目标。

二、在办会思路上

协会工作没有固定的模式，也没有照搬的文章，更没有举手可得的金科玉律。只有思路广博，定位精准，路径科学，创新运作，协会才能活力无限、亮点纷呈。

（1）我们跳出僵化的传统的办会框框，改变就协会而协会的办会思维，实现办会思路、工作方式、运营模式三大转变，使鲜活的办会理念贯穿于协会建设的全过程，在协会前行的实践中得到充分体现和有力验证。

（2）把握了改革、创新、发展工作的方向，采取"与众不同"，"特色取胜"和"出路在于个性化"的工作方略。

（3）坚持了"抓发展、抓服务、抓自律、抓基础"的工作重点，在突出自主创新，突出项目抓手，突出特色优势，突出工作成效上下工夫。

（4）努力把协会建成业界信得过、靠得住、用得着、离不开的广告人之家，成为行业的知情人、代言人、领路人，成为促进行业发展和维护行业利益的指导者、组织者、参与者。

三、在工作运作上

我们始终把"抓发展、抓服务、抓自律、抓基础"作为促进行业发展和协会工作的着眼点和着力点，做到了任务清晰，中心突出，成效明显。

（一）抓发展

促进行业发展是协会工作的出发点和归宿点。几年来，我会进行每项工作，开展每项活动，都紧扣行业发展主线，在行业发展上做文章。

（1）为做好广告业发展的指导工作，我会根据形势变化和企业要求，不定期派员深入地方协会和广告企业，以召开座谈会，举办培训班，发放"调查问卷"，个别走访，实地查看，现场办公等方法，引导企业把握市场动态，增强应变能力，加大技术创新、模式创新、管理创新力度，推动行业向高层面、宽领域和深层次方向发展。积极帮助企业出点子、想办法，解决发展中的困难与矛盾，对促进广告业发展起到了积极作用。目前，福建已成为中国重要的广告"粮仓"之一，成为中国广告大省。全省拥有350多亿以上广告资源，拥有1.5万家广告企业，20万广告产业大军，200多亿年广告产值，推动众多闽牌在央视等全国重要媒体和国际赛场上纷纷登台亮相，为国争了光；拥有中国一级资质企业18家，二级5家，福建一级55家，二级57家，三级62家；拥有年产值亿元以上广告企业60家，其中，32家企业进入全国广告百强行列，其年产值87.6亿，占全省广告总量的43%；一批站位高、规模大、实力强、进步快、贡献多的广告企业脱颖而出，凭借自身优势和市场优异表现，赢得了客户，赢得了市场，成为我省广告精锐部队。

（2）把国家重大决策与促进行业发展紧密结合起来，在引领业界抓机遇、抢商机、拓新路，紧跟时代步伐，服从和服务于社会经济建设大局的同时，指导企业用好、用活、用足中央和省里政策，把政策化为生产力和经济效益，用政策破解行业发展瓶颈，促进行业快速发展。几年来，我会为广告企业融资征地，申报项目，争取财政补贴，以及做好政策信息传播、解读、落位等项工作中，付出艰辛的努力。

（3）从抓龙头、铸链条、建集群高位入手，在引导广告企业增强创新发展的内生动力,激发广告龙头企业带动效应的同时,建议政府加大对广告企业创新发展的支持力度,构建广告企业创新发展的服务体系,为广告业发展创造宽松的环境。配合政府起草和编制《福建省广告业发展规划纲要》《福建省 2012 年广告发展计划》等文件,向政府提出《促进福建广告业发展 10 条建议》和尽快出台《福建省户外广告发展与规范条例》的要求,提出培育福建 30 家龙头广告企业和 50 家重点广告企业的设想。这些建议和要求,很多被政府采纳并付之实施。

（4）为了集聚、推动、引领行业发展,从 2010 年下半年开始,我会着手进行广告园区建设,取得重大突破,其中,我会成功策划和创建了 6 万平方米的闽台广告创意园并升为国家级优质产业园,连续三年获得国家和地方财政 5 500 万元的扶持,福州市人民政府专门出台《关于支持广告产业园区发展意见（试行）的通知》,推动了各类园区创建热潮。2012 年,我会在当地政府的支持下,又成功建成 26 层 2.8 万平方米的"福建广告传媒大厦",在福州闽江河畔婷婷玉立,成为国内首座广告总部大厦。2013 年我会策划的 5.5 万平方米的"海峡广告动漫城"已经政府批准立项并破土动工,计划 2016 上半年竣工,建成后将成为又一处广告精品工程;2014 年,我会与福建省中小企业商会共同创建"幸福小镇"业界养老项目,正紧锣密鼓地做好方案设计和协调工作。

（5）在推动行业转型,鼓励行业创新,延伸行业链条,整合行业力量,加强行业交流等工作中,取得重大成果。仅 2013 年,我会就组织广告界前往湖南、湖北、广东、江苏、内蒙、陕西等地进行业务考察和项目对接活动,接待了江苏、山东、新疆、黑龙江、台湾和南京、苏州、济南、上饶、瑞金等广告考察团和 4 个地市政府招商团,承接了由中国广告协会主办的 200 多人参加的全国广告企业资质认定会议等等,不管组团考察,还是接待省外宾客,我会都把广告资源整合作为交流和对接的工作重点,有力地推动了省内与省外,境内和境外,山区与沿海,业内与跨界企业的大联合、大发展,形成企业间多层面、多形式抱团发展新格局,使行业迈开转型升级步伐,走出用智慧、智能、智力赚钱,靠资本、资产、资源说话的路子,增强了企业自主创新水平和核心竞争能力,促进了行业服务水平,经营能力,整体实力不断提升,彰显出资源整合和抱团打天下的巨大力量。

为践行中央和省委实施的"一带一路"战略,2014 年、2015 年以我会黄应寿会长为团长的闽商下南洋考察团先后对印度尼西亚和泰国进行业务考察和项目对接。在印尼,在福建省张晓松副省长带领下,与当地侨领侨胞和当地企业广泛接触，获益匪浅。在泰国，拜访了中华总商会、福建会馆、中华人民共和国驻泰王国大使馆、泰国广告协会，考察了众多泰国企业和侨资企业，参观了罗勇工业区，对接了10个项目，获得圆满成功。

（6）在加强人才培养方面取得了骄人成绩。

第一，与福建师大、四川大学、武汉理工大学等高校联合举办广告专业网络学历教育，培养出3 000多名广告从业人员广告专业本科生，65名广告研究生。其中，6名广告从业人员持其学历考入公务员队伍，23名提升晋级。为做好广告学历教育，我会捐资20万元支持福建师大办学，受到欢迎。

第二，我会与台湾《新生报》、台湾政治大学、科技大学、树德大学和台湾海峡文经教育推广协会，就联手开展闽台广告人才培训，建立两岸广告界交流互动机制，在金门设立广告交流中心等事宜达成合作意向。

第三，开展职称评审和职称考试工作，1 600多名广告从业人员分别获得高、中、初级广告职称。

第四，设立校企合作8个训练基地，使"在校学生实践，从业人员充电"工作得到了落实。

第五，我会会长担任了10所高校客座教授，经常深入高校授课交流和学术互动，为培养广告人才做出贡献。

第六，多次开展了全省性优秀广告作品、案例策划、包装设计等大赛，举办广告高峰论坛和开展广告练兵活动，提高了广告界创作能力，促进了广告精品生产。

第七，积极开展广告行业争先创优活动，向社会举荐实力广告企业和广告精英人物。出版《福建广告精英集》，开展实力公司评比，推选优秀人物和优秀企业参与全国先进评选，推荐广告人参政议政，举办实力广告企业与广告主互动对接活动等等，为树立行业品牌，增加企业知名度作了有益的工作。

目前，这些工作举措的成功效益开始显现，附加值明显放大，为广告生产力的释放，打开了新的闸门。

（二）抓服务

协会工作某种意义上讲，就是服务工作，这既是协会重要的职能，更是协会永恒的办会宗旨和生命力所在。行业协会靠服务出凝聚力，出向心力，出战斗力，出正能量。服务质量好坏，服务水平高低，服务到位程度与否，都直接影响着行业协会的威望和形象。

四年来，我们坚守"有求必应，才能一呼百应""尽责任，赢信任""实力加卖力,才有凝聚力"的服务理念,从大事着眼,小事着手,把业界满意作为协会工作第一标准,把业界需求作为服务工作第一要素,不断延长服务"手臂",延伸服务"触角",在服务政府、服务社会、服务业界中,扮演重要角色,不但产生出巨大的社会效益和经济效益,协会作用、地位与价值得以充分展示。

1. 为政府和社会服务方面

(1) 组织福建省广告代表团随省委书记、副省长出访香港、澳门,担负策划闽港澳三地广告合作项目,参与经贸洽谈和签署合作协议,取得重大成果。

(2) 配合省委宣传部、省文明办、省工商局、省广电厅、省出版局、省环保局等机关联合开展全省公益广告评选和各类宣传活动。

(3) 积极参与和承担政府委托的服务项目,特别在协办中国9·8商品交易会,策划中共福建省委第九次党代会和各级政府举办的商品交易会、经贸洽谈会、庆典大会、招商引资会等大型活动中,做出应有贡献。仅2014年1—8月,我会应邀参与省环保厅中国国际生态环境技术与装备博览会"福建馆"和"海峡交易会环保项目"的评估和议标;参与省体育局"2015年全国青年运动会"有关项目策划和运作,组织业界资助"青运会"1 000万元人民币;受省发改委委托,组织业界精英做好"6·18中国·海峡项目成果交易会"的策划推广和组织运营任务,受到省政府的高度评价;积极配合中国广告协会交办的第43届世界广告大会的宣传推广工作,完成大会会场5面LED大屏的设置、编制和管理任务;完成南平市政协交办的武夷山"壹街"项目的策划与指导工作;担负了福州市晋安区广告与夜景工程的策划工作;支持晋江市政府做好一年一度的"文化周"活动工作等等。

(4) 根据省政府要求,我会承担了光泽县2012—2014年扶贫任务,在抓好扶贫点"输血"工作的同时,努力在"造血"功能上做文章,除为该县医院赠送先进医疗设备,解决部分项目建筑材料,进行城镇路灯改造,筹集部分赞助资金外,积极帮助扶贫点招商引资,策划项目,农副产品加工,项目成果包装,产品品牌推广等,取得阶段性战果,受到省里的多次表扬,省主流媒体多次报道我会扶贫事迹。同时,支持平南县农产品商标、包装设计和商标申请注册工作,获得成功;资助280万元广告费为南靖县开展了旅游景点的宣传与推广工作,商请铁路局长现场办公,解决了当地水果运输问题。

(5) 应福建省中小企业商会、住宅产业商会、医疗器械协会、技术市场协会、服装协会、宝玉石协会、登山协会、小商品协会等10多家社会组织邀请,我会帮助其部分项目策划和业务指导。与30多家省级协会(商会)进行跨界联动和项目合作,产生了良好的组合效益。

（6）充分发挥本会团队策划项目的优势，积极为政府和社会做好服务工作，取得令人瞩目的成绩。仅2013年以来，我会应省内外20家政府和企业的邀请，为莆田市木兰溪文创园、汽车文化创意园，龙岩市红色广告创意园，福州体育文化创意园、中国将军文化艺术创作基地、书画名家创作基地、大自然创意园、服装创意园、鑫鼎工业设计园、桥头堡文化创意园，晋江市广告创意园，永春县龟园旅游区，邵武市和平古镇，云霄县红树木景区和江西上饶、景德镇广告创意园、瑞金工业园区，湖北荆州广告创意园，浙江北部广告创意园等40多个项目出点子、出案子、结果子。

（7）配合和支持江苏宿迁、洪泗和河北鸡泽、河南济源、吉林松源、湖北洪湖、广东江门等地政府来闽招商和产品推广工作。

（8）积极做好项目对接工作。仅2011年，我会在福建省政府主办的"海峡经贸交易会"上，我会与香港广告业联合会、澳门广告商会、台湾广告同业公会签署了《两岸四地广告合作协议》；在省政府主办的"海峡文化博览会"上与福州鼓楼区政府、福州软件园签署了"海峡广告传媒大厦创建协议"；在福建省与香港政府主办的闽港澳经贸交流会上，闽港澳广告界签署了8项合作项目。其中，福州—香港LED广告联播网项目已经成功在福州落地，香港《大公报》用整版彩色篇幅刊登了我会祝贺广告，影响广泛。

（9）围绕福建省政府实施的品牌战略，我会以"广告搭台、借船出海"为主题，为提高闽企、闽牌知名度和提高闽品市场占有率做出卓越贡献。第一，在中央电视台开辟福建品牌宣传平台，打造出福建百个响亮品牌。第二，组织《闽商杂志》和新思维企划公司在全球开展"闽人、闽企、闽品"评选和推广活动。第三，为了做好书画名家的推广工作，在福建主流媒体设置专栏和福州机场设立LED广告电子屏，宣传书画名家形象和精品，并积极做好书画名家协会成立的筹备工作。第四，为了适应福建部分产品进入台湾市场需要，我会积极与台湾有关单位协调，一方面获取大陆企业入台置业规定，印发业界参照。另方面，两次带领业界赴台进行项目谈判和对接。再方面，推荐我省部分产品参与台湾举办的"海峡两岸产品评鉴活动"。从2012年开始，福建健康树、福建日月信等5家食品企业的产品，分别获取了"金奖"和"银奖"，提高了产品市场占有率。

（10）在帮助台湾、香港企业来闽投资置业，金门企业到大陆经商，我会给予牵线搭桥和多提供多方面服务工作。

2. 为业界服务方面

我会立足行业前沿，透视经济形势和市场变局，加大对广告业现状和发展的研究，从大视野、大范围、高层面的高度，尽力为业界提供多方面、全方位的有效支持和做好实用、实在、实惠的服务工作，促进产业向集约型、外向型转变，向拥有自主创新能力和核心竞争力转型。

（1）帮助企业理清思路，转变观念，整合资源，破解瓶颈，增强应变能力服务。仅2013年，我会派员深入基层20批次，接待来访企业7 200多人次，探寻行业转型升级和优势互补、经验互学、发展互利的战略联盟和抱团发展新模式，解决了大批企业的最关心、最直接、最现实的热点难点问题。特别在经济下行、单量减少、成本加大、利润降低、融资困难、"拆牌"严重的情况下，加强了对企业发展的指导工作，帮助企业加强横向资源整合和纵向专业联合，取得较好成绩，受到企业欢迎。

（2）在引领和支持业界打造经济实体工作中立下汗马功劳，已落户项目12个，在办项目6个，在谈项目33个。仅2012年，我会支持副会长单位转换用地性质，建设海峡广告动漫城和征地30亩建设海峡广告创意园分园均获得成功。同时，支持业界分别在长乐空港工业区、泉港工业区、宁德漳湾工业区、罗源工业区和浙江苍南工业区征地500多亩，建成广告设计、广告耗材、建材包装、食品生产等项目，促进部分企业大发展，实力大提升。目前，此项工作成为我会服务企业发展的重要抓手，正在进一步推进和扩展。

（3）2014年，我会先后支持CCTV-6（央视6频道）、海峡卫视、《海峡都市报》、《闽商杂志》等媒体成功举办档次高、规模大、效果好的广告合作推荐交流会，推进了广告媒体大融合，大整合。

（4）努力构筑政策信息集散地和首发平台，通过多渠道、多层面采集和传递最新、最快、最权威政策资讯，使会员单位在掌握政策和运用政策捷足先登。主要有：第一，取得了福建省政府办公厅许可，我会成为《福建省人民政府公报》等政策刊物发送单位，实现了与省政府有关部门九大政策平台的对接，为掌握政策信息建立了广阔渠道。第二，积极运用我会刊物、网站及时发布政策信息，深入基层传达和解读政策信息，采用办班和会议形式宣传政策信息，促成企业学政策，懂政策，用政策的良好氛围。第三，引导企业用好、用活、用足中央和省里扶持广告业发展政策，把政策化为生产力和经济效益，用政策化解企业发展中的困难和矛盾，使许多企业尝到利企惠企政策的甜头。

（5）积极引导企业运用广告新技术、新设备、新工艺、新材料、新媒体，提高了行业科技含量。在策划创建福州国际广告高新技术创意园，举办广告"新四展"，引导和支持企业在开发广告LED、广告光电、广告三面翻和广告专利产品的同时，在省内组织召开了多场广告高新技术和科技产品推荐会，我会会长还亲自带领金太阳、光能科技、曙光三面翻等广告产品生产企业深入湖南、广西、广东、香港、澳门、台湾等地开展闯市场，拓销路和业务对接活动，深受欢迎。

（6）几年来，我们坚持"马上就办"和"私人订制"的服务原则，努力为业界当好"勤务兵"和"办事员"，对业界提出的问题，不分事大事小，不讲分内分外，不论好办难办，力争做到事事有着落，件件有回音。特别在帮助企业降本赢利、扩大生意、建厂征地和办理商标专利、企业登记以及就医、就学、就业等方面帮大忙、尽大力，受到业界高度赞誉，许多企业称道协会"家的感觉"和"家的温暖"。

我会"尽责任，赢信任"，热心为业界服务的实际行动，深深感动业界，在业界呈现出两大可喜景象：第一，广大会员单位关心协会工作，支持协会建设，完成协会任务已蔚然成风。比如，2013年，我会在势单力薄情况下，临时承接中国广告协会交办的200多人全国广告企业资质认定工作会议，我会"一声令下"，20多辆小车和30多位工作人员很快召集到位，许多企业主动出钱出力资助会务工作，保证了大会圆满成功，全国同仁对会务保障工作给予了很高评价。第二，极大地吸引着企业入会热情，年均要求入会企业达百家左右。同时，出现广告主入会热潮。广告主队伍中，涉及制造、机电、印刷、养殖、影视、餐饮、旅游、珠宝、建筑、服装、茶业、酒业等20多个行业。目前，协会阵营中的实力广告企业团队和强大的广告主队伍，形成资源整合、优势互补、相互支撑的两大骨干力量，推动着协会工作进步和发展。

（三）抓自律

规范广告市场秩序，加强行业内部管理，推动行业公平竞争，维权行业合法权益，是协会工作的重要环节，也是推动广告业健康发展的重要任务。

（1）我会在全国行业内率先推行"福建省广告行业合同文本"，颁布了《福建省广告业精神文明建设规划》《福建省广告行业行为规范》和《抓住新机遇，促进广告业大发展的倡议书》。编辑出版了2万册《广告法律法规及广告政策汇编》，发给业界和院校供学习和运用。近期，接受多家媒体专访，向社会宣传《广告法》修订意义、内容和看法。

（2）正在起草制定《福建省城市公共交通车辆车身广告技术规范》《福建省立杆挂旗广告设置技术规范》《福建省灯箱广告安全设置技术规范》《福建省显示屏安全设置技术规范》等标准化行规。

（3）积极做好广告企业资质等级认定和管理工作，逐步向科学化、制度化、规范化方向发展。目前，此项工作无论在"市场"还是在"官场"，其权威性、需求性、适用性已经突显。各地政府和许多企业把广告资质作为导入广告拍卖和代理的重要条件。南平市政府出台了将广告资质作为户外广告拍卖必备条件的全国第一个规章，使该市户外广告拍卖做到了公开、公平、公正，深受广大业界的拥护。

（4）针对一些地方侵害会员单位利益行为，我会先后向三个地市政府致函，阐明观点、提出建议，积极做好协调工作，化解了许多矛盾，使一些行政乱象得到纠正，维护了会员合法权益。比如，对某区政府拆除广告牌引起的法律纠纷，我会支持广告企业对簿公堂，打赢了官司；与永安市政府协调，促成纠正了垄断经营广告的问题；与漳州市政府协调，把户外广告经营审批年权从一年延长至三年。

（5）为了户外广告与城市建设相互融合、和谐共生，我会领导率领漳州市城建、国土、工商、公安、规划、环保等部门领导赴天津、济南、成都等地进行学习考察，并建议该市做好规划，出台规章，拆建并举，规范工作。

（6）对福州市由于拆除广告牌而引发广告企业准备大规模集体上访事件，我会一方面向省政府提交呈阅件，请求维护行业利益。另一方面，在新闻媒体中发表协会的看法与观点。再方面积极做好广告企业维稳工作，制止了不安定的事件发生。

（7）积极倡导和推荐广告人担任各级人大代表和政协委员以及各部门行风廉政监督员，目前，全省人大代表和政协委员中拥有60多名广告人，虽然人数不多，然而作用很大，对提高广告人地位，增加广告人话语权起到积极作用。比如，福州市三位广告界人大代表，联名作出尽快出台《福州市户外广告设置与管理办法》的提案，成为2012年福州市三大立法项目之一；《南平市户外广告管理办法》的快速出台，将广告企业资质等级作为广告位拍卖和承接政府机关广告项目的必备条件，得益于该市广告界政协委员的努力；"龙岩红色广告教育基地"建设方案能够引起全国政协的重视，得到国家工商总局和龙岩市委市政府的支持，我会名誉会长、全国政协委员林嘉騋起到关键性作用。

四、在抓基础建设上

要建成不可代替、不可复制和强大实力的行业组织，必须要有"小协会、大社会"的工作站位,要有"小团队、大智慧"的工作团队,要有"小单位、大经费"的造血功能。

(一)建队伍

协会工作充满智慧、充满创造和充满活力,一个激情四溢的团队,不一定需要多少政策扶持,只要提供公平、公正的宽松市场环境,就能开拓出有为、有位、有威的大局面,打造出响亮的大品牌。

1. 工作团队

为适应协会科学发展、跨越发展需要,我会在建规矩、练队伍、促战力上下工夫,把个人成长融入组织目标,团队进取融入事业追求之中,努力培养工作队伍知大局、务长远、干实事本领,建成一支想干事、肯干事、会干事和勇于奉献,敢于担当,有点子有路子,具有饱满热情,昂扬斗志和较强执行力的战斗集体,默默地为广告业发展贡献智慧和力量。

2. 基层团队

通过三年多努力,省、市两级广告协会已经形成了上下呼应,密切配合,团结战斗,全盘联动,同步发力,整体进步的态势。我们重点抓了几项工作:

(1)脱钩时,我会集中精力抓好地市协会工作团队建设,在建议当地选好协会领导的同时,动员具有实战经验、在协会工作过的老同志出山操盘、出海撑舵,较好地解决了工作队伍青黄不接问题。

(2)加强队伍素质培训,多次以专题办班和以会代训办法,对全员进行岗位实战训练,提高了队伍工作技能和处事本领。编印"社团换届、变更、增补、年检、注销文件范本"发给地方协会,规范其办事行为。

(3)加强协会思想政治工作和协会文化建设,积极创造条件,为协会全体工作人员解决好薪酬、劳保等待遇等问题,帮助解决生活和工作上的具体困难,提高了协会工作人员的光荣感和责任感,"使命所在,乐在其中"和"贡献协会,不畏苦累",已经成为全员的共识和行动。

(4)支持指导地方协会工作,帮助地方协会建设把脉梳理,解惑答疑,排忧解难,创新工作。特别是下拨经费、下放权限、赠送车辆,申请拨款等工作成绩显赫,获得好评。

3. 业界团队

(1)在业界中积极倡导和贯彻"协会是业界之家""业界事业界办"的理念,较好地调动和凝聚全行业力量,共同把广告人之家维系好建设好。

(2)积极发展大企业、好企业和热心协会工作的企业入会,组成了一支撑协会工作的骨干力量。目前，我会 500 家会员单位中，实力广告企业占 70% 以上，实力广告主占 10% 左右。

（3）制定优惠会员的等级标准，使各级别的会员单位享有不同待遇。比如，副会长单位在享受"章程"中的权利外，经批准可以以协会名义开展各项活动；副会长享受年度免费体检待遇；优先购买廉价的"福建广告传媒大厦"办公楼；免费在协会通讯、网上和部分省级主流媒体推广企业形象和品牌等等。

4. 顾问团队

我会邀请 4 位省领导和 1 位全国政协委员担任名誉会长，聘请了 35 位厅级领导担任顾问，组成一支强大的协会顾问团队，搭建政策信息资源、人脉资源、智力资源的大平台、大通道，使协会工作有了坚强靠山和支撑力量。几年来，顾问团队为协会发展倾注了大量的心血，对促进我会工作进步和我省广告业健康发展起到了重大作用。

（二）创条件

我会在"一穷二白"基础上，运用"无中生有"法则，依靠出色的服务和科学运作，协会基础得到了发展和夯实，协会工作有了老本和底气，为打造百年协会打下基础。

（1）拥有广泛的人脉和社会资源，充分利用优势资源激活协会工作，对全面推进协会发展起积极作用。

（2）拥有 2 000 平方米的办公场所；其中，在我会创建的"福建广告传媒大厦"内，拥有 1 000 平方米协会独立产权的办公室；

在闽台广告创意园内，拥有 800 多平方米免租和免物业 10 年的花园式的工作环境和员工食堂；在福州桥头堡创意园内，拥有该园区长期免费提供的 4 间办公室。

（3）拥有满足工作需求的办事用车和办公设备等硬件。

（4）拟组建物业管理机构承担"福建广告传媒大厦"管理和服务任务；拟创建"中国将军书画创作基地"、广告人"幸福小镇"和自助养老等项目。这些项目的落成，必将大大提高协会造血功能，解决协会"钱袋子""米袋子"，过上"好日子"，将起决定性的作用。

（5）在拥有《福建广告通讯》内部刊物和网站之外，与海峡卫视、《海峡都市报》、《闽商杂志》等媒体建立了战略联盟，在福州机场内建立 LED 宣传平台，增加了协会话语权和服务业界渠道，提高了协会社会知名度。

（三）抓制度

为了使协会工作逐步正常化、规范化、制度化，我会先后建立和完善会长办公会议制度，工作例会制度，工作运营制度，工作审批制度，建立秘书处文件办理、车辆管理、账务管理、薪资管理、文档管理以及请销假管理等制度，保证协会工作正常有序开展。

雄关漫道真如铁，而今迈步从头越。实践使我们深深感悟到：协会从"官场"到"市场"角色变换和前行过程中，不但应对的挑战与压力非往日可比，遇到和需要解决的矛盾与困难前所未有，也是对协会办会能力、工作本领、服务水平和自主创造力、社会贡献力的重大考验。这种"危"中寻"机"的倒逼，增强了协会内生动力，为协会发展插上腾飞翅膀。因此，只有与时俱进，改革创新，科学运作，激活工作，拥有工作的新思路、新套路、新财路，协会建设才能如鱼得水，如虎添翼，开拓出大有事做，大有可为，大有前途的良好局面，昂首高歌"敢问路在何方，路在脚下""我们走在大路上"，演绎新的经典与传奇……

为广告正名

黄应寿

广告是市场经济产物,是知识密集、人才密集、技术密集的高新技术产业,是现代服务业和文化创意产业的重要组成部分,是国家和地区市场繁荣、社会进步、科技发展和经济实力的重要标志。广告为推动经济发展和社会进步起到不可替代的作用,做出重大贡献。

我们不会忘记,在新民主主义革命时期,为夺取革命胜利,我党我军在艰难困苦的条件下,运用标语、幻灯、公告、布告、政令、旗帜、墙体、报刊、电台等形式,发布了大量的红色广告,把广告作为发动群众,武装群众,鼓舞斗志,瓦解敌军,推翻旧政权的重要武器。广告如战鼓似号角,在中国人民革命和解放事业的进程中彰显出巨大力量,产生了不可估量的作用。

我们不能忘记,改革开放以来,经过中国广告军团的不懈努力,中国广告业进入发展快车道,实现从量的提升到质的飞跃,成为经济领域发展最快、科技含量最高、经济效益最好、就业最热门的产业之一,成为世界第四大广告大国、强国。中国广告业在国家振兴、经济繁荣、社会安定中扮演极其重要角色,发挥着"小产业、大贡献"的作用。

广告在传播信息、指导消费、繁荣市场、稳定物价、树立形象、塑造品牌,提高中国品牌知名度和在国际市场竞争力方面,在推进产业改革和调整产业结构,推动产品、技术、企业、产业创新方面,在改善城市形象、美化市容、丰富人民生活等方面都发挥积极作用。广告成就无数的企业和品牌,创造大量的就业机会,养活众多的从业人员,成为体育、文化、新闻、出版、广播、影视事业生存和发展的经济支柱,成为税收新的增长点。广告极大地影响人们的价值观念、生活取向、思维方式、生活习性。因此,广告已经渗透进政治、经济和社会生活的各个领域,成为经济腾飞和社会发展的晴雨表、风向标和推进器,犹如"空气、阳光、粮草"一样,社会进步离不开广告,经济发展离不开广告,企业壮大离不开广告,群众生活离不开广告。

广告既是经济手段又是意识形态,具有鲜明的文化属性,是国家和民族的核心价值和文化理念的集中体现,是精神文明建设的重要窗口,是人类文明的使者,凝聚中华民族自强不息和历久弥新的精神财富。30多年来,中国广告军团运用广告积极宣传科学理论,传播先进文化,塑造美好生活,倡导先进精神,弘扬正气,扬善弃恶,鞭挞不良行为等方面做出突出贡献。在国际动荡和国家危难以及抗灾抢险中,广告成为振奋精神,激发斗志,战胜困难的希望之星。比如,在2003年,抗击突如其来的非典灾难中,中国广告军团以广告武器,鼓励民众万众一心,众志成城,在党和政府领导下打赢非典战役。在人们恐惧、迷惑和不知所措之时,广告像一盏明灯,照亮人们心扉,点燃人们希望,让人们在危难中找到强有力的精神支柱,感受到广告坚不可摧的巨大力量。长期以来,中国广告企业积极承担社会责任,不但免费发布大量的公益广告,而且在救灾解困,捐资助学,筑路搭桥,扶残助寡等方面做了许多好事善事。

广告在引领中国品牌试水国际市场,打造国际品牌的征程中,起到积极作用,做出突出贡献。比如,在美国NBA篮球赛事和国际重大体育赛场上,在许多发达国家和地区的大街和媒体上,安踏、匹克、361°、海尔等诸多中国品牌广告像一颗颗光芒四射明珠,展示出中华民族博大精深的灿烂文化,显示出中国强劲的经济发展实力;在戛纳、艾菲、亚太等重大国际广告节上,中国广告军团如同中国体育健儿一样,摘金夺银,屡立战功,硕果累累,为国争了气,为国争了光。

广告是凝聚智慧、技巧、创新、力量的艺术,凝聚社会科学知识和自然科学知识的产业,广告业是强人竞赛的场所,智者活动的舞台,集结着一批高学历、高素质、高智商、高水平的精兵强将。中国广告军团在勤与酬不对等、责与利不对称的置业环境中,栉风沐雨,夙兴夜寐,默默耕耘,甘当品牌崛起,企业、社会进步的马前卒和无名英雄,用青春、智慧和汗水,创造了长存青史的骄人业绩,谱写了一曲曲感人肺腑的赞歌,为国家和人民利益立下汗马功劳和不朽功勋。

无疑,广告在改变世界,广告在创造生活,广告在引领发展,广告凝聚力量,广告传播文明,中国企业成长和成功,社会进步和发展,倾注中国广告军团的心血,烙下中国广告军团的足迹。可以说,中国广告军团功不可没,理应充分肯定,大力表彰,塑之形象,推动发展。

然而，广告作为一种特种专业，其价值被严重低估，尽管近年来广告地位有所上升，可是给予广告业的认可度太低，话语权太少，对其批判涛声依旧，广告在公众心目中被极大扭曲，被社会舆论严重误读，成了"忽悠""虚假""吹牛"的代名词，这种功过不分和不公正、不公平、不客观现象，严重打压着广告人的激情，刺痛了广告人火热的心，影响广告业发展步伐。比如，丁俊杰、黄河两位教授对《人民日报》1979年1月1日到2007年4月10日所刊载的1 060篇广告文章进行梳理分析，有63%文章对广告持批评否定和负面态度；因广告被误为暴利产业，所以，"享受"与桑拿、卡拉OK等娱乐业一样的"高"待遇，多承担3%的文化建设税；户外广告置业阻力太大，干扰太多，环境太差，多头管理、多头收费、人为拆牌，导致户外广告企业到"无地可耕"的地步，纷纷"改换门庭"和"解甲归田"；广告企业被强势的广告客户压得喘不过气来，比稿丢单、服务中止、成果被盗、心力白费等现象屡见不鲜……业内人士质疑广告业的价值与未来，"做广告难，做广告人更难""我们是弱势群体""广告人是高级乞丐"等嘘叹声不绝于耳。

究其原因，主要在于：第一，广告业发展时间短，产业体积小，不受重视。第二，广告隐形价值，满足不了客户立竿见影的要求，广告产品满足不了客户现抄现卖的意愿，不被看好。第三，广告企业准入门槛太低，造成泥沙俱下，量多质差。第四，行业品牌建设乏力，广告企业本是创牌高手，又有载体优势，可惜只为别人"涂脂抹粉"，不为自己"乔装打扮"。第五，个别媒体自律程度不高，诚信缺失，经常发布违法虚假广告，败坏了行业形象，影响了行业声誉，可谓"一颗老鼠屎，坏了一锅汤"。第六，广告法规大都基于对广告的限制和管理，促进发展空白无力。第七，"游击队"违规和破坏行为，都被误之广告正规军所为，比如，街头的小传单和"牛皮癣"，在医院散发的大量非法出版物广告等等。

笔者认为，不管从广告业健康持续快速发展的高度，还是给广告业一个宽松置业环境的角度，都必须致力于为中国广告正名，为中国广告扬名的前提下才能实现。当前，唯有抓好法律定位，引发政府重视，提高社会认识；唯有广告人自尊自律、自信自强、自力自立；唯有行业整合、市场集聚，品牌运作，积极贡献，提高含金量，才能使国人懂得广告业是经济领域中不可或缺的重要产业，认识广告是个好东西，知晓中国广告人不容易、不简单、不得了，正本清源，还广告业公正、客观的生存和发展空间，让中国广告人在宽松的置业环境中竞争、发展、贡献，使中国广告与中国经济并肩于世界之林，一起实现从"中国制造"向"中国创造"升级的历史新使命。

新形势和新任务

——黄应寿会长在全省广告协会工作会议上的讲话

同志们:

今天,我们第一次在"红旗不倒"的革命老区、红军故乡上杭县召开全省广告工作会议,用意很好,意义深远,一方面,把本次工作会议精神与学习和发扬革命前辈不畏牺牲,英勇作战,艰苦奋斗的事迹结合起来,激励我们为福建广告业发展多做贡献。另一方面,动员全省广告界为龙岩市创建红色广告基地献策献力。再一方面,全国政协委员、我会名誉会长林嘉騋领导,不辞辛苦,专程前来指导协会工作,带来解决龙岩地区部分医疗机构设备问题和十一届五次全国政协会议关于龙岩创建红色广告基地的福音。本次会议得到龙岩市工商局、龙岩市广告协会、上杭县工商局等单位的大力支持,他们为本次会议召开做出了周密安排,给予了热情款待,付出了辛勤劳动。在此,我建议大家以热烈的掌声表示感谢!

本次工作会议即将结束了,明天我们要进行红色之旅的教育学习。本次会议议题广、内容多、时间紧、效果好,在与会同志们的努力下,开得紧凑,开得成功,达到预期的目的。希望大家回去后,结合本地实际,抓好工作落实,完成各项任务。下面我就目前协会生存和发展有关问题谈几点意见,与大家共勉。

一、目前形势

(一)业态形势

当前,在经济波动频繁化,外需下降常态化,汇率上升长期化,企业实体经济主导化的态势下,处于风口浪尖的中国广告业,顶住了经济低潮带来的压力，迈着矫健的步伐继续前行，到2011年年底，全国广告公司30万家、广告从业人员170万人，广告产值3000亿元，成为世界第三大广告大国。

福建广告业在前进的路上尽管遇到了这样那样的困难，尽管由于户外广告整治给行业带来重大的经济损失，然而广告业增长指标仍然高于本省经济发展速度，高于全国同行平均水平。呈现出结构调整加快，服务能力增强，整体实力提高，贡献力比重提速的利好态势。广告业不但极大地创造出GDP及其附加值，而且在助力经济发展，助力社会进步，彰显出巨大力量。

至2011年年底，全省拥有1万家广告企业，13万名广告从业人员，130亿广告经营额，位居全国第7位。涌现出一批实力强、作用大、地位高的骨干公司和广告业领军人物，有50多家广告经营总量超过1亿元以上，有3家公司达到10亿元，25家公司被认定为最具实力广告企业，13家公司进去全国广告行业百强企业行列，27名广告老总被认定为优秀广告企业家。可以说，福建已成为中国的广告大省，福建广告军团已成为中国广告业中的一支重要力量。同时，我们拥有健全和充满活力的广告行业组织，拥有坚强可靠的广告协会顾问团队，拥有蓬勃发展的18所广告专业高校，拥有支持广告业发展的政府、社会和民众，成为广告业发展的坚强后盾。

福建经济腾飞，海西崛起，品牌积聚，为广告业发展提供了肥沃的土壤。目前，福建拥有208个驰名商标、131个地理标志，分别居全国第5和第3位，拥有著名商标2665个，名牌产品150多件，优质产品339项和一大批优秀产品，拥有年投入300亿雄厚的广告资源和充满活力的广告市场。

随着广告新媒体出现，数字化广泛运用，产业链不断延伸，服务领域迅速扩大，导致广告业出现"碎片化"现象，促使广告市场不断重新洗牌，向着分工越来越细，业务越来越专业的方向发展，大鱼吃小鱼乃至快鱼吃慢鱼的"马太效应"法则显山露水。在这种态势下，我们必须在三个方面下工夫。一是积极引导广告公司明晰企业定位，规避投资风险，力求在做专的基础上做强，在做强的基础上做大。二是积极带领业界加大互动交流、资源整合和联合经营力度，形成抱团打天下的局面。三是积极推动企业调结构、转方式，摆脱"无户外难生存"的单一经营模式，向多元化、实体化和高精尖方向发展。

（二）协会形势

根据福建省政府部署，福建省广告协会与1700多家（其中省级协会140多家）行业协会从2010年6月底前与行政机关实行"机构、人员、财产、场所"四脱钩，进入市场运营轨道，走上自主创业、自谋生路、自我发展的破冰之路。

一年来，全省广告协会紧紧围绕协会生存和发展两大课题，践行邓小平同志"摸着石头过河"的理论，进行了积极探索和努力运作，不但确保了协会工作的顺利交接和平稳过渡，解决了协会"营地、兵马、粮草"等生存和建设问题，而且30多项工作实现了建会以来零的突破，协会力量不因脱钩而削弱，协会工作不因脱钩而退步，反而注入生机和活力，以崭新的面目展现在世人面前。呈现出工作内涵扩大，工作层面提升，协会凝聚力增强，影响力提高的良好势头，得到政府、社会、业界的支持、关爱和肯定，为今后工作发展开好了局，起好了步，奠定了基础。

然而我们应当清醒地认识到，我们正在经历一场机构变革的业态革命，从行政机关剥离出来的广告协会，由于组织领导、经营模式、工作要求等方面与原来的体制彻底颠覆，导致了老协会遇见许多新问题和新课题，向工作提出新要求、高要求，增加了新压力、大压力。目前，我们正处在变革和发展的转轨期和拐点上，正处在承上启下、继往开来的关键时期，这个时期我们工作水平高低，我们工作做得好坏，对协会长远发展至关重要。所以，这个时期是考验我们执政能力、办会水平和工作能量的重要阶段。

一方面，我们要解决好协会人、财、物等基础建设问题，解决好"养家糊口"的办法问题，解决好诸多后顾之忧问题。

另一方面，我们应对体制变革后协会该做什么，能做什么，会做什么的定位问题，解决好从后台到前台，从配角到主角，从战斗员到指挥员的角色转换问题。因此，我们必须站位高远，立足当前，放眼未来，增强独立作战能力和指挥能力，确保工作前瞻性、计划性、可行性、针对性和主动性。

为了适应新形势新变化，要求大家不仅低头拉车，更要抬头看路；不仅要具备高标准的执行能力，更要具备驾驭全局、掌控全局的决策能力、组织能力、协调能力和创新能力；不仅要解决协会当前困难问题，更要解决百年协会建设问题；不仅要抓好工作队伍建设问题，更要解决培养协会接班人问题等等。

无疑，我们负担的任务很重，要做的工作很多，面临着许多挑战和困难，特别在协会工作团队青黄不接，接班人才匮缺，协会生存条件和工作基础仍然十分薄弱的情况下，需要在座同志们和全省广告工作者认清形势，积极应对，努力工作，排除万难，去争取胜利。

二、我们的任务

（一）要增强我们工作信心

一段时间内，业内外同志对协会体制变革，产生了"协会没爹没娘，断钱断粮，工作难做，日子难过"和"手上无权，难以生存"的悲观情绪，动摇了军心，影响团队士气和斗志。一年来，依靠省市两级广告协会合力和创新，在省市两级广告协会出色表现和骄人业绩面前，虽然扭转了许多同志对协会发展前途的看法和偏见，但这些思想还或多或少影响着我们的工作。对此，我们必须形成做好工作共识，提高做好工作信心，才能轻装上阵，奋发有为，不负使命，再立新功。

1. 我们工作有办法

协会体制改革带来的困难，是现实的、客观的和不可否定的事实。我们要正视困难，但不能夸大困难，低估协会工作团队力量。不能只看到困难存在的消极一面，看不到克服困难的积极一面。关键在于全面分析，正确判断，提出解决办法，用积极的态度去战胜困难、克服困难。我认为，办法总比困难多，办法要比困难多，一年多破冰之旅，我们工作精彩纷呈，战果分明可见，充分证实了事在人为的道理，足以证明了我们有能力解决工作中遇到的一切困难与矛盾，有能力创造出良好的生存和发展环境。

2. 我们工作有优势

成就事业在于"天时、地利、人和"，而我们不但拥有三大要素优势，而且较好地利用和融合三大要素，拉动我们工作发展。

第一，天时。

一是我们从事的广告业不但是蓬勃发展的朝阳产业，而且是国家重视，社会需要，企业需要，民生需要的智慧产业。

二是我们拥有国家赋予我们的金字招牌——广告协会社团组织。这个招牌无价之宝，可以为业界和社会创造出巨大的财富，演绎出许多精彩动人的故事，用得好，用得当，就会金光闪烁，万众瞩目，否则就黯淡无光。

三是体制变革使我们摆脱了带着脚镣跳舞的体制，摆脱了缺乏生机，缺乏活力的"二政府"工作模式。融入无限生机的竞争市场，拥有充满活力的工作环境，享有"天高任鸟飞，海阔凭鱼跃"的工作主动权和自主权，走上健康发展之路。

第二，地利。

一是我们拥有众多的服务对象。包括广告经营者、广告发布者、广告主和广告参与者以及广告高校师生。只要我们把服务对象组织好，调动好，利用好，发挥好，协会工作就有了雄厚的基础。

二是我们拥有强大的工作团队。我们强大的工作团队、骨干团队、顾问团队、社会团队四支队伍，成为支撑我们共作的强大力量和坚强靠山。

第三，人和。

一是我们拥有良好的工作机制。经过一年多的工作磨合，省市两级广告协会已经形成上下呼应，配合紧密，团结一致，共同奋斗的良好工作氛围，初步建成一支想干事、肯干事、会干事的工作团队。

二是我们拥有实力的领导班子。目前，大部分协会领导由原来协会成员担任，许多同志对协会工作轻车熟路，不但有丰富的协会工作经验和业务水平，是经营协会工作的行家好手，而且政治素质高，事业心强，敬业精神好，是协会工作的领军人物和模范带头人，他们为协会平稳过渡和创新工作做出了突出贡献。

3. 我们工作有特色

第一，广告行业是智能型、点子型的高新技术产业和经济先导产业，是"知识密集、人才密集、技术密集"的文化创意产业和高附加值的服务产业。广告在自身创造出巨大GDP的同时，成为推动经济发展和社会进步重要利器。

第二，广告队伍人才济济，年轻有活力，他们文凭高、智力强、交际广、闯劲足，上知天文地理，下知鸡毛蒜皮，上交文武百官，下接平民百姓，是促进协会工作的新鲜血液和不竭动力。

第三，广告协会是行业组织，与其他社会团体有明显区别，由于广告功能覆盖面广，涉及领域宽，作用功能多，影响层面大，成就了我们工作深度、广度和力度，使我们工作大有作为，大有干头，大有前途，有利于协会工作推广和集中办大事。

第四，全省广告协会建会均已年过15，大部分进入青春期。近年来，全省广告协会都有利好表现，创出了许多鲜活的办会特色，掌握了许多过硬的办会高招，积累了丰富的办会经验，留下许多珍贵的办会财富。

以上这些特色为我们工作开展铺垫了基础，创造了条件。

（二）要深化我们工作内涵

1. 扩大工作思路

我们要遵循邓小平同志关于"思想再解放一点、胆子再大一点、步子再迈快一点"的教导，锐意改革，不断创新。只有改革，只有创新，我们事业才有前途，才有生机，才有活力。因此，要求大家要超越原来常规性、事务性和一贯性的工作套路，站在更高层面、更大范围、更宽领域，思考我们工作策略，制定我们工作目标，描绘我们工作蓝图，找准我们工作着力点，挖掘我们工作潜力，不断发现和解决广告行业重点、热点、难点问题。真正成为行业的知情人、代言人、领路人，成为促进行业发展和维护行业利益的指导者、组织者、领导者。

第一，要用心经营。古话说：处处留心皆学问。协会工作大有文章、大有事做，只要我们留心、用心、尽心去思考和感悟工作重点和业界需求，做到胸有成竹，有的放矢，一定能达到事半功倍效果。

当前，我们工作重点是：促发展、抓服务、办实事。我们的处事原则是：一是业界不需求事，我们做不好的事，坚决不做；业界需求的事，我们又可以干好的事，全力去做。二是多办实事，多办好事，不办虚事，不办孬事。三是要把大事办好，实事办好，好事办好。

第二，要用力经营。实践证明，会员满意是评判协会服务水平的唯一标准，只有"实力加卖力，才有凝聚力"；只有"尽责任才会赢信任"；只有"有求必应才能一呼百应"。因此，我们要全力以赴在促进行业发展和服务会员工作上做足做大文章，当好业界的"服务员""打工者"和"保姆"，努力为会员办实事、办好事、办大事，让会员单位得实惠，得好处，得方便，在促进协会影响力、亲和力、竞争力和感召力的账册上不断积分，在试卷上得分。

第三，要借力经营。凡做大事，有出息，成气候，既要勤耕、力耕更要智耕。因此，我们经营协会工作，就要把小协会与大社会紧密联系起来，以小蕴大，借力社会力量办会，借助社会力量繁荣我们的事业。《西游记》剧中有许多精彩借力故事给了我们莫大的启示：唐僧三徒弟具有通天的本领，尤其孙悟空拥有七十二变和一翻十万八千里的功力，可每次降妖除魔，都要借助他人的力量方能成功。因此，要求大家学会借力、学会协调、学会做事、学会做人。做到平时多走动，有事好协调。用"点子、面子、路子"，积极争取各方力量的帮助和支持，形成无限推力，促进我们事业成功。

第四，要学会指导。学会指导不容易，做好指导更不容易，因为指导内容广泛，涵盖面很大，即有宏观的，又有微观的，既有法律的，又有政策的，既有工作的，又有生活的等诸多方面。作为一名行业称职的工作者，要修炼成指导行业工作的"高人"和"高手"，要达到站高望远，点石成金和画龙点睛的境界，就要不断地学习、探索和研究，不断积累、感悟和提升，苦练内功，强身健体，才能成行家、当专家，才能有威望、受崇拜。人类最伟大的智慧，一是发现，二是发明。我们广告工作者，避开发明不说，起码要有发现问题的眼光，要有正确处理和解决问题的能耐，才能做好行业的指导工作。

2. 扩大工作范围

政府职能是有限的，而协会职能是无限的，雷锋同志一句名言：为人民服务是无限的。延伸到协会工作，能否这样说：协会为会员服务是无限的。"提供服务，反映诉求，规范行为"的协会基本职能，十二个字看起来简单，做起来不简单，做好了更不简单。我认为协会工作除法律和章程禁行之外，只要业界需求的事都可以办，只要有利于行业发展的活都可以干。站在这个基点上，我们工作才有更多的切入点，才能制造运作的无限空间，才能搭建更大工作舞台，挖掘更多工作渠道，推出更好工作卖点，推动工作全面发展。

3. 扩大工作对象

法定的广告界对象为广告经营者、广告发布者、广告主，我认为还要增加广告参与者、广告服务者、广告监管者。我们工作对象通常锁定在广告经营者和广告发布者范围内，对广告主不是难以顾及，就是望尘莫及。因此，在新形势下，我们要加大服务广告主工作力度，制定服务广告主办法，积极接纳广告主入会，做好广告主与广告经营者项目对接、业务交流和联合闯市场活动。只有扩大工作对象，扩大工作内容，才能扩大工作成果。

4. 扩大工作办法

"有想法，更要有办法"。我们虽然取得了一定成绩，但工作点子还不够多，路子还不够活，办法还不够好。因此，我们要紧紧掌握形势发展和业界需要，不断延伸工作思路，创造出新的办法和新的手段。只有办法多了，抓手多了，协会才能有实力，才能有影响力，才能有位、有用，只有有为、有用，协会才会有位、有权、有威。

过硬的工夫，绝妙的办法难以自然生成，没有可以照抄照搬的经验，更没有固定模式和金科玉律可循。因地域、环境和情况差异，经验也只能借鉴和参考。因此，协会工作的好办法和好本领无法复制，重在运作，在于自创。

扩大工作办法，不能只停留在嘴上说说，纸上画画，墙上挂挂的形式上，要深入实际，多学、多走、多看、多悟，乐于倾听和接纳业界意见。要大胆开拓，着力实践，苦练内功。要善于学习交流，善于观察发现，善于捕捉信息，善于总结提升，才能把握全局，主动作为，才能出点子、出高招、出办法，走出"手上无权、脚下有路"的工作路子。一句话"敢问路在何方，路在脚下"。

5. 扩大工作成果

我们虽然取得很大成绩，但不能安于现状，止步不前。我们要在巩固工作成果基础上，不断推出新项目，打开新局面，占领新阵地，扩大新业绩。创造出与众不同，具有个性鲜明和亮点、优点、特点突出的大成果、好成果。比如，在促进行业资源方面，我们要在加大广告企业之间联合、联盟的基础上，扩大广告企业与客户资源整合，与政府资源整合，与省外、境外和国外资源整合，增强我省广告企业实力。

要积极运用广告载体优势，广泛开展广告行业地位作用的宣传工作，塑造产业品牌，促进产业地位提升，扩大产业作用力、影响力和知名度。我们还要努力提高协会的造血功能，力争每个协会都要有稳定长线经费收入，为建设百年协会打好基础。

6. 愉快工作、快乐生活

在任务重、工作紧、压力大的背景下，我们要注意做好以下工作：

第一，要轻重缓急安排好日常工作，做到松紧适度，劳逸结合，创造团结、紧张、严肃、活泼的工作环境。

第二，要以协会为家，把为行业发展，为业界服务，为业界操劳，提高到使命所在、乐在其中和实现人生价值的境界上来，寻找和享受着工作繁忙带来的乐趣，以愉悦心情投入到事业中去。

第三，要关心工作人员生活，适当提高工作人员工资和生活待遇，积极组织工作人员开展减压活动，促进工作人员身心健康，丰富协会集体生活。

第四，要讲政治，讲团结，讲奉献，把协会建设成为积极向上、朝气蓬勃、健康和谐的战斗团队。

总之，"雄关漫道真如铁，而今迈步从头越"。我们重任在肩，任重道远，要化压力为动力，化劣势为优势，化被动为主动，以创建先进协会为目标，以富业强会为主线，以抓发展、抓服务、办实事为重点，引导广告企业转变发展方式，加大交流、整合、联营步伐，促进协会工作上水平、上台阶，推动广告业更快、更好地健康发展。

广告企业破冰之路

——在漳州市广告考察交流会上的讲话

黄应寿

广告业是现代服务业和创意产业中最具生机和活力的产业之一。在小企业、大时代的背景下，在社会经济体制变革，互联网严重冲击，广告市场重新洗牌，广告专业细分以及户外广告人治乱象倒逼广告业广告业，知识结构、专业要求，运营模式等方面都发生重构和颠覆。广告业发展路在何方，广告业为何生存，是摆在我们面前的一道命题，一大课题。

今天，漳州市广告协会领导带领二十几位老总来福州，开展为期两天的学经验，结伙伴，找出路，添财路的抱团发展活动，与省级六家骨干企业和媒体进行深度合作与交流。这表明，漳州市广告协会十分关注本地区行业进步，关心每个广告企业的成长与发展，这是协会为会员抓大事、办实事、做好事的具体行动；体现了漳州市广告界具有善学习、求上进、抓资源、谋合作、求共赢的良好愿望；反映出，漳州市大面积户外广告整治活动已经影响和危及广告企业的生存和发展，择道转型，抱团升级，另辟新路成为企业发展的必由之路。可以说，此次活动，对于借鉴先进经验，推动企业发展，举措很好，深受欢迎。

下午，大家考察了福州多家广告企业，分享了他们经营理念、运行模式、营销办法、内部管理等多方面的经验和做法，一定会有很多的感想和领悟，一定会有许多共鸣和收获。

目前，我省80%以上广告企业都在经营户外广告，处在"无户外、难生存"的状态，在户外广告"全国山河一片拆"的条件下，大批户外广告公司没有广告载体，就像农民失去土地一样，到了"无地可耕""无田可种"的地步，困境难以想象。现在，广告界谈论最多的不是客户问题和利润问题，而是生存和出路问题。排除广告企业在发展中的困难与矛盾，寻求企业发展的着力点和切入点，这个课题很大、很难、很鲜活，我们必须要有新谋略，拿出新办法，解决新问题。

企业家是企业的统帅和灵魂，是改革创新和推动企业发展的重要力量。企业家最大的本领就是使企业能赚钱、赚大钱，持续赚大钱，企业能否在市场竞争中获得最大发展优势，取决于企业家的洞察力、判断力、决策力和经营管理能力。

毛主席说过，"外因是重要因素，内因是决定因素，外因通过内因起作用"。其哲理为我们提供了谜底。在外因上，市场是公平的，政策是一样的，企业经营的成功与失败，归根结底是内因问题，是人的问题，是人的智慧和本领问题。要战胜困难，摆脱危机，必须紧紧把握"转变观念，转型升级，抱团整合，创新发展"四个关键词。把这十六个字琢磨透了，运用好了，企业就会化危机为商机，变被动为主动，迈开新步伐，获得新发展。

一、转变观念

观念是个纲，纲举目张。观念是决定企业壮大发展和兴衰成败的重要因素，观念一转，黄金万两。前行的道路上，都会遇到这样那样的困难，不能光抱怨困难，抱怨生意不好做，埋怨外部环境，把账都算在外因上，把企业转机发展依赖外部环境改善上，应该认真梳理和理清本企业创业思路、本领和实力的问题与差距，解决好该干什么、能干什么、出路和定位问题。找出存在问题的症结和瓶颈，提出可行有效的办法和措施。做到变被动为主动，化劣势为优势，少走弯路，不走错路。力求思路上重大创新，实践上重大突破。只有这样企业才能不光逆境突围，而且能迈开大步，高歌"我们走在大路上"，书写出转型发展、创意发展、跨越发展的新篇章。

人的最高智慧：一者发明，二者发现。作为广告人，避开发明话题不谈，起码要练就发现问题、解决问题的好本领和硬功夫，从代表者到不可替代者，从知道者到智慧者，才能无愧于知识密集、技术密集、人才密集的广告产业一员，所以，我们要读万卷书，行万里路，多走、多看、多学、多悟，广纳博学，真正做到，看到，学到，悟到，才能登高望远，厚积薄发，成为有眼光，有胆识，有能力的企业领导者和指挥官，把"脑袋就是钱袋"和"天下脑子第一"真谛诠释得淋漓尽致，有效地推动企业做大、做精、做强。

二、转型升级

企业转型升级，对于实力弱、水平差、格局小，技不如人的三四线城市的广告企业而言，更显需要、更显迫切。只有转型升级，才能极大地增强企业核心竞争力，改善企业形象和产品附加值。才能永立潮头，不被市场所淘汰。

广告企业如何转型，怎样升级，其路径的切入点在哪里？虽然没有固定模式，也没有照抄照搬的现成文章，更没有举手可得的金科玉律，但有相同的运作规律。我想，要从广告功能和作用的大概念，要从"小行业，大事业"的角度进行思考和分析，才能找出许许多多的路径和办法。

第一，广告是朝阳产业，具有强劲的生机和活力产业。我把广告喻为"阳光、空气、粮草"一样重要，其渗透到社会的方方面面，可以说无孔不入，无处不在。这个大平台，为广告企业提供永不枯竭的客户资源，为广告企业发展创造了广阔空间和巨大舞台。因此，广告业不是没有春天，而是春色满园，广告企业不是无事可为，无路可走，而是大有作为，大可发挥，剩下的就看你的本领了。

第二，广告业是轻资产产业，相对投入少，成本低，特别是户外广告企业，业务简捷，运营简单，被喻为赚钱快，风险少产业，从起步、成长、发展，历经30多年风雨路程，大部分户外广告企业都挖了第一桶金，都完成原始积累，为企业升级发展奠定了基础，然而今天户外广告"风光不再"，使一部分低端运作的户外广告公司面临着"砸饭碗"的境地，大家都在"忆甜思苦，而不在思变"，而是依然迷恋着往日的美好"生活"，重复着"老三篇"的工作，尽管户外广告整治严重危及企业生存，既不想舍弃"一分两亩地"，更没想创新发展，导致企业前行路上麻烦不断，烦恼不少。

第三，尽管一度占广告总值45%的户外广告，这几年遇到的困难非往昔可比，产值回落，但户外广告导入互联网和高科技功能，使户外广告质量在增加，实力在加强，贡献力在提高，许多企业"脱胎换骨"，成为广告业新锐力量，推动户外广告业变革和发展。

第四，随着广告新媒体出现，数字化广泛运用，产业链不断延伸，广告服务领域越来越广，服务平台越来越大，服务对象越来越多，广告运作手段越来越活等等，都为广告经营搭建新渠道、新阵地和新舞台。因此，要用智慧创造价值，用智力打造实力，促进行业转型升级。

三、抱团升级

孙悟空具有通天本领，也要借助各路英雄特权的力量，才能完成西天取经的大业，这就告诉我们：单干无出路，强强联合才是硬道理，抱团打天下方是企业生存和发展的必由之路，才是放之四海而皆准的真理。长期以来，众多企业为了生存和发展，为了实现利益最大化，都在积极和迫切寻找自己适合的协作伙伴，结成"裙带关系"，揽起"额外活"。通过借船出海，借鸡生蛋，迅速增强企业实力，通过借力、借脑，使不可能变可能，是繁杂变简单。达到事半功倍的效果。其中，漳州广告企业有此胜举，而且做得还不错，要开展学习和推广工作。

抱团整合的内容很多，形式多样，横向、纵向整合，区域整合，资源整合，人才整合，也可以广告信息整合（含政策、人脉、资源信息）等等，业务整合，通过整合极大延伸和形成广告产业链，壮大力量，携手发展。

我们抱团整合的条件很好，优势很多，平台很大，特别是省、市两级广告协会力量和平台，推动广告资源高度配置，广告市场高度融合，广告企业可以使用和借助。

四、创新发展

"颠覆"与"重建"，"融合"与"创新"，是大互联时代对广告业提出的新要求，也是企业走向成功的灵魂。随着广告市场"碎片化"和迅速细分，广告企业专业化层面越来越高，要求企业要加速自主创新能力。

企业出路在于个性化，每个企业都要拥有核心竞争力，企业才能永葆青春和活力。比如，户外广告创意产品、设计产品不能十几年"老面孔"，必须高大上，才能获得认可，获得市场；比如，市场用在孩子身上的尿片、奶嘴、汤匙的成功创新例子，值得我们借鉴和学习。我省广告协会核心竞争力哪里来？就是拥有策划能力、服务水平和项目抓手，才能赢得主动权和话语权，才"小有名气"，因此，我们要不断创新载体，创新平台，充分发挥自身的亮点、特点和优点，探索发展新路子，开拓发展新天地，才能把事业推向成功。

2014 年 5 月 20 日

如何做好行业协会秘书长

——在全省广告协会秘书长培训工作会议讲话

黄应寿

秘书长是协会的"参谋长""总调度"和"大管家",其岗位特殊,真谓"大事、小事、麻烦事,事事缠身;上级、下级、朋友、亲戚,人人来找"。有人戏言:秘书长工作摆平就是水平,搞定就是稳定,无事就是本事,人缘就是资源。由于秘书长工作地位重要,因此,要求很高,担子很重,工作很苦,事务很杂,难度很大,可以说,不好干,难干好。要做好秘书长工作,起码要做到"四个全面":通晓行业政策,了解行业情况,熟悉专业知识,对上对下全面负责,对内对外全面协调,大事小事全面关心。既务虚又务实,既动手又动脑,既用心又不用力,既不怕吃苦又不怕吃亏。如果工作不用心用力,只求过得去,不求过得硬,做一名称职的秘书长就会大打折扣。

一、既要抓大事,也要抓小事,重点在执行力上下工夫

秘书长是协会领导决策、工作定局的参谋和助手,不但要在把握大局,抓住大事,善谋全局上,"运筹于帷幄之中,决胜于千里之外"的水平,而且要有很高的组织能力、协调能力、执行能力,才能得心应手,出色完成任务。否则,工作顾此失彼,抓不住关键,分不清主次,出现"弄了一身汗,还说不好看"的局面。

秘书长对工作要有思想、有主意、有办法。做到领导想到的,要能跟得上;领导询问的,要能答得上;领导疏漏的,要能补得上。这就要求秘书长对工作必须做到心知肚明,胸有成竹,应对自如。要实现这个目标,就要勤于学习,善于思考,加强协调,领会意图,深入实际,通晓行情,随时、随事、

随地给领导当好参谋助手。足智才能多谋，多谋才能善断，秘书处工作做好了，协会各项工作顺利开展也就有了可靠保证。

秘书长既是指挥员又是战斗员，既要负责协会工作的部署，又要组织工作的全面实施。对协会机关工作，要严、细、实，保质保量完成任务，这是秘书长工作的一项基本功、真功夫。具体来说，要做好"四抓"：一要抓住。对协会领导说过的、定下的、交办的事，要抓住不放，雷厉风行，"审大小而图之，配缓急而布之，连上下而通之，衡内外而施之"。要把握好轻重缓急，不遗漏，不误事，刻不容缓，马上就办，干就干好。二要抓紧。任何工作，抓而不紧，等于不抓。工作中往往有这样的事，因为工作抓得不紧，就可能把小事变成大事，把简单的事变成复杂的事，把好办的事变成难办的事，置于被动的境地。三要抓实，要有不解决问题不撒手和干不好不睡觉精神，要有"咬定青山不放松"的韧劲，遇到困难，迎难而上，绝不退让，做到功到自然成。四要抓好。要想尽办法把事情办好，不做则已，要做就要做出样子，做出成效。力争干一流工作，出一流成绩。让领导满意，会员满意，社会满意，自己满意。

二、工作既主动也被动，要在主动上下工夫

秘书长工作很大程度上是做服务工作，具有从属性、服务性、辅助性的特点，要不断地、主动地、千方百计地满足服务对象的不同需求，又要根据具体情况变化，及时调整任务和工作重点，才能圆满完成任务。在更多情况下，秘书长工作处于被动状态，要根据协会领导意图调整而调整，变化而变化。这就要求秘书长必须做好三件事：一要发挥自己的主观能动性，具备应急处事能力，及时处置临时性工作；二要提高预见性，做好工作预案，力求早半拍、快半拍，当事前"诸葛亮"；三要具有较强的工作针对性、科学性和操作性，扎实推进工作落实。因此，秘书长必须具备一定的思维理论和政策水平，主动思考问题，超前思考问题，善于谋划问题，这是秘书长具有的良好素质、良好习惯，也是做好工作的重要前提。

三、工作既有刚性，也有柔性，要在提高协调力上下工夫

从某种意义上讲，最难的工作在于协调。任何单位要把工作做好，都离不开内部的齐心协力，离不开外部的支持配合，这种内和外顺的关系，就是协调关系。我经常讲：只有多走动，有事好协调。就是强调协调的重要性。

所以，秘书长的工作涉及不但范围广，而且面宽、线长、事杂。要善于做好协调，让政府、社会和业界熟悉、理解、支持协会工作。二要有待人接物的热心，协调工作的耐心，处理事务细心的作风和境界。协调是一种手段，是一门艺术，也是一种能力。主动协调能事半功倍，被动协调可能是事倍功半。因此，协调工作是秘书长能力大小和水平高低的重要标志，也是能否做好工作的一个重要标志。

四、既要能动口，又要能动手，要在提高领导上下工夫

秘书长工作不仅要办事，还要办文。在工作中需要起草文稿或补充、修改文稿等等，这都离不开动笔。动笔既动脑，十分辛苦，不但体现人的学问、深度，而且反映人的生活体验深度和工作精神深度。要求秘书长要勤于动脑，善于思考。克服浅尝辄止的毛病，保持谦虚谨慎，戒骄戒躁。要改进作风，深入实际，拥有发言权。总之，能说，会写是秘书长必备的条件之一。

五、既要抓业务，也要带队伍，要在提高队伍战斗力上下工夫

事业兴衰，关键在人。没有一支能战斗的队伍，再宏伟的目标，再出色工作部署也会落空。因此，在提高队伍战斗力方面，秘书长应率先垂范，做出榜样。真正靠人格、靠能力、靠实干、靠任劳任怨、以身作则，带出一支作风好，能战斗的队伍，最大限度地把大家的积极性充分调动起来，把大家的工作潜能充分挖掘出来，共同推动工作，促进协会发展。

六、既要懂业务，又要会指导，要在能力上下工夫

秘书长必须熟悉国家产业政策，熟悉社团管理相关法规，熟悉行情行规和发展趋势，对企业提出的各类问题和行业出现热点、难点问题，能得心应手地进行分析指导和妥善处理。

七、既要注重"三件事"，又要把握"三个要"和"七个善于"

一是三件事：清、慎、勤。一清：公正廉洁，两袖清风；二慎，周密思考，谨言慎行；三勤，勤奋好学，刻苦上进。

二是"三个要"：要有强烈的责任感；要有满腔的激情；要有任劳任怨的精神。

三是"七个善于":善于学习理论;善于思考问题;善于用好政策、善于工作谋划;善于内外协调;善于把握全局;善于组织实施。

以上都是秘书长应具备的条件。提高秘书长政治素质,业务素质,要在实践中学,实践中磨炼,实践中提高,才能做一个政治上合格,业务上称职的秘书长。

编后说明

该书收录了福建省广告协会自 1994 年以来的工作总结和工作安排，收录了该会第二届理事会以来的工作报告，主体为二十篇年度工作总结暨来年工作安排，次主体即四届理事会的工作报告。

这些文章都是公文，记载着协会改革创新史，可以说既有想法，更有办法，值得推崇。特别是协会与行政机关脱钩后更是一日千里，成绩斐然，令人钦佩，深刻验证了黄应寿会长的那句名言"有求必应，才能一呼百应"，殆非虚言。

福建省广告协会用公文的形式对行业协会进行了良好的管理。仔细品味，这些公文仅是该会文献的一部分，日常工作中还有大量的文件，并未披露。

公文的宣读和递解，都有程序的保证，伴随着仪式的进行，例如年度会议的举行，重要项目的动员会，针对特定情势的说明会等，这些场合中，公文比口头的陈说更严密，说服的力度更大，而且通过仪式的配合，事涉诸方更愿意认真对待，值得其他协会学习并借鉴。

诸如此种情况，都是本书作者事效经年、传授多方而不欲明言者。作者如此谦谦，作为编者，只好越主代庖，读者殆毋囫囵弃之。